latin comfort foods
made healthy

clásicos latinos *a lo saludable*

more than 100 *diabetes-friendly* latin favorites

ingrid hoffmann
with delia annette león

American Diabetes Association

Associate Publisher, Books, Abe Ogden; *Director, Book Operations,* Victor Van Beuren; *Managing Editor, Books,* John Clark; *Associate Director, Book Marketing,* Annette Reape; *Acquisitions Editor,* Jaclyn Konich; *Senior Manager, Book Editing,* Lauren Wilson; *Composition and Cover Design,* pixiedesign; *Cover Photographer,* Andrew Meade; *Recipe Photographer,* Mittera Creative Services; *Printer,* Imago.

Printed in the Republic of Turkey
1 3 5 7 9 10 8 6 4 2

The suggestions and information contained in this publication are generally consistent with the *Standards of Medical Care in Diabetes* and other policies of the American Diabetes Association, but they do not represent the policy or position of the Association or any of its boards or committees. Reasonable steps have been taken to ensure the accuracy of the information presented. However, the American Diabetes Association cannot ensure the safety or efficacy of any product or service described in this publication. Individuals are advised to consult a physician or other appropriate health care professional before undertaking any diet or exercise program or taking any medication referred to in this publication. Professionals must use and apply their own professional judgment, experience, and training and should not rely solely on the information contained in this publication before prescribing any diet, exercise, or medication. The American Diabetes Association—its officers, directors, employees, volunteers, and members—assumes no responsibility or liability for personal or other injury, loss, or damage that may result from the suggestions or information in this publication.

Madelyn Wheeler conducted the internal review of this book to ensure that it meets American Diabetes Association guidelines.

∞ The paper in this publication meets the requirements of the ANSI Standard Z39.48-1992 (permanence of paper).

ADA titles may be purchased for business or promotional use or for special sales. To purchase more than 50 copies of this book at a discount, or for custom editions of this book with your logo, contact the American Diabetes Association at the address below or at booksales@diabetes.org.

American Diabetes Association
2451 Crystal Drive, Suite 900
Arlington, VA 22202

DOI: 10.2337/9781580406819

Library of Congress Cataloging-in-Publication Data

Names: Hoffmann, Ingrid, author. | León, Delia Annette, author.
Title: Latin comfort foods made healthy : more than 100 diabetes-friendly
    Latin favorites / Ingrid Hoffmann with Delia Annette León.
Description: Arlington : American Diabetes Association, [2018] | Includes
    index.
Identifiers: LCCN 2018008401
Subjects: LCSH: Diabetes–Diet therapy. | Diabetes–Diet therapy–Recipes. |
    Cooking, Latin American. | LCGFT: Cookbooks

Classification: LCC RC660 .H63 2018 | DDC 641.5/6314–dc23 LC record available at https://protect-us.mimecast.com/s/
OCC_CL9DJDiP90luqEBtv?domain=lccn.loc.gov

This book is for the many diabetes
sufferers out there; may you find a
little comfort and hope in my recipes.
After all, food is medicine and love.

Director adjunto de publicación de libros, Abe Ogden; *director de operaciones de libros*, Victor Van Beuren; *director editorial de libros*, John Clark; *directora adjunta de mercadeo de libros*, Annette Reape; *editora de adquisiciones*, Jaclyn Konich; *directora principal de edición de libros*, Lauren Wilson; *composición y diseño de portada*, pixiedesign; *fotógrafo de portada*, Andrew Meade; *fotografía de recetas*, Mittera Creative Services; *imprenta*, Imago.

Impreso en la Républica de Turquía

1 3 5 7 9 10 8 6 4 2

Las sugerencias e información contenidas en esta publicación en general son compatibles con los *Estándares de Atención Médica de la Diabetes* (*Standards of Medical Care in Diabetes*) y otras recomendaciones de la Asociación Americana de la Diabetes, pero no representan la política ni posición de la Asociación ni de sus juntas o comités. Se han tomado medidas razonables para asegurar la exactitud de la información presentada. Sin embargo, la Asociación Americana de la Diabetes no puede asegurar la seguridad ni eficacia de ningún producto o servicio descrito en esta publicación. Se aconseja consultar con un médico o profesional de servicios de salud antes de iniciar un régimen alimentario o de ejercicio, o tomar algún medicamento mencionado en esta publicación. Los profesionales deben usar y aplicar su propio criterio, experiencia y capacitación profesional, y no deben basarse exclusivamente en la información que contiene esta publicación antes de recetar un régimen alimentario, de ejercicio y medicamentos. La Asociación Americana de la Diabetes —representada por sus funcionarios, directores, empleados, voluntarios y miembros— no asume ninguna responsabilidad ni obligación por lesión, pérdida o daño personal o de otro tipo que pueda ser resultado de las sugerencias o información en esta publicación.

Madelyn Wheeler realizó una revisión interna de este libro para asegurarse de que cumpla con las directrices de la American Diabetes Association.

∞ El papel de esta publicación cumple con los requisitos del Standard Z39.48-1992 de ANSI (permanencia del papel).

Es posible comprar las publicaciones de la Asociación Americana de la Diabetes para fines comerciales o promocionales, o para ventas especiales. Si desea comprar más de 50 copias de este libro con descuento o ediciones especiales de este libro con su logotipo, comuníquese con la Asociación Americana de la Diabetes usando la dirección de abajo o booksales@diabetes.org.

American Diabetes Association
2451 Crystal Drive, Suite 900
Arlington, VA 22202

DOI: 10.2337/9781580406819

Datos para catalogar publicaciones de la Biblioteca del Congreso

Names: Hoffmann, Ingrid, author. | León, Delia Annette, author.
Title: Latin comfort foods made healthy : more than 100 diabetes-friendly
  Latin favorites / Ingrid Hoffmann with Delia Annette León.
Description: Arlington : American Diabetes Association, [2018] | Includes
  index.
Identifiers: LCCN 2018008401
Subjects: LCSH: Diabetes–Diet therapy. | Diabetes–Diet therapy–Recipes. |
  Cooking, Latin American. | LCGFT: Cookbooks
Classification: LCC RC660 .H63 2018 | DDC 641.5/6314–dc23 LC record available at https://protect-us.mimecast.com/s/
OCC_CL9DJDiP90luqEBtv?domain=lccn.loc.gov

Este libro es para todos los que padecen de diabetes: ojalá que mis recetas les traigan un poco de alegría y esperanza. Al fin y al cabo, la comida es medicina y es amor.

contents
índice

acknowledgments

Much gratitude and love from the bottom of my heart goes to:

To my chica sidekick, my super D, Delia Annette León! You're the backbone and life behind my business, and my life in general. You are one of my biggest blessings. I will forever be indebted to you for your dedication, hard work, love, patience, and perseverance. Thank you for sticking by me these 13 years and believing in me, even in those moments when I didn't. But most of all, thank you for keeping me together. Your collaboration in this, our book, is what made it possible. Thank you from the bottom of my heart. I love you dearly.

To my family:

Dad, this is the first book I've written since your passing. I miss you so much but there is so much of you and your healthy eating reflected in this book. I can still hear your voice saying, "Don't eat more rice or bread, have more salad!" Yup, you are still here!

Mom, you are the reason I love and enjoy food. You are my #1 inspiration. Thank you for the precious gift of the love of food. My world and life would not taste so good if it weren't for you. Now I understand the reason you would force us to sit at the table daily to share our meals and why you made it a point to bring us all into the kitchen to cook together. Those memories live in my heart forever.

To my sisters, brother-in-law, and nephews, thank you for your help, love, and support.

To María Gómez, my nanny. Thank you for always taking care of me and loving me, and for your delicious food. I will always have you in my heart.

My friends and chosen family (you all know who you are), thank you for always being there, rooting me on.

To my team:

- Latin World Entertainment: Luis Balaguer and team
- Brooks Group PR: Rebecca Brooks
- United Talent Agency: my agent Andrew Lear and Co.
- Steve Weinger, my lawyer and BFF—thank you for getting our victory and for all of your hard work and advice.
- Telemundo NBC: Cesar Conde, Joe Uva, Fidel Duran
- To my agent and friend Rick Marroquin. You will be forever present.

To Maureen Luchejko: thank you for always lending a hand and for all of your hard work.

To Cathy Tomaiconza: thank you for keeping me organized.

To the American Diabetes Association, thank you for giving me the opportunity to publish a book that can have a direct impact on the health of the many Latino sufferers of diabetes. A special thanks to Victor Van Beuren, Abraham Ogden, and editor extraordinaire, Lauren Wilson.

Lastly, to Teddy Hoffmann, my little Yorkshire terrorist, who makes long hours in the kitchen and office feel warm and fuzzy.

agradecimientos

Mi enorme gratitud y cariño, desde el fondo del corazón, a:

Mi gran amiga, mi súper D, ¡Delia Annette León! Eres el eje central y la energía detrás de mi trabajo y mi vida en general. Eres una gran bendición para mí, siempre estaré en deuda contigo por tu dedicación, esfuerzo, amor, paciencia y perseverancia. Gracias por permanecer a mi lado estos 13 años y por creer en mí, incluso cuando yo dejé de hacerlo. Pero más que nada, gracias por ser mi ancla de sensatez. Este libro, nuestro libro, fue posible gracias a tu colaboración. Te lo agradezco desde el fondo de mi corazón. Te quiero muchísimo.

A mi familia:

Papi, este es el primer libro que escribo desde que te fuiste. Te extraño tanto, pero este libro es un reflejo de ti y tus saludables hábitos de alimentación. Aún te oigo decir, "¡No coman más arroz o pan! ¡Coman más ensalada!" ¡Sí, papi, sigues aquí con nosotros!

Mami, es por ti que me encanta la comida y la disfruto. Eres mi principal fuente de inspiración. Gracias por el valioso don del amor por la comida. Mi mundo y mi vida no serían tan deliciosos si no fuera por ti. Ahora comprendo por qué nos obligabas a sentarnos a la mesa a diario para compartir comidas y por qué insistías en que todos entráramos a la cocina a cocinar juntos. Siempre llevaré esos recuerdos en el corazón.

A mis hermanas, cuñado y sobrinos, gracias por su ayuda, cariño y apoyo.

A María Gómez, mi nana. Gracias por siempre cuidarme y quererme y tu deliciosa comida. Siempre te llevaré en el corazón.

A mis amigos y la familia que escogí (ustedes saben quiénes son), gracias por siempre estar a mi lado, alentándome.

A mi equipo:

- Latin World Entertainment: Luis Balaguer y su equipo
- Brooks Group PR: Rebecca Brooks
- United Talent Agency: mi agente Andrew Lear y compañía.
- Steve Weinger, mi abogado y mejor amigo para siempre: gracias por lograr nuestra victoria y por todo tu trabajo arduo y consejos.
- Telemundo NBC: César Conde, Joe Uva, Fidel Durán
- A mi agente y amigo, Rick Marroquín. Estarás siempre presente.

A Maureen Luchejko: gracias por siempre darme una mano y esforzarte tanto.

A Cathy Tomaiconza: gracias por mantenerme organizada.

A la Asociación Americana de la Diabetes, gracias por darme la oportunidad de publicar un libro que puede tener un impacto directo en la salud de muchos latinos que padecen diabetes. Agradezco en especial a Victor Van Beuren, Abraham Ogden, y la extraordinaria editora Lauren Wilson.

Finalmente, a Teddy Hoffmann, mi pequeño Yorkshire terrorista, que hace que las largas horas que paso en la cocina y la oficina sean agradables y llenas de cariño.

introduction

In my many years as a celebrity chef touring the U.S., I have encountered many fans who, unfortunately, have been faced with a diabetes diagnosis. They find themselves at odds, facing a scary disease and being told they cannot eat the foods they grew up with. Our Latino diet tends to be very carbohydrate heavy, and when someone is first diagnosed with diabetes they may be told that carbohydrates are now the enemy. When that happens, it is often easier to ignore it. What you are not told when you're diagnosed is that you can indeed continue to eat the very ingredients you grew up loving. The healthy adjustments to how you eat can come from watching portion sizes and eating the right combinations of foods, not from completely removing ingredients from your diet. At the end of the day, the nutrition guidelines of the American Diabetes Association are actually good for most people, whether they are faced with diabetes or not.

Latin Comfort Foods Made Healthy is a collection of traditionally inspired Latin recipes with all of the ingredients we love, that were made healthy, can be prepared quickly, and following the American Diabetes Association's nutrition guidelines. And, better yet, as you make these recipes you will be picking up on my tricks and will be able to incorporate them into your everyday cooking.

And how does eating better help you live well? Simply because it boils down to creating the perfect balance in our system to help fight off diseases such as heart disease, cancer, inflammation, diabetes, etc. I do not have diabetes, but it does run in my family. However, I do understand, firsthand, what it is like to be diagnosed with a scary disease. In 2002, I was diagnosed with lupus, an autoimmune disorder. After trying many medications and doing lots of research, I began to experiment with the effects of food on my disease. I began to change my diet and it changed my health and my life. The beginning was difficult and confusing, with a lot of trial and error. But the good news is that a determined woman will always figure it out, and I did!

I will not say that food cured my illness, but it has made a great impact on my health. I am, for the most part, medication free. My personal journey with food as medicine led me to new ingredients and to a new relationship with food. It went beyond nourishment and beyond pleasure. It is about a brand-new approach to life, a limitless approach; it has allowed me to have a fully active and fulfilling life. With time, I came to realize that the secret to a long and healthy life is not so much a secret, but a reality we've all heard expressed our entire lives through the classic saying "You are what you eat." I went back to eating the way my family ate, healthy home-cooked meals, but without slaving over the stove. I became proactive when it came to what I put in my mouth, which set me on a journey to create recipes that are easy, healthy, and delicious.

I am definitely living proof that changing how you eat can buy you a new lease on life. This is why I get so frustrated when I see people looking for the easy way out and popping a pill without making the nutritional changes that can manage their illnesses. And when I say "changes," I do not mean diet. I actually hate that word, and the notion of a diet immediately makes me feel like I am destined to fail. Why? Simply because diets don't work, eating the right foods and not feeling deprived does!

When people think of Latin food, healthy is never what comes to mind. The overall notion is that it is strictly heavy, starchy, processed, fried, very fattening, and can't be enjoyed if you are watching what you eat. Sure, it can be all of those things! But Latin cuisine can also lend itself perfectly to the concept of healthy eating and eating from the ground thanks to its use of an array of tubers, grains, fruits, spices, herbs, and vegetables. I can show you how to use all that the Latin diet has to offer to your advantage! It's all about going back to basics: to the way we ate before industrialized food production, before the advent of prepackaged foods filled with additives and preservatives.

Food is the best medicine for your health; in that, abuela was always right! I understand that there is a lot of information out there about what to eat, what is best for you, and what not to buy—and all of it can be daunting. If you have already adapted to a diabetes-friendly lifestyle and are just looking for some new ideas to get you out of a recipe rut, then just skip ahead to explore my favorite ways to start the day, the Pillow Talk and Power Up chapter on page 17. But if you are still figuring all of this out, please read on. In the next few pages I have put together a few tools and basic rules of thumb to set you on the path to eating for your health.

But What Can We Eat?

One of the key steps to a successful healthy lifestyle is meal planning. Making a list when shopping and knowing what your meals will be can keep you from making last-minute, unhealthy decisions like going through the drive-thru window or becoming a victim of the vending machine. Keeping a well-stocked pantry and freezer will always be your biggest tool for fixing up a last-minute healthy meal on those days when things don't go as planned.

Frozen vs. Canned

Many people tend to think that canned food is better than frozen. Not true! In this day and age, with the great technology of flash freezing, we have protein, veggies, and fruit available to us all year long. Produce is picked and flash frozen at its optimum peak of ripeness, losing hardly any nutritional value in the process. Frozen foods, especially those without added sauces, can be a big help when learning to eat well.

Canned vegetables and fruits contain Bisphenol A (BPA), an industrial compound used to protect the food from metal corrosion and bacteria. Sulfites and salt are also added to canned foods during the preservation process, resulting in higher levels of sodium. For people with diabetes, who need to watch their sodium intake, canned vegetables and fruits may not be the best option. If you choose to use canned fruits or vegetables, look for low-sodium versions or drain and rinse the food before using.

Conclusion: Choose fresh or frozen first, canned second.

Organic vs. Non-organic

To eat or not to eat organic? That is the big question! Eating organic has become very popular in recent years and although organic foods are becoming more readily available in discount supermarkets, eating organic is still expensive.

My approach to this is simple; if you can't afford to eat fully organic then try to incorporate some of the most important organic ingredients into your budget.

And yes, some items are more important than others. The Environmental Working Group releases the

"Dirty Dozen," a list of the top 12 most pesticide-contaminated produce, yearly. On the list are fruits like berries and apples because of their thin skin and their high pesticide content. Since berries and apples have a low glycemic index and are high in antioxidants, they can be an important part of a healthy meal plan; therefore, you should think of splurging on organic versions of them. Make sure to check out the list! They also release the "Clean 15," a list of the safest non-organic produce.

Ideally, dairy and eggs should also be organic due to the high amounts of antibiotics and hormones used in cows and chickens. If you can afford to buy organic and grass-fed chicken and meats, I highly recommend it as well.

Conclusion: It is all about prioritizing your budget and consumption. Buy organic whenever you can, especially from the "Dirty Dozen" list. But by all means, organic or not, eat your fruits and veggies.

Animal Fats vs. Plant Fats

Both animal and plant fats are high in calories; a tablespoon of butter has 102 calories and a tablespoon of olive oil has 119 calories. But our bodies do need fats to function. The key here is to select the right fat to incorporate into our cooking.

The worst type of dietary fat is trans fat. Trans fats are a result of the process of hydrogenation to turn healthy oils into solids. Trans fats, such as vegetable shortening, hydrogenated vegetable oils, and margarine, are known for raising bad cholesterol and contributing to insulin resistance. Try to stay away from any oil or product that lists "partially hydrogenated oil" as an ingredient.

Saturated fats are fats that solidify when at room temperature. These kinds of fats mostly come from animals and can increase the risk of heart disease. Saturated fats like coconut oil, lard, butter, and whole milk, should be used sparingly.

"Good" fats come from plants, nuts, seeds and fish. They are called monounsaturated or polyunsaturated fats, like omega-3 fatty acids, and are essential for our bodies. Examples of good fats are avocados, olive oil, corn oil, almonds, cashews, and salmon.

Conclusion: Not all fats are created equal. Try to cook with monounsaturated or polyunsaturated plant fats and use animal fats sparingly. But avoid trans fats.

Wild, Never Frozen Seafood vs. Prepackaged

Most prepackaged seafood is farm raised and it is treated with a sodium preservation compound prior to freezing. Although sodium is an essential nutrient, too much sodium can increase the risk of heart attacks and strokes, common diabetes complications. Processed seafood can contain double or triple the amount of sodium found in fresh seafood. So it's important for people with diabetes to choose fresh seafood whenever possible.

Conclusion: Stick with fresh, never frozen seafood or frozen seafood without added saline or salt water. Better yet, think about sustainability and eat local whenever possible. Or maybe it's time to go fishing!

Natural Sugars vs. Sugar Substitutes

This is where things get tricky. Minimizing the sugar we eat is not just a concern for people with diabetes, but a concern, period! We are all accustomed to eating large amounts of sugar, not only via our beloved desserts, candy, and sugary drinks, but also hidden in many foods we consider healthy like yogurts, breakfast cereals, and even in tomato sauces. Retraining our palates is difficult but not impossible.

When it comes to sweeteners, there are loads of options out there and many brands after our dollars. Let's talk natural sugars:

A ton of natural sugars/sweeteners have been popping up that indeed have great health benefits. But sugar is sugar and it will raise your blood glucose levels. Some of these natural options are honey, agave, brown sugar, sugar in the raw, turbinado sugar, and piloncillo or panela. Although these sweeteners are promoted to be healthier than their white sugar counterpart, they all contain sucrose, which turns to glucose. These added sugars should be minimally used. A newcomer in the natural sugar arena is coconut palm sugar. It tastes somewhat like brown sugar but it is not as sweet. Although manufacturers claim that it has a lower glycemic index than regular sugar, it still contains the same amount of calories and carbohydrates.

With the need for a non-caloric sugar replacement has come the invention of artificial sweeteners. There are many options out there that are safe for people with diabetes. The U.S. Food and Drug Administration (FDA) has approved six artificial sweeteners: saccharin, acesulfame potassium, aspartame, neotame, advantame, and sucralose. They are sugarless, contain little to no calories, and tend to be sweeter than sugar.

If you are like me and you prefer a low-calorie yet natural option, there are a few of those available as well, like erythritol, xylitol, and stevia. I try to avoid artificial products as much as possible and, therefore, prefer to use stevia for my daily consumption. Stevia is made from a plant and has no calories. It comes in powder and liquid forms and the taste varies per brand. My mother, sister, culinary producer, and I all prefer different brands. There are baking blends available that combine regular sugar and stevia making it suitable for whipping up your favorite desserts. I've used all of these options in the Happy Endings chapter (page 231).

Conclusion: The palate is ever so adaptable and once fed proper foods that are balanced in sugar, carbs, fiber, sodium, and protein, it will start rejecting those that are not good for us. I used to use 3 tablespoons of sugar in my coffee, but I started weaning myself off slowly, and now I don't take my coffee with any sugar. While you train your palate, feel free to try all the stevia or artificial sweetener brands out there until you find the one you like. If you would like to try coconut palm sugar, go for it! But keep in mind the calorie/carb content and remember the jury is still out on this one.

Up the Flavor, Skip the Extra Fat and Salt

When we limit the amount of oil and salt we add to recipes, we often wonder where the flavor is going to come from. I am all for eating healthy, but healthy does not equal tasteless in my book! There is nothing that bogs me down more than a bad meal! Here are my go-to ingredients to assure a party for my tastebuds:

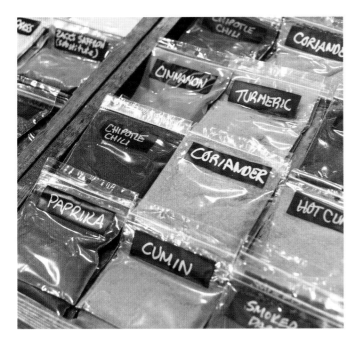

Spices

I call my spice cabinet my magic powders or arsenal of flavor. Spices are aromatic, pungent dried and ground herbs, vegetables, cloves, seeds, barks, fruits, pods, and/or roots. They lend a vast variety of flavors to your meals. Don't rely on salt to flavor your food. While salt is a flavor enhancer, a perfect dish is achieved through the balance of spices, herbs, acidity, and sweet and savory flavors. My "polvitos mágicos" are my best weapons against bland and boring meals. Make them yours as well!

My favorites:

- Cumin
- Saffron
- Paprika
- Annatto
- Todo Adobo (all-purpose seasoning; page 224)

Herbs

While I keep many dried herbs in my arsenal of flavors, I always have my favorite fresh herbs available as well. Fresh herbs have much more flavor. If you are out of fresh herbs, by all means use dried, as I do in many recipes. But keep some fresh parsley and cilantro on hand all the time. They are perfect to finish any dish! Fresh herbs tend to be expensive, so if you have the ability to plant your own, do so. And if you worry about them going bad, simply chop them up and freeze them in oil in ice cube trays. They will be ready for your next dish!

My favorites:

- Cilantro
- Parsley
- Oregano
- Basil
- Rosemary
- Mint

Vinegars and Citrus

Acidity is so important to add flavor and zing to our food. Different vinegars have different flavors. Latinos mostly use white vinegar, but Spaniards use sherry wine vinegar and red wine vinegar. Throughout this book, you will see I use all these vinegars and more. They keep for a long time in your pantry and, trust me, once you realize what they can do, you will grow to use them a lot. I use them in salads, of course, but also in sautés and stews.

My favorites:

- White Vinegar
- Sherry Wine Vinegar
- Red Wine Vinegar
- Apple Cider Vinegar
- White Balsamic Vinegar
- Champagne Vinegar

My other go-to ingredients to impart flavor and acidity are citrus fruits. I use both the juice and peel/zest as they add a lot of zing with few calories. I use them in marinades, dressings, sauces, and as a finishing squirt on just about everything.

I can't pick favorites here; I truly love them all. Limes are most commonly used in Latin cuisine, but I like to use lemons a lot as well. They have a softer flavor and therefore are more versatile. Orange zest is possibly my favorite zest. Just make sure not to zest the white parts of the peel of citrus fruits as this will turn your dish bitter. And I have recently discovered and fallen in love with Meyer lemons; they are thought to be a cross between a lemon and a mandarin orange.

Chica Tips

My "Chica Tips" are my tricks of the trade. You will find them throughout the book, in boxes. This is how I reveal all my secrets so that you can get to know multiple uses for an ingredient, storage ideas, how to get more out of one recipe, etc. Here are a few common tips to give you an idea of what you will find in the recipes.

Better-by-Half Substitutes

I often eat with my eyes, and if I see my plate looks too skimpy, I worry that I will still be hungry after my meal. I am sure I am not the only one with this problem. Also, I often want more carbohydrates than I should eat in one meal. Finding ways to cheat my eyes, stomach, and appetite has always been key for me. That is why chayote squash, zucchini, and cauliflower are my BFFs. They are versatile and forgiving vegetables that take on the flavor of whatever you are cooking. I use them to bulk up soups and stews, but also as substitutes for potatoes. This gives you more to eat without a lot of carbohydrates and calories. You will see me use these ingredients throughout the book, and I trust that they will become regulars for you once you get used to using them.

Yogurt

Yogurt is for more than just breakfast. But Greek yogurt?! Now, that must be a gift to us from the Greek gods. This miracle ingredient is great for both sweet and savory dishes; it is a clean slate that can take on many flavors. It is my go-to substitute for cream-based ingredients. If you need a dish to be creamy, just add yogurt. If you need mayo, just add yogurt. If you need sour cream for your tacos, just add yogurt. If you are craving whipped cream for a dessert, you guessed it, yogurt. Yogurt is also one of the most complete sources of probiotics, which aid in keeping a healthy gut.

Unsalted Chicken Broth

I always, always, always have unsalted chicken broth on hand. Not only does it make brown rice and quinoa taste better and enhance the flavors of my soups and stews, but it also saves me fat grams and calories. When I am sautéing, I like to limit my oil usage to 1 tablespoon, so I complement the oil with unsalted chicken broth. If you are sautéing and you feel like 1 tablespoon of oil is not enough, then add a tablespoon of unsalted chicken broth. It works like magic and you just made your dish that much healthier.

Sauces and Condiments

I like to keep my freezer stocked with healthy homemade sauces that I can quickly throw over a piece of grilled chicken or fish whenever I am not in the mood or don't have the time for cooking. For example, I do this with my sofrito, which can be used as a base for a stew or on top of a steak.

I do the same with classic Latin condiments like pico de gallo, keeping those in the fridge to use with my morning egg whites or as toppings for salads or tacos. Keep these classic sauces and condiments in your fridge or freezer and you will always have something delicious and exciting to eat!

Visit the chapter The Proof Is in the Sauces and Condiments (page 223), where I share recipes for some of my favorite sauces and condiments—and of course, the workhorse of my kitchen and the base of most of my recipes: my all-purpose adobo. You will find yourself coming back to this adobo every day.

introducción

Durante los muchos años que llevo recorriendo Estados Unidos como chef conocí a muchos fans que, desafortunadamente, habían recibido un diagnóstico de diabetes. La situación se les hace doblemente difícil, pues además de tener una enfermedad que los asusta, les dicen que no pueden comer las comidas con las que crecieron. La alimentación latina tiende a incluir muchos carbohidratos y la persona que recibe un diagnóstico de diabetes, tal vez reciba el mensaje de que ahora los carbohidratos son el enemigo. Cuando eso sucede, a menudo lo más fácil es no hacer caso. Lo que no te dicen con el diagnóstico es que, de hecho, puedes seguir comiendo los mismos platillos que te encantan desde la infancia, con pequeñas modificaciones que se basan en controlar el tamaño de las porciones y comer la combinación adecuada de alimentos, no de eliminar totalmente ciertos ingredientes de su alimentación. Al fin y al cabo, las directrices nutricionales de la Asociación Americana de la Diabetes en realidad son buenas para la mayoría de las personas, independientemente de si tienen diabetes.

Clásicos Latinos a lo Saludable es una colección de recetas inspiradas en platillos latinos tradicionales, con todos los ingredientes que nos encantan, preparados de manera saludable y rápida, siguiendo las directrices nutricionales de la Asociación Americana de la Diabetes. Y lo mejor es que, al preparar estas recetas aprenderán mis secretos culinarios y podrán incorporarlos a la cocina cotidiana.

¿De qué manera una mejor alimentación ayuda a vivir mejor? Sencillamente porque se trata de llegar al perfecto equilibrio en el sistema para combatir enfermedades como problemas del corazón, cáncer, inflamación, diabetes, etc. No tengo diabetes, pero sí tengo parientes diabéticos. Lo que sí viví en carne propia es que te diagnostiquen una enfermedad aterradora. En 2002, recibí el diagnóstico de lupus, un trastorno autoinmunitario. Tras probar muchos medicamentos y leer numerosos estudios al respecto, empecé a experimentar con los efectos de los alimentos en mi enfermedad. Comencé a cambiar mi alimentación, y eso me cambió la salud y me devolvió la vida. Al principio fue difícil y confuso, pues probé de todo y tuve que aprender de mis errores. Pero lo bueno es que una mujer decidida siempre encuentra la respuesta, ¡y así fue en mi caso!

No diré que mi alimentación me curó, pero sí tuvo un gran impacto en mi salud y calidad de vida. Es cierto que el lupus no tiene cura pero prácticamente ya no tomo medicamentos. Mi experiencia con la comida como medicina me llevó a nuevos ingredientes y una nueva relación con lo que como. Fue más allá de la nutrición y el gusto de comer; fue cuestión de ver la vida desde una perspectiva diferente, sin límites. Me ha permitido llevar una vida plena y gratificante. Con el tiempo, me di cuenta de que el secreto para una vida sana y prolongada no es ningún secreto, sino una realidad que todos hemos oído expresada así: "Eres lo que comes". Volví a comer de la manera en que mi familia comía: comida saludable y casera, pero sin ser esclava de la cocina. Me volví muy firme respecto a lo que me llevaba a la boca y eso me llevó a crear recetas fáciles, saludables y deliciosas.

Sin duda, soy la viva prueba de que cambiar lo que comes mejora la salud. Por eso me frustro tanto cuando veo que la gente busca soluciones fáciles y toma pastillas sin hacer los cambios en su alimentación que pueden controlar su enfermedad. Con "cambios" no me refiero a una dieta. Es más, odio esa palabra, y la noción de una dieta hace que sienta de inmediato que estoy destinada a fracasar. ¿Por qué? Simplemente porque las dietas no funcionan. ¡Lo que funciona es hacer un cambio de estilo de vida, comer los alimentos adecuados y no sentir que te privas de todo!

Cuando la gente piensa en la comida latina, lo último que le viene a la mente es que es saludable. El concepto generalizado es que siempre es pesada, procesada, frita, muy engordadora, repleta de carbohidratos, y que no la puedes disfrutar si estás tratando de comer con sensatez. Tienen razón, ¡puede ser todo eso! Pero la cocina latina también puede adaptarse perfectamente al concepto de comer saludablemente con los frutos de la tierra, gracias a que incorpora una variedad de tubérculos, granos, frutas, especias, hierbas y vegetales. ¡Les puedo enseñar a sacarle provecho a todo lo que la alimentación latina tiene que ofrecer! Se trata de volver a lo básico; a la manera que comíamos antes de la industrialización de los alimentos, antes de que surgieran los alimentos envasados, repletos de aditivos y conservantes.

¡La abuela tenía razón! La comida es la mejor medicina. Sé que hay mucha información disponible sobre qué comer, qué es mejor y qué no comprar, y todo eso puede ser abrumador. Si ya se han adaptado a un estilo de vida apropiado para la diabetes y simplemente buscan nuevas ideas para variar sus recetas, entonces sáltense la primera sección y exploren mis maneras preferidas de empezar el día en el capítulo Prendiendo motores en la pág. 17. Pero si todavía están tratando de entender qué comer, sigan leyendo. En las próximas páginas he recopilado unos cuantos recursos y reglas básicas para que emprendan el camino de comer por su salud.

Pero, ¿qué podemos comer?

Uno de los pasos importantes para un estilo de vida saludable es la planificación de las comidas. Si hacen una lista cuando salen de compras y saben qué comidas van a preparar, esto impedirá que tomen decisiones poco saludables a último minuto, como comprar comida rápida en el *drive-thru* o caer víctima de la máquina expendedora de golosinas. Una alacena y congelador bien surtidos siempre son la mejor herramienta para preparar comidas saludables a último minuto los días en que las cosas no salen como estaban planeadas.

¿Congelados o enlatados?

Muchas personas piensan que la comida enlatada es mejor que la congelada. ¡No es verdad! A estas alturas, con la excelente tecnología de congelado rápido, tenemos proteínas, vegetales y frutas a nuestra disposición todo el año. Las verduras y frutas se cosechan y congelan de inmediato cuando están perfectamente maduras, y así no pierden casi nada de sus nutrientes en el proceso. Los alimentos congelados, en particular aquellos a los que no se agregan salsas, pueden ser muy útiles mientras aprendemos a comer bien.

La fruta y los vegetales enlatados contienen bisfenol A (BPA por su sigla en inglés), un compuesto industrial que se usa para proteger los alimentos de la corrosión de los metales y las bacterias. También se agregan sulfitos y sal a los alimentos enlatados durante el proceso de conservación lo que resulta en un nivel más alto de sodio. Para las personas con diabetes que deben cuidarse de no consumir demasiado sodio, la fruta y los vegetales enlatados probablemente no son la mejor opción. Si optan por usar fruta y vegetales enlatados, busquen versiones con poco sodio y escurran y enjuaguen los alimentos antes de comerlos.

Conclusión: Escojan alimentos frescos o congelados, y como segunda opción, enlatados.

Orgánico o no orgánico

¿Debemos comer productos orgánicos o no? ¡He allí el dilema! Lo orgánico se ha vuelto muy popular en años recientes y si bien cada vez hay más alimentos orgánicos en supermercados de descuento, la comida orgánica sigue siendo cara.

Mi enfoque a esto es sencillo: si no puedes darte el lujo de comer solamente productos orgánicos, trata de incluir en tu presupuesto algunos de los más importantes ingredientes orgánicos. De hecho, algunos productos son más importantes que otros. El Environmental Working Group publica todos los años una lista de los 12 vegetales y frutas con mayor contaminación de pesticidas, los "Dirty Dozen". Incluidas en la lista están frutas como las bayas y manzanas porque tienen piel delgada y alto contenido de pesticidas. Ya que las bayas y manzanas tienen un bajo índice glucémico y muchos antioxidantes, pueden ser un componente importante de un plan de alimentación saludable; por lo tanto, vean si pueden darse el lujo de comprar las orgánicas. ¡Asegúrense de leer la lista! También publican una lista de los vegetales y frutas no orgánicos más seguros, los "Clean 15".

Lo ideal es que los productos lácteos y huevos también sean orgánicos pues tienen una alta cantidad de antibióticos y hormonas, que se usan para criar vacas y pollos. También les recomiendo que, si pueden darse el lujo, compren pollo y carne de res orgánicos y de animales alimentados con pasto.

En conclusión: Se trata de establecer prioridades con el presupuesto y consumo. Compren productos orgánicos siempre que puedan, especialmente si son parte de la lista "Dirty Dozen". Pero no dejen de comer frutas y vegetales, sean o no orgánicos.

Grasas animales o vegetales

Las grasas, tanto animales como vegetales, tienen muchas calorías; una cucharada de mantequilla tiene 102 calorías, y una cucharada de aceite de oliva tiene 119 calorías. Pero el organismo necesita grasas para funcionar. La clave es seleccionar la grasa adecuada para cocinar.

El peor tipo de grasa en la alimentación son las grasas trans. Estas son producto de hidrogenación que convierte grasas saludables en sólidos. Se sabe que las grasas trans, como la manteca vegetal, los aceites vegetales hidrogenados y la margarina, aumentan el colesterol malo y contribuyen a la resistencia a la insulina. Traten de evitar todo aceite o producto que tiene como ingrediente "aceite parcialmente hidrogenado".

Las grasas saturadas se distinguen por ser sólidas a temperatura ambiente. Estos tipos de grasas provienen mayormente de animales y pueden elevar el riesgo de enfermedades del corazón. Las grasas saturadas como el aceite de coco, la manteca de cerdo, la mantequilla y la leche entera solo se deben consumir de vez en cuando.

Las grasas "buenas" provienen de plantas, nueces, semillas y pescado. Pueden ser grasas monoinsaturadas o poliinsaturadas, como los ácidos grasos omega 3, y son esenciales para el cuerpo. Son ejemplos de buenas grasas los aguacates, el aceite de oliva, el aceite de maíz, las almendras, los anacardos (*cashews*) y el salmón.

En conclusión: No todas las grasas son iguales. Traten de cocinar con grasas vegetales monoinsaturadas o poliinsaturadas y usen las grasas animales con moderación. Pero eviten las grasas trans.

Mariscos y pescados: ¿silvestres y frescos? ¿o de paquete?

La mayoría de los mariscos y pescados que se venden en paquete son de piscigranjas y contienen un compuesto de sodio que se usa para conservarlos antes de congelarlos. Si bien el sodio es un nutriente esencial, en exceso puede aumentar el riesgo de ataques al corazón y derrames, que son complicaciones comunes de la diabetes. Los productos de mar procesados pueden contener dos o tres veces la cantidad de sodio de los mariscos frescos.

Por eso es importante que las personas con diabetes opten por pescado y mariscos frescos siempre que sea posible.

En conclusión: Limítense a pescado y mariscos frescos que nunca han sido congelados, o a frutos de mar congelados sin solución salina ni agua de mar. Pero lo mejor es consumir productos locales y sostenibles, siempre que sea posible. ¡O quizá sea hora de ir de pesca!

Azúcares naturales o sustitutos

Aquí la cosa se pone complicada. Minimizar el consumo de azúcar no solo es una inquietud para las personas con diabetes, ¡sino para todos! Estamos acostumbrados a consumir grandes cantidades de azúcar, no solo en los postres que nos encantan, y en golosinas y bebidas azucaradas, sino también escondida en muchos alimentos que consideramos saludables, como el yogur, los cereales del desayuno e incluso la salsa de tomate. Pero no se preocupen, el paladar es adaptable y va a cambiando a medida que ajusten su dieta.

Existen muchas opciones y marcas de endulzantes a la venta. Hablemos de los azúcares naturales:

Han surgido muchos tipos de azúcares naturales y endulzantes que, de hecho, ofrecen muchos beneficios para la salud. Pero el azúcar no deja de ser azúcar y eleva el nivel de glucosa en la sangre. Algunas de las opciones naturales son la miel, el agave, el azúcar morena, el azúcar sin procesar, el azúcar morena natural o turbinada, el piloncillo o panela. Estos endulzantes se promocionan como más saludables que el azúcar blanca, pero todos contienen sucrosa, que se convierte en glucosa. Se debe usar lo mínimo de estos tipos de azúcar agregada. Una novedad en el mercado de productos naturales es el azúcar de palmera de coco. Sabe un poco como el azúcar morena, pero no es tan dulce. Si bien los fabricantes afirman que tiene un índice glucémico más bajo que el azúcar regular, de todos modos contiene la misma cantidad de calorías y carbohidratos.

La necesidad de un sustituto sin calorías para el azúcar motivó la invención de los endulzantes artificiales. Existen muchas opciones seguras para las personas con diabetes. La Administración de Alimentos y Medicamentos de Estados Unidos (U.S. Food and Drug Administration o FDA) ha aprobado seis endulzantes artificiales: sacarina, acesulfamo de potasio, aspartame, neotame, advantame y sucralosa. No tienen azúcar, tienen pocas calorías (o ninguna) y tienden a ser más dulces que el azúcar.

Quienes, como yo, prefieren algo con pocas calorías pero natural, tienen la opción del eritritol, xilitol y *stevia*. Trato de evitar los productos artificiales lo más posible y, por lo tanto, prefiero stevia para el consumo diario. Se deriva de una planta y no tiene calorías. Viene en polvo o líquido, y el sabor varía según la marca. Mi madre, mi hermana, mi productora culinaria y yo preferimos marcas distintas. Para la repostería, hay combinaciones de azúcar regular y stevia, que son adecuadas para preparar sus postres predilectos. Uso todas estas opciones en el capítulo Un final feliz (pág. 231).

En conclusión: El paladar se adapta mucho y cuando comemos los debidos alimentos en combinaciones balanceadas de azúcar, carbohidratos, fibra, sodio y proteína, empieza a rechazar los que no son buenos para nosotros. Solía tomar el café con 3 cucharadas de azúcar, pero comencé a disminuirla gradualmente y ahora tomo el café sin azúcar. Mientras entrenan el paladar, siéntanse en toda libertad de probar todas las marcas de *stevia* o endulzantes artificiales que hay hasta que encuentren la que les gusta. Si quieren probar el azúcar de coco, ¡adelante! Pero tengan en cuenta su contenido de calorías y carbohidratos, y recuerden que todavía no se ha llegado a un consenso al respecto.

Aumenten el sabor sin agregar grasa ni sal

Cuando limitamos la cantidad de aceite y sal que agregamos a las recetas, con frecuencia nos preguntamos qué les dará sabor. Soy muy partidaria de comer saludablemente, ¡pero en mi opinión, eso no quiere decir comer alimentos desabridos! ¡Nada me frustra más que una mala comida! Estos son los ingredientes a los que recurro para asegurarme de crear una fiesta para el paladar:

Especias

Mi arsenal de sabor está en las especias, a las que llamo mis "polvitos mágicos". Las especias son hierbas, vegetales, clavos de olor, semillas, cortezas, frutas, vainas o raíces secas y molidas, que añaden aroma y sazón. Aportan una gran variedad de sabores

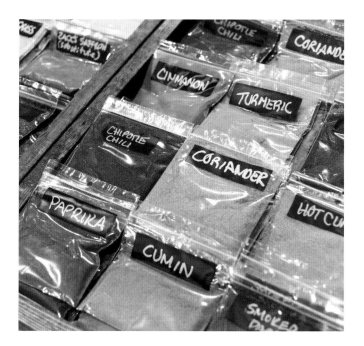

a las comidas. No dependan de la sal para darle gusto a los alimentos. Si bien la sal realza el sabor, se logra un plato perfecto con la debida combinación de especias, hierbas, acidez y sabores dulces y salados. Mis polvitos mágicos son mi mejor arma contra las comidas insípidas y aburridas. ¡Hagan lo mismo!

Mis preferidas:

- Comino
- Azafrán
- Pimentón
- Achiote o anato
- Todo adobo (sazón multiuso; pág. 224)

Hierbas

Si bien mantengo muchas hierbas secas en mi arsenal de sabores, siempre tengo a la mano mis hierbas frescas preferidas. Las hierbas frescas tienen mucho más sabor. Si se les han acabado las hierbas frescas, por supuesto, usen secas, como lo hago en muchas recetas. Pero siempre tengan a la mano perejil y cilantro fresco. ¡Son el toque final perfecto para cualquier plato! Las hierbas frescas tienden a ser caras, pero si pueden plantarlas, háganlo. Y si les preocupa que se pudran, simplemente píquenlas y congélenlas con aceite en hieleras. ¡Estarán allí para su próximo platillo!

Mis preferidas:

- Cilantro
- Perejil
- Orégano
- Albahaca
- Romero
- Menta

Vinagres y productos cítricos

La acidez es muy importante para darle sabor y gusto a la comida. Cada tipo de vinagre tiene un sabor diferente. Los latinos usan mayormente vinagre blanco, pero los españoles usan vinagre de jerez y vinagre tinto. En este libro verán que uso estos vinagres y otros más. Se conservan bien en la alacena por mucho tiempo y, créanme, una vez que se den cuenta de lo que pueden hacer, se acostumbrarán a usarlos mucho. Los uso en ensaladas, por supuesto, pero también en platos salteados y guisos.

Mis preferidos:

- Vinagre blanco
- Vinagre de jerez
- Vinagre tinto
- Vinagre de sidra de manzana
- Vinagre balsámico blanco
- Vinagre de champán

Otros ingredientes esenciales que uso para dar sabor y acidez a la comida son las frutas cítricas. Uso tanto el jugo como la cáscara porque dan mucho sabor con

pocas calorías. Las uso en adobos, aderezos, salsas y como chorrito final en prácticamente todo.

Me cuesta escoger preferidos en este caso; realmente me encantan todos los cítricos. El limón verde es el que más se usa en la cocina latina, pero también me gusta mucho el limón. Tiene un sabor más suave y, por lo tanto, es más versátil. La ralladura de cáscara de naranja quizá sea mi favorita. Simplemente asegúrense de no rallar la parte blanca de la cáscara de cítricos ya que le dará un toque amargo a su plato. Y hace poco descubrí y me enamoré recientemente de los limones Meyer; un híbrido de limón y mandarina.

Chica Tips

Mis "Chica Tips" son mis trucos de cocina. Los encontrarán en todo el libro, en recuadros. Así revelo todos mis secretos para que puedan llegar a conocer los múltiples usos de un ingrediente, ideas sobre cómo guardarlos, formas de aprovechar más una receta, etc. Estos son unos cuantos consejos comunes para darles una idea de lo que encontrarán en las recetas.

Sustitutos mágicos

A menudo la comida entra por los ojos y si veo poca cantidad en el plato, me preocupa quedarme con hambre después de comer. Estoy segura de que no soy la única con este problema. Además, con frecuencia quiero más carbohidratos de los que debería comer en una comida. Siempre ha sido muy importante para mí encontrar maneras de engañar a los ojos, el estómago y el apetito. Por eso el chayote, el calabacín o zapallito italiano (*zucchini*) y la coliflor son mis mejores amigos. Son hortalizas versátiles y flexibles que adoptan el sabor de lo que estés cocinando. Los uso para darles volumen a las sopas y guisados, pero también como sustitutos de la papa. Esto permite comer más, con menos carbohidratos y calorías. Notarán que uso estos ingredientes en todo el libro y estoy segura de que los usarán con regularidad una vez que se acostumbren.

Yogur

¡El yogur no es solo para el desayuno! ¿¡Y el yogur griego!? Sin duda es un obsequio de los dioses. Este alimento milagroso es estupendo para platillos dulces y salados; es un ingrediente versátil que puede adoptar muchos sabores. Siempre recurro a él como sustituto de ingredientes cremosos. Si necesitan que un platillo sea cremoso, simplemente agreguen yogur. Si necesitan mayonesa, agreguen yogur. Si necesitan crema agria para los tacos, agreguen yogur. Si les provoca crema batida para un postre... adivinaron, agreguen yogur. El yogur también es una de las fuentes más completas de probióticos, que ayudan a que el sistema digestivo se mantenga saludable.

Caldo de pollo sin sal

Siempre, siempre, siempre tengo a la mano caldo de pollo sin sal. No solo hace que el arroz integral y la quinua sepan mejor, además de realzar los sabores de mis sopas y guisados, sino que también disminuye los gramos de grasa y calorías en la receta. Cuando hago un sofrito, me gusta limitar la cantidad de aceite que uso a 1 cucharada o sea que complemento el aceite con caldo de pollo sin sal. Si van a saltear algo y les parece que 1 cucharada de aceite no es suficiente, agreguen una cucharada de caldo de pollo sin sal. Es mágico y hace que sus platillos sean mucho más saludables.

Salsas y condimentos

Me gusta tener reservas en el congelador de salsas caseras saludables que puedo echarle rápidamente a un pedazo de pollo o pescado a la parrilla cuando no me provoca cocinar o no tengo tiempo. Por ejemplo, lo hago con mi sofrito, que se puede usar como base para un guiso o sobre un bistec.

Lo mismo hago con condimentos latinos clásicos como el pico de gallo, que mantengo en el refrigerador para usarlo de mañana con claras de huevos o como adorno sobre ensaladas o tacos. Guarden estas salsas y condimentos clásicos en el refrigerador o congelador y ¡siempre tendrán algo delicioso y emocionante que comer!

Lean el capítulo La prueba está en las salsas y los condimentos (pág. 223), donde comparto las recetas de algunas de mis salsas y condimentos preferidos y, por supuesto, la piedra angular de mi cocina y la base de la mayoría de mis recetas: mi adobo multiuso. Usarán este adobo día tras día.

chapter 1
capítulo 1

pillow talk and power up
prendiendo motores

mangú (dominican plantain mash)

Mangú is a traditional Dominican breakfast dish with a funny history. This dish dates back to the American invasion of the Dominican Republic in 1916. It is believed a soldier tried this mash and said "Man Good," but the natives did not understand English and called it *mangú*. Cooks usually use tons of butter to mash the plantain and serve it with fried salami. I love *mangú* with eggs or turkey bacon, for a lighter version. A word about peeling green plantains: it is almost a rite of passage for a Caribbean girl to know how to do so without destroying the plantain. To become an expert see my Chica Tip below the recipe.

1 Tbsp olive oil

1 Vidalia onion, thinly sliced (¾ lb total; about 2 cups)

1 Tbsp cider vinegar

½ tsp salt, divided

2 green plantains, peeled and cut into 3-inch pieces

½ cup water

1 Tbsp light butter

¼ tsp pepper

1 Heat the oil in a large nonstick skillet over medium-high heat. Add the onions, vinegar, and ¼ tsp salt. Reduce the heat to medium low and cook, stirring occasionally, until the onions are very tender and begin to caramelize, about 25 minutes.

2 Meanwhile, place the plantains in a large saucepan with enough water to cover and bring to a boil. Reduce the heat to medium low. Cover and simmer until the plantains are fork-tender, about 20 minutes.

3 Drain and return to the saucepan. Add the water, butter, remaining ¼ tsp salt, and pepper; mash with a potato masher until the plantains are smooth and creamy. Serve topped with the caramelized onions.

CHICA TIP

! To easily peel plantains, cut the ends, make a slit lengthwise, and microwave for 2 minutes. Then remove the peel; it's as easy as 1, 2, 3.

CHOICES/EXCHANGES
1½ Starch, 1 Nonstarchy Vegetable

BASIC NUTRITIONAL VALUES
Calories **120** | Calories from Fat **30** | Total Fat **3.5 g** | Saturated Fat **0.9 g** | Trans Fat **0.0 g** | Cholesterol **4 mg** | Sodium **220 mg** | Potassium **370 mg** | Total Carbohydrate **25 g** | Dietary Fiber **2 g** | Sugars **12 g** | Protein **1 g** | Phosphorus **30 mg**

mangú (puré de plátano a la dominicana)

El mangú es un platillo tradicional dominicano que se come en el desayuno y tiene una historia divertida. Este platillo se remonta a la invasión de la República Dominicana por Estados Unidos en 1916. Según parece, un soldado probó este puré y dijo "Man, good", pero los locales no hablaban inglés y lo llamaron mangú. Los cocineros por lo general usan muchísima mantequilla para aplastar el plátano verde y lo sirven con salami frito. Me encanta el mangú con huevos o tocino de pavo, que es una versión menos calórica. Para las chicas caribeñas, es prácticamente un rito de iniciación saber cómo pelar el plátano verde sin destruirlo. Para volverse expertos, vean mi Chica Tip debajo de la receta.

1 cda. de aceite de oliva

1 cebolla Vidalia en rodajas delgadas (¾ lb en total; aproximadamente 2 tazas)

1 cda. de vinagre de sidra

½ cdta. de sal, en partes

2 plátanos verdes, pelados y cortados en trozos de 3 pulgadas

½ taza de agua

1 cda. de mantequilla *light*

¼ cdta. de pimienta

1 Calentar el aceite en una sartén antiadherente grande a fuego medio alto. Agregar la cebolla, el vinagre y ¼ cdta. de sal. Bajar el fuego a medio bajo y cocer, revolviendo de vez en cuando, hasta que la cebolla esté muy blanda y empiece a caramelizarse, aproximadamente 25 minutos.

2 Mientras tanto, colocar el plátano verde en una olla grande con suficiente agua como para que lo tape y hervir. Bajar el fuego a medio bajo. Tapar y cocer a fuego lento hasta que el plátano verde esté blando al pincharlo con un tenedor, aproximadamente 20 minutos.

3 Escurrir y volver a meter en la olla. Agregar el agua, la mantequilla, la sal restante (¼ cdta.) y la pimienta; aplastar con un prensapapas hasta que el plátano verde esté cremoso y tenga consistencia uniforme. Servir con la cebolla acaramelada encima.

CHICA TIP

! Para pelar plátanos verdes fácilmente, corta los extremos, haz un corte a lo largo y mete en el microondas 2 minutos. Luego quítale la cáscara; es facilísimo.

SELECCIONES/INTERCAMBIOS
1½ almidones, 1 vegetal sin almidón

VALORES NUTRICIONALES BÁSICOS
Calorías **120** | Calorías de grasa **30** | Total de grasa **3.5 g** | Grasa saturada **0.9 g** | Grasa trans **0.0 g**
Colesterol **4 mg** | Sodio **220 mg** | Potasio **370 mg** | Total de carbohidratos **25 g**
Fibra alimentaria **2 g** | Azúcares **12 g** | Proteína **1 g** | Fósforo **30 mg**

healthy chilaquiles with salsa verde

Chilaquiles are a traditional Mexican breakfast dish usually made with fried tortilla chips and served with an array of toppings, including loads of cheese, cream, and eggs or chicken. By simply baking the tortilla chips and toning down the toppings, I managed to make a delicious *chilaquiles* recipe that is sure to hit the spot. I was also able to sneak in some fiber and iron by adding some spinach to an already green sauce. This chica wants to have her *chilaquiles* and eat them too!

1 lb tomatillos, papery husks removed, rinsed, and cut into quarters

1 (6-oz) onion, quartered

½ cup water

1 serrano chile, chopped

2 cloves garlic, chopped

1 cup chopped fresh cilantro plus extra for garnish

2 Tbsp lime juice

¼ tsp salt

8 (6-inch) corn tortillas, cut into quarters (about 8 oz total)

Nonstick olive oil spray

4 large eggs

1 Tbsp olive oil

2 cups baby spinach (2 oz)

4 Tbsp reduced-fat crumbled feta cheese

1 To make the salsa, place the tomatillos, onion, water, serrano, and garlic in a large saucepan. Bring to a boil over medium-high heat. Reduce the heat to medium low and simmer, covered, until the tomatillos are tender, about 15 minutes. Transfer the salsa to a food processor or blender. Add the cilantro, lime juice, and salt and pulse until smooth.

2 Preheat the oven to 400°F.

3 Place the tortilla pieces in one layer on a large baking sheet and lightly spray with olive oil nonstick spray. Bake until the tortilla chips are crisp, about 8 minutes, turning halfway through baking time.

4 Meanwhile, spray the skillet with nonstick spray and set over medium-high heat. Slip in the eggs, one at a time. Reduce the heat to medium low; cover, and cook until the whites are set, about 5 minutes.

5 Heat the oil in a large nonstick skillet over medium heat. Add the spinach and salsa and cook, stirring occasionally, until the spinach is wilted, about 2 minutes. Transfer the salsa to a medium bowl. Wipe the skillet clean.

6 Place 8 tortilla chips on each of 4 plates and top with one-fourth of the salsa. Place one egg on top and sprinkle each with 1 Tbsp of the cheese and garnish with fresh cilantro. Serve at once.

CHICA TIP

! If you have finicky eaters at home, take advantage of saucy recipes to sneak veggies in, like I did here with the spinach. They will never know and you will be developing their taste buds while assuring them a nutritionally sound meal.

CHOICES/EXCHANGES
1½ Starch, 2 Nonstarchy Vegetable, 1 Medium-Fat Protein, 1½ Fat

BASIC NUTRITIONAL VALUES
Calories **300** | Calories from Fat **120** | Total Fat **13.0 g** | Saturated Fat **3.1 g** | Trans Fat **0.0 g** | Cholesterol **190 mg** | Sodium **350 mg** | Potassium **650 mg** | Total Carbohydrate **37 g** | Dietary Fiber **6 g** | Sugars **7 g** | Protein **13 g** | Phosphorus **360 mg**

rinde **4 porciones** | tamaño de la porción **8 totopos, 1 huevo, ⅜ taza de salsa y 1 cda. de queso**
tiempo de preparación **20 minutos** | tiempo de cocción **30 minutos** | tiempo total **50 minutos**

chilaquiles saludables con salsa verde

Los chilaquiles son un desayuno tradicional mexicano que por lo general se prepara con totopos o tostadas de tortilla fritos y se sirven con una variedad de ingredientes, entre ellos mucho queso, crema y huevos o pollo. Con simplemente hornear los totopos y reducir la cantidad de guarniciones, logré esta deliciosa receta de chilaquiles que sin duda los hará felices. También pude incluir un poco de fibra y hierro agregando espinaca a la salsa, que de por sí ya es verde. Esta chica no quiere perderse nada, ¡incluidos los chilaquiles!

1 lb de tomatillos pelados, enjuagados y cortados en cuatro

1 cebolla (de 6 oz) cortada en cuatro

½ taza de agua

1 chile serrano picado

2 dientes de ajo, picados

1 taza de cilantro fresco picado y un poco más para adornar

2 cdas. de jugo de limón verde

¼ cdta. de sal

8 tortillas de maíz (de 6 pulgadas) cortadas en cuatro (aproximadamente 8 oz en total)

Aceite de oliva antiadherente en aerosol

4 huevos grandes

1 cda. de aceite de oliva

2 tazas de hojas de espinaca (2 oz)

4 cdas. de queso feta desmenuzado bajo en grasa

1 Para preparar la salsa, colocar los tomatillos, la cebolla, el agua, el chile serrano y el ajo en una olla grande. Cocer a fuego medio alto. Bajar el fuego a medio bajo y cocer a fuego lento, tapado, hasta que los tomatillos estén blandos, aproximadamente 15 minutos. Pasar la salsa a un procesador de alimentos o licuadora. Agregar el cilantro, jugo de limón verde y sal, y licuar hasta que tenga consistencia uniforme.

2 Calentar el horno a 400°F.

3 Colocar los totopos en una capa sobre una lata grande de hornear y rociar con un poco de aceite de oliva. Hornear hasta que los totopos estén crocantes, aproximadamente 8 minutos, volteándolos después de 4 minutos.

4 Mientras tanto, echar aceite en aerosol a la sartén y calentarla a fuego medio alto. Deslizar los huevos, uno a la vez. Bajar el fuego a medio bajo; tapar y cocer hasta que las claras estén cocidas, aproximadamente 5 minutos.

5 Calentar el aceite en una sartén antiadherente grande a fuego medio. Agregar la espinaca y salsa y cocer, revolviendo de vez en cuando, hasta que la espinaca se marchite, aproximadamente 2 minutos. Pasar la salsa a una vasija mediana. Limpiar la sartén con un paño.

6 Colocar 8 totopos en cada plato y echarles encima un cuarto de la salsa. Colocar encima un huevo y adornar cada uno con 1 cda. de queso y cilantro fresco. Servir de inmediato.

CHICA TIP

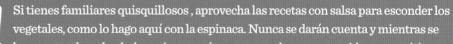

Si tienes familiares quisquillosos , aprovecha las recetas con salsa para esconder los vegetales, como lo hago aquí con la espinaca. Nunca se darán cuenta y mientras se les acostumbra el paladar, mientras tú te aseguras de que su comida sea nutritiva.

SELECCIONES/INTERCAMBIOS
1½ almidones, 2 vegetales sin almidón, 1 proteína semigrasa, 1½ grasa

VALORES NUTRICIONALES BÁSICOS
Calorías **300** | Calorías de grasa **120** | Total de grasa **13.0 g** | Grasa saturada **3.1 g** | Grasa trans **0.0 g**
Colesterol **190 mg** | Sodio **350 mg** | Potasio **650 mg** | Total de carbohidratos **37 g**
Fibra alimentaria **6 g** | Azúcares **7 g** | Proteína **13 g** | Fósforo **360 mg**

oatmeal arepas breakfast bread

Like a good Latina, I love carbs—and by carbs I mean bread. *Arepas* are the go-to bread for Venezuelans and Colombians. We love them at any time of the day, with our eggs in the morning or with our shredded pork for dinner. I felt they deserved a spot in this book! I have tried my share of "healthy" *arepas* and was never satisfied. But I was a chica on a mission to get this version right, and I think you will agree!

1 cup precooked white cornmeal

3 Tbsp old-fashioned rolled oats

½ tsp salt

1¼ cups water

Nonstick olive oil spray

1 Combine the cornmeal, oats, and salt in a large bowl. Slowly add the water and knead until a soft dough forms. Let stand 3 minutes.

2 Divide the dough into 10 equal pieces. Form each piece into a ball, then flatten into a 3-inch disk.

3 Spray a nonstick skillet with nonstick spray and heat over medium heat. Add the arepas, in batches, and cook until browned, about 5 minutes per side. Serve warm.

CHICA TIP

! Make yourself an arepa egg sandwich for a perfectly balanced breakfast! Stuff 1 arepa with Pericos Scrambled Eggs (page 24).

CHOICES/EXCHANGES
2 Starch

BASIC NUTRITIONAL VALUES
Calories **120** | Calories from Fat **0** | Total Fat **0.0 g** | Saturated Fat **0.1 g** | Trans Fat **0.0 g** | Cholesterol **0 mg** | Sodium **230 mg** | Potassium **60 mg** | Total Carbohydrate **29 g** | Dietary Fiber **2 g** | Sugars **1 g** | Protein **3 g** | Phosphorus **40 mg**

arepas de avena

Como buena latina, adoro los carbohidratos, y por carbohidratos quiero decir pan. Las arepas son el pan esencial de los venezolanos y colombianos. Nos encanta comerlas a cualquier hora del día, con huevos para el desayuno o con cerdo deshilachado para la cena. ¡Pienso que merecen un lugar en este libro! He probado muchas arepas "saludables" y nunca quedé satisfecha. Pero esta chica se propuso lograr una versión que saliera bien, ¡y creo que van a estar de acuerdo conmigo!

1 taza de harina de maíz blanco precocida

3 cdas. de hojuelas de avena tradicionales

½ cdta. de sal

1¼ tazas de agua

Aceite de oliva antiadherente en aerosol

1 Mezclar la harina de maíz, la avena y la sal en una vasija grande. Agregar el agua lentamente y amasar hasta que se forme una masa blanda. Poner de lado 3 minutos.

2 Dividir la masa en 10 partes iguales. Formar una bola con cada trozo, luego aplanar para formar discos de 3 pulgadas.

3 Rociar una sartén antiadherente con aceite en aerosol y prender el fuego a temperatura media. Agregar las arepas, por partes y dorarlas, aproximadamente 5 minutos por lado. Servir calientes.

CHICA TIP

! Haz un sándwich de arepas con huevo ¡para un desayuno perfectamente balanceado! Rellena 1 arepa con Huevos pericos (pág. 25).

SELECCIONES/INTERCAMBIOS
2 almidones

VALORES NUTRICIONALES BÁSICOS
Calorías **120** | Calorías de grasa **0** | Total de grasa **0.0 g** | Grasa saturada **0.1 g** | Grasa trans **0.0 g**
Colesterol **0 mg** | Sodio **230 mg** | Potasio **60 mg** | Total de carbohidratos **29 g**
Fibra alimentaria **2 g** | Azúcares **1 g** | Proteína **3 g** | Fósforo **40 mg**

pericos scrambled eggs

This Colombian breakfast dish reminds me so much of my grandparents; they were a staple in their home. I love them for dinner as well—so delicious and fast! Zucchini is the wild card ingredient in this recipes, and certainly not traditional, but it adds fiber and bulk and, due to its mild flavor, it does not alter the flavor profile of such a simple recipe.

2 large eggs

2 egg whites

¼ tsp salt

⅛ tsp pepper

2 tsp olive oil

1 cup zucchini, diced (6 oz)

1 small tomato, diced (4 oz)

3 scallions, thinly sliced (about ¼ cup)

1 Whisk together the eggs, egg whites, salt, and pepper in a small bowl.

2 Heat the oil in a 9-inch nonstick skillet over medium-high heat. Add the zucchini and cook, stirring occasionally, until the zucchini is tender, about 5 minutes. Add the tomato and scallions and cook until softened, about 4 minutes. Add the egg mixture and cook, stirring, until the eggs are softly scrambled, about 3–4 minutes.

CHOICES/EXCHANGES
1 Nonstarchy Vegetable,
1 Medium-Fat Protein, 1 Fat

BASIC NUTRITIONAL VALUES
Calories **160** | Calories from Fat **90** | Total Fat **10.0 g** | Saturated Fat **2.3 g** | Trans Fat **0.0 g** | Cholesterol **185 mg** | Sodium **430 mg** | Potassium **530 mg** | Total Carbohydrate **7 g** | Dietary Fiber **2 g** | Sugars **4 g** | Protein **12 g** | Phosphorus **155 mg**

rinde **2 porciones** | tamaño de la porción **¾ taza**
tiempo de preparación **10 minutos** | tiempo de cocción **12 minutos** | tiempo total **22 minutos**

huevos revueltos pericos

Este desayuno colombiano me recuerda mucho a mis abuelos; en su casa, no faltaban. También me encanta comerlos de cena. ¡Son deliciosos y muy fáciles! En estas recetas el calabacín es un ingrediente comodín y, de hecho, nada tradicional, pero aporta fibra y volumen, y debido a su sabor suave, no le cambia el gusto a este simple platillo.

2 huevos grandes

2 claras de huevo

¼ cdta. de sal

⅛ cdta. de pimienta

2 cdta. de aceite de oliva

1 taza de calabacín, picado (6 oz)

1 tomate pequeño, picado (4 oz)

3 cebolletas en rodajas delgadas (aproximadamente ¼ taza)

1 Batir los huevos y las claras de huevo, con sal y pimienta en una vasija pequeña.

2 Calentar el aceite en una sartén antiadherente de 9 pulgadas a fuego medio alto. Agregar el calabacín y cocer, revolviendo de vez en cuando, hasta que el calabacín esté blando, aproximadamente 5 minutos. Agregar el tomate y las cebolletas, y cocer hasta que se ablanden, aproximadamente 4 minutos. Agregar los huevos batidos y cocer, revolviendo, hasta que los huevos queden medianamente cocidos, aproximadamente 3–4 minutos.

SELECCIONES/INTERCAMBIOS
1 vegetal sin almidón, 1 proteína semigrasa, 1 grasa

VALORES NUTRICIONALES BÁSICOS
Calorías **160** | Calorías de grasa **90** | Total de grasa **10.0 g** | Grasa saturada **2.3 g** | Grasa trans **0.0 g**
Colesterol **185 mg** | Sodio **430 mg** | Potasio **530 mg** | Total de carbohidratos **7 g**
Fibra alimentaria **2 g** | Azúcares **4 g** | Proteína **12 g** | Fósforo **155 mg**

quinoa oatmeal

Quinoa has become one of my staple ingredients in the last decade, but it took me a while to incorporate it into my breakfast. My Bolivian grandfather would make it for us as a drink growing up, but I had not been successful at recreating that. I tried many recipes in an attempt to find a way to have quinoa as a breakfast cereal but was never successful in creating a creamy and luscious dish. The secret? Combining quinoa with oatmeal for a perfect breakfast packed with protein that will carry you over until lunch.

2 cups fat-free milk

½ cup water

¾ cup old-fashioned rolled oats

¼ cup uncooked quinoa, rinsed

2 tsp honey

1 tsp ground cinnamon

½ tsp vanilla extract

⅛ tsp salt

½ cup raspberries (2½ oz)

¼ cup sliced almonds, toasted (1 oz)

1 Combine the milk and water in a large saucepan and bring to a simmer over medium heat.

2 Add the oats, quinoa, honey, cinnamon, vanilla, and salt. Reduce the heat to low. Cover and cook, stirring occasionally, until the oats and quinoa are tender, about 15 minutes. Serve topped with the raspberries and almonds.

CHICA TIP

! Make a double batch of this oatmeal and freeze it in single-serving portions for a quick weekday breakfast. Just heat it up in the microwave.

CHOICES/EXCHANGES
1 Starch, ½ Fat-Free Milk, ½ Carbohydrate, 1 Fat

BASIC NUTRITIONAL VALUES
Calories **200** | Calories from Fat **50** | Total Fat **6.0 g** | Saturated Fat **0.6 g** | Trans Fat **0.0 g** | Cholesterol **6 mg** | Sodium **125 mg** | Potassium **390 mg** | Total Carbohydrate **30 g** | Dietary Fiber **4 g** | Sugars **11 g** | Protein **9 g** | Phosphorus **275 mg**

cereal de avena y quinua

En la última década, la quinua ha pasado a ser uno de mis ingredientes básicos, pero me tomó un tiempo incorporarla a mi desayuno. Durante mi infancia, mi abuelo boliviano nos la preparaba en una bebida. Pero yo no había logrado copiarla. Probé varias recetas tratando de encontrar la manera de comer quinua como cereal de desayuno pero nunca logré crear un platillo cremoso y exquisito. ¿El secreto? Mezclar la quinua con avena para un desayuno perfecto y repleto de proteína, que hará que se sientan satisfechos hasta el almuerzo.

2 tazas leche descremada

½ taza de agua

¾ taza de hojuelas de avena tradicional

¼ taza de quinua sin cocer, enjuagada

2 cdtas. de miel

1 cdta. de canela molida

½ cdta. de extracto de vainilla

⅛ cdta. de sal

½ taza de frambuesas (2 ½ oz)

¼ taza de almendras en rodajas, tostadas (1 oz)

1 Mezclar la leche y el agua en una olla grande, y cocer a fuego medio.

2 Agregar la avena, la quinua, la miel, la canela, la vainilla y la sal. Bajar el fuego. Tapar y cocer, revolviendo de vez en cuando, hasta que la avena y la quinua estén blandas, aproximadamente 15 minutos. Servir con frambuesas y almendras encima.

CHICA TIP

! Haz el doble de esta receta de avena y congélala en porciones personales para comerla de desayuno rápido entresemana. Simplemente caliéntala en el microondas.

SELECCIONES/INTERCAMBIOS
1 almidón, ½ leche descremada, ½ carbohidrato, 1 grasa

VALORES NUTRICIONALES BÁSICOS
Calorías **200** | Calorías de grasa **50** | Total de grasa **6.0 g** | Grasa saturada **0.6 g** | Grasa trans **0.0 g**
Colesterol **6 mg** | Sodio **125 mg** | Potasio **390 mg** | Total de carbohidratos **30 g**
Fibra alimentaria **4 g** | Azúcares **11 g** | Proteína **9 g** | Fósforo **275 mg**

tropical punch breakfast smoothie

Drinking fresh fruit juices with your meals is a Colombian tradition I grew up with and treasure. But fruit juices, especially store-bought varieties, tend to be filled with sugar and empty calories. A great way to control how much sugar is in your juices is by whipping them up yourself. The pulp of many of the tropical fruits I love is now available frozen and unsweetened at the supermarket. One of my afternoon treats is to blend some water, pulp, and stevia together and drink up. But if you want to take it up a notch, try this protein- and fiber-filled smoothie for a delicious and refreshing meal replacement drink.

1 cup unsweetened almond milk

6 oz plain fat-free Greek yogurt

¼ cup frozen papaya pulp, partially thawed

¼ cup passion fruit pulp, partially thawed

¼ cup blackberry (Mora) pulp, partially thawed

2 Tbsp flaxseeds

½ tsp granulated zero-calorie sweetener (such as stevia)

1 Place the almond milk, yogurt, fruit pulps, flaxseeds, and sweetener in a blender and blend until smooth. Serve at once.

CHICA TIP

! Turn this smoothie into popsicles for a midday snack. The kids will love them too!

CHOICES/EXCHANGES
1 Carbohydrate, 1 Lean Protein, 1 Fat

BASIC NUTRITIONAL VALUES
Calories **160** | Calories from Fat **50** | Total Fat **6.0 g** | Saturated Fat **0.5 g** | Trans Fat **0.0 g**
Cholesterol **6 mg** | Sodium **130 mg** | Potassium **470 mg** | Total Carbohydrate **16 g**
Dietary Fiber **5 g** | Sugars **9 g** | Protein **12 g** | Phosphorus **205 mg**

batido tropical para el desayuno

Beber jugos frescos de fruta con la comida es una tradición colombiana con la que crecí y me encanta. Pero los jugos de fruta, en particular los comprados ya preparados, suelen estar repletos de azúcar y calorías sin nutrientes. Una excelente manera de controlar la cantidad de azúcar en los jugos es preparándolos uno mismo. La pulpa de muchas deliciosas frutas tropicales se puede comprar congelada y sin endulzar en el supermercado. Uno de los gustos que me doy por la tarde es licuar un poco de agua, pulpa de fruta y *stevia*, y luego beber el jugo. Pero si quieren algo incluso mejor, prueben este batido lleno de proteína y fibra, que es una bebida deliciosa y refrescante que puede remplazar una comida.

1 taza de leche de almendras
   sin azúcar

6 oz yogur griego descremado
   de sabor natural

¼ taza de pulpa de papaya,
   parcialmente descongelada

¼ taza de pulpa de maracuyá,
   parcialmente descongelada

¼ taza de pulpa de mora,
   parcialmente descongelada

2 cdas. de linaza

½ cdta. de endulzante
   granulado sin calorías
   (como *stevia*)

1 Licuar la leche de almendras, el yogur, la pulpa de fruta, la linaza y el endulzante hasta que tenga consistencia uniforme. Servir de inmediato.

CHICA TIP

! Congela este batido en forma de paleta para una merienda o bocadillo de media mañana. ¡A los niños también les encantará!

SELECCIONES/INTERCAMBIOS
1 carbohidrato, 1 proteína magra,
1 grasa

VALORES NUTRICIONALES BÁSICOS
Calorías **160** | Calorías de grasa **50** | Total de grasa **6.0 g** | Grasa saturada **0.5 g** | Grasa trans **0.0 g**
Colesterol **6 mg** | Sodio **130 mg** | Potasio **470 mg** | Total de carbohidratos **16 g**
Fibra alimentaria **5 g** | Azúcares **9 g** | Proteína **12 g** | Fósforo **205 mg**

avocado toast

I grew up eating avocados in every meal and have been enjoying them on toast for years. It seems like the world now shares my avocado toast obsession. This breakfast can easily turn into dinner with the addition of a soft-boiled egg on top. My favorite!

1 Hass avocado (about 7 oz), cubed (about 1 cup)

⅛ tsp salt

⅛ tsp red pepper flakes

4 (1-oz) slices whole-grain bread, toasted

1 garlic clove

½ cup baby spinach leaves (½ oz)

1 tomato, cut into 8 slices (6 oz)

¼ English (seedless) cucumber, thinly sliced (about 2 oz)

2 Tbsp chopped fresh cilantro

1 Mash the avocado with the salt and red pepper flakes in a small bowl.

2 Rub the toasted bread slices with garlic. Divide the avocado mixture among the slices of bread. Layer the spinach, tomato, and cucumber on top. Sprinkle with the cilantro and serve at once.

CHICA TIP

! Buy your avocados in different stages of ripeness and put them in rotation. Store the ripened ones in the fridge, keep the very green ones in a brown paper bag in your cupboard, and keep the ones in between on your counter. This way you will always have a ripe avocado on hand.

CHOICES/EXCHANGES
1 Starch, 1 Nonstarchy Vegetable, 1 Fat

BASIC NUTRITIONAL VALUES
Calories **140** | Calories from Fat **50** | Total Fat **6.0 g** | Saturated Fat **1.0 g** | Trans Fat **0.0 g** | Cholesterol **0 mg** | Sodium **210 mg** | Potassium **390 mg** | Total Carbohydrate **18 g** | Dietary Fiber **5 g** | Sugars **3 g** | Protein **5 g** | Phosphorus **95 mg**

tostada con aguacate

Crecí comiendo aguacate en todas las comidas y desde hace años lo disfruto con tostadas. Al parecer, el mundo ahora comparte mi obsesión con las tostadas de aguacate. Este desayuno puede convertirse fácilmente en una comida si se le agrega un huevo pasado. ¡Mi favorito!

1 aguacate Hass (aproximadamente 7 oz), en cubos (aproximadamente 1 taza)

⅛ cdta. de sal

⅛ cdta. de pimentón en hojuelas

4 rebanadas (de 1 oz) de pan de trigo integral, tostadas

1 diente de ajo

½ taza de hojas de espinaca tierna (½ oz)

1 tomate cortado en 8 tajadas (6 oz)

¼ pepinillo (sin semilla) en rodajas delgadas (aproximadamente 2 oz)

2 cdas. de cilantro fresco picado

1 Aplastar el aguacate con la sal y el pimentón en hojuelas en una vasija pequeña.

2 Frotar las tostadas con el ajo. Dividir la mezcla de aguacate entre las tostadas. Colocar encima en capas la espinaca, el tomate y pepinillo. Echarle el cilantro y servir de inmediato.

CHICA TIP

! Compra aguacates que estén en diferentes etapas de madurez y rótalos. Guarda los maduros en el refrigerador, manten los muy verdes en una bolsa de papel en la alacena y pon los demás sobre el mostrador. De esta manera siempre tendrás un aguacate maduro a la mano.

SELECCIONES/INTERCAMBIOS
1 almidón, 1 vegetal sin almidón, 1 grasa

VALORES NUTRICIONALES BÁSICOS
Calorías **140** | Calorías de grasa **50** | Total de grasa **6.0 g** | Grasa saturada **1.0 g** | Grasa trans **0.0 g**
Colesterol **0 mg** | Sodio **210 mg** | Potasio **390 mg** | Total de carbohidratos **18 g**
Fibra alimentaria **5 g** | Azúcares **3 g** | Proteína **5 g** | Fósforo **95 mg**

coconut-banana protein pancakes

I'll admit, there is nothing Latin about a pancake—and even less one that has protein shake powder in it. But who in the world does not love and crave a pancake here and there. This recipe might sound a bit strange, but it hits the spot when craving time comes. They make for a great, fluffy, and warm Sunday breakfast.

1 ripe banana (5 oz)

3 Tbsp (20 g) vanilla protein powder

2 Tbsp unsweetened shredded coconut, toasted

2 egg yolks

¼ tsp cinnamon

¼ tsp baking powder

¼ tsp coconut extract

⅛ tsp salt

2 egg whites, at room temperature

Nonstick olive oil spray

4 tsp maple syrup

½ cup raspberries

1 Mash the banana in a medium bowl. Add the protein powder, coconut, egg yolks, cinnamon, baking powder, coconut extract, and salt until blended.

2 With an electric mixer on medium-high speed, beat the egg whites until soft peaks form, 2–3 minutes. With a rubber spatula, gently fold the egg whites into the banana mixture until no white streaks remain.

3 Spray a nonstick griddle or large skillet with nonstick spray and set over medium-low heat. Pour scant ¼ cupfuls of batter onto the griddle. Cook until the edges of the pancakes look dry, about 2 minutes. Turn the pancakes and cook until puffed and browned, 1–2 minutes longer. Transfer to a plate and keep warm. Repeat with the remaining batter, making a total of 8 pancakes.

4 Serve a stack of 4 pancakes per person, drizzled with 2 tsp of maple syrup and ¼ cup of raspberries.

CHOICES/EXCHANGES
1 Fruit, 1 Carbohydrate, 2 Lean Protein, 1 Fat

BASIC NUTRITIONAL VALUES
Calories **240** | Calories from Fat **80** | Total Fat **9.0 g** | Saturated Fat **5.0 g** | Trans Fat **0.0 g**
Cholesterol **200 mg** | Sodium **290 mg** | Potassium **370 mg** | Total Carbohydrate **26 g**
Dietary Fiber **4 g** | Sugars **16 g** | Protein **15 g** | Phosphorus **195 mg**

rinde **2 porciones** | tamaño de la porción **4 panqueques, 2 cdtas. de miel de maple y ¼ taza de frambuesas**
tiempo de preparación **10 minutos** | tiempo de cocción **8 minutos** | tiempo total **18 minutos**

panqueques con coco, plátano y proteína

Debo admitir que los panqueques no tienen nada de latino, particularmente si incluyen proteína en polvo. Pero ¿a quién no le encanta y provoca un panqueque de vez en cuando? Puede que esta receta suene un poco rara, pero es perfecta cuando tienes un antojo. El resultado es un desayuno dominguero excelente, caliente, y esponjoso.

1 plátano maduro (5 oz)

3 cdas. de proteína (20 g) en polvo con sabor de vainilla

2 cdas. de coco sin endulzar, rallado y tostado

2 yemas de huevo

¼ cdta. de canela

¼ cdta. de polvo de hornear

¼ cdta. de extracto de coco

⅛ cdta. de sal

2 claras de huevo, a temperatura ambiente

Aceite de oliva antiadherente en aerosol

4 cdtas. de miel de maple

½ taza de frambuesas

1 Aplastar el plátano en una vasija mediana. Agregar la proteína en polvo, el coco, las yemas de huevo, la canela, el polvo de hornear, el extracto de coco, la sal y mezclar bien.

2 Con una batidora eléctrica a velocidad media-alta, batir las claras de huevo hasta que se formen picos suaves, 2–3 minutos. Con una espátula de jebe, incorporar las claras de huevo con movimientos suaves a la mezcla de plátano, hasta que no queden tiras blancas.

3 Echar aceite en aerosol a una plancha o sartén grande a fuego medio-bajo. Echar, a lo más, ¼ de taza de la mezcla en la plancha. Cocer hasta que los bordes de los panqueques se vean secos, aproximadamente 2 minutos. Voltear los panqueques y cocer hasta que se inflen y doren, 1–2 minutos adicionales. Pasar a una fuente y mantenerlos calientes. Repetir con el resto de la mezcla, hasta tener un total de 8 panqueques.

4 Servir 4 panqueques por persona, adornados con 2 cdtas. de miel de maple en chorritos y ¼ taza de frambuesas.

SELECCIONES/INTERCAMBIOS
1 fruta, 1 carbohidrato, 2 proteínas magras, 1 grasa

VALORES NUTRICIONALES BÁSICOS
Calorías **240** | Calorías de grasa **80** | Total de grasa **9.0 g** | Grasa saturada **5.0 g** | Grasa trans **0.0 g**
Colesterol **200 mg** | Sodio **290 mg** | Potasio **370 mg** | Total de carbohidratos **26 g**
Fibra alimentaria **4 g** | Azúcares **16 g** | Proteína **15 g** | Fósforo **195 mg**

serves **4** | serving size **about ⅜ cup salsa, 1 egg, 3 avocado slices, 1 Tbsp cheese + 1 tortilla**
prep time **15 minutes** | cook time **25 minutes** | total time **40 minutes**

salsa verde drowned eggs

Huevos ahogados or drowned eggs are a Mexican classic breakfast dish. You can make them in a tomato-based sauce or a salsa verde, like this one. The eggs are poached in the sauce and are served with corn tortillas. I love breakfast for dinner and this is one of my favorite dishes for that. I serve it with brown rice or over veggies.

1 lb tomatillos, papery husks removed, rinsed, and cut into quarters

1 onion (6 oz), quartered

½ cup water

1 serrano chile, chopped

2 cloves garlic, chopped

1 cup chopped fresh cilantro

2 Tbsp lime juice

¼ tsp salt

2 Tbsp olive oil

4 large eggs

4 (6-inch) fat-free corn tortillas, warmed

1 avocado, cut into 12 slices

4 Tbsp crumbled queso fresco

1 To make the salsa, place the tomatillos, onion, water, serrano, and garlic in a large saucepan. Bring to a boil over medium-high heat. Reduce the heat to medium low and simmer, covered, until the tomatillos are tender, about 15 minutes. Transfer the salsa to a food processor or blender. Add the cilantro, lime juice, and salt and pulse until smooth.

2 Heat the oil in a large nonstick skillet over medium-low heat. Add the salsa and cook, stirring occasionally, until the sauce thickens slightly, about 5 minutes.

3 Crack the eggs, one at a time, into a cup and slowly pour each into the simmering salsa. Reduce the heat to low. Cover and cook until the whites are set, about 5 minutes.

4 Place 1 tortilla on each of 4 plates and top with an egg. Top each egg with one-fourth of the salsa, 3 avocado slices, and 1 Tbsp of cheese.

CHICA TIP

! This is a perfect dish for a brunch get-together. Double the recipe and cook all the eggs in a large skillet. Everyone will be enjoying their meal in no time.

CHOICES/EXCHANGES
1 Starch, 2 Nonstarchy Vegetable, 1 Medium-Fat Protein, 3 Fat

BASIC NUTRITIONAL VALUES
Calories **330** | Calories from Fat **190** | Total Fat **21.0 g** | Saturated Fat **4.5 g** | Trans Fat **0.1 g**
Cholesterol **190 mg** | Sodium **290 mg** | Potassium **710 mg** | Total Carbohydrate **27 g**
Dietary Fiber **7 g** | Sugars **7 g** | Protein **12 g** | Phosphorus **290 mg**

huevos ahogados en salsa verde

Los huevos ahogados son un platillo clásico mexicano para el desayuno. Se pueden preparar con una salsa a base de tomate o con salsa verde, como estos. Los huevos se escalfan en la salsa y se sirven con tortillas de maíz. Me encanta cenar estos platillos de desayuno, y este es uno de mis favoritos. Los sirvo con arroz integral o sobre vegetales.

1 lb de tomatillos, pelados, enjuagados y cortados en cuatro

1 cebolla (de 6 oz) cortada en cuatro

½ taza de agua

1 chile serrano, picado

2 dientes de ajo, picados

1 taza de cilantro fresco picado

2 cdas. de jugo de limón verde

¼ cdta. de sal

2 cdas. de aceite de oliva

4 huevos grandes

4 tortillas de maíz (de 6 pulgadas) sin grasa y calientes

1 aguacate cortado en 12 tajadas

4 cdas. de queso fresco desmenuzado

1 Para preparar la salsa, colocar los tomatillos, la cebolla, el agua, los chiles serranos y el ajo en una olla grande. Cocer a fuego medio alto. Bajar el fuego a medio bajo, tapar y cocer hasta que los tomatillos estén blandos, aproximadamente 15 minutos. Pasar la salsa a un procesador de alimentos o licuadora. Agregar el cilantro, el jugo de limón verde y la sal, y licuar hasta que la salsa tenga consistencia uniforme.

2 Calentar aceite en una sartén antiadherente grande a fuego medio-bajo. Agregar la salsa y cocer, revolviendo de vez en cuando, hasta que la salsa se espese un poco, aproximadamente 5 minutos.

3 Partir los huevos, uno a la vez, en una taza y echar cada uno lentamente a la salsa mientras hierve. Bajar el fuego. Tapar y cocer hasta que las claras estén cocidas, aproximadamente 5 minutos.

4 Colocar 1 tortilla en 4 platos y poner encima un huevo. Sobre cada huevo echar un cuarto de la salsa, 3 tajadas de aguacate y 1 cda. de queso.

CHICA TIP

! Este es el platillo perfecto para un brunch con invitados. Dobla la receta y prepara todos los huevos en una sartén grande. Todos podrán disfrutarlos en cuestión de minutos.

SELECCIONES/INTERCAMBIOS
1 almidón, 2 vegetales sin almidón, 1 proteína semigrasa, 3 grasas

VALORES NUTRICIONALES BÁSICOS
Calorías **330** | Calorías de grasa **190** | Total de grasa **21.0 g** | Grasa saturada **4.5 g** | Grasa trans **0.1 g** | Colesterol **190 mg** | Sodio **290 mg** | Potasio **710 mg** | Total de carbohidratos **27 g** | Fibra alimentaria **7 g** | Azúcares **7 g** | Proteína **12 g** | Fósforo **290 mg**

pico zippy-quick egg cup

This is my go-to breakfast on the go. I open my fridge and find whatever veggies are on hand, whisk them in with my eggs, and zap the mixture in the microwave. There is no excuse for going breakfast-less! It is quick, delicious, and healthy!

1 large egg plus 2 egg whites

2 Tbsp Pico de Gallo (page 225)

2 Tbsp frozen chopped spinach

¼ tsp dried oregano

¹⁄₁₆ tsp salt

⅛ tsp pepper

1 Tbsp shredded mozzarella

1 In a microwave-safe cup, beat the egg and egg whites with the pico de gallo, spinach, oregano, salt, and pepper. Sprinkle the mozzarella on top.

2 Place the cup in the microwave and cook on high, uncovered, for 2½ minutes. As it cooks, the egg mixture will rise above the rim of the cup like a soufflé. (Since microwave ovens are different from one another, check after the above cooking time to see that the eggs rose properly. If not, return to the microwave for another 20 seconds.)

CHICA TIP

! The sky's the limit with this recipe. Any veggie that will cook in a few minutes in the microwave is game. Basil, tomatoes, and oregano... olives, onion, and kale... you can eat a different version every day. Be creative!

CHOICES/EXCHANGES
2 Medium-Fat Protein

BASIC NUTRITIONAL VALUES
Calories **140** | Calories from Fat **50** | Total Fat **6.0 g** | Saturated Fat **2.3 g** | Trans Fat **0.0 g**
Cholesterol **190 mg** | Sodium **420 mg** | Potassium **330 mg** | Total Carbohydrate **4 g**
Dietary Fiber **1 g** | Sugars **2 g** | Protein **16 g** | Phosphorus **160 mg**

taza de omelet veloz con pico de gallo

Recurro a este desayuno cuando estoy apurada. Abro el refrigerador y busco los vegetales que tenga, los mezclo con huevos y meto todo al microondas. ¡No hay excusa para no tomar desayuno! ¡Es rápido, delicioso y saludable!

1 huevo grande más 2 claras de huevo

2 cdas. de Pico de gallo (pág. 226)

2 cdas. de espinaca congelada, picada

¼ cdta. de orégano seco

¹⁄₁₆ cdta. de sal

⅛ cdta. de pimienta

1 cda. de queso *mozzarella* rallado

1 En una taza que se puede meter al microondas, batir el huevo y las claras de huevo con el pico de gallo, la espinaca, el orégano, la sal y la pimienta. Echar encima el queso *mozzarella*.

2 Meter la taza en el microondas y cocer en alto, sin tapar, $2\frac{1}{2}$ minutos. Mientras se cuece, la mezcla de huevo se levantará por encima del borde de la taza, como un soufflé. (Como cada microondas es diferente, verificar después del tiempo de preparación indicado arriba si los huevos se levantaron debidamente. Si no, volver a meter en el microondas 20 segundos más).

CHICA TIP

! El cielo es el límite con esta receta. Se puede usar cualquier vegetal que se cueza en pocos minutos en el microondas: albahaca, tomates y orégano... aceitunas, cebolla y col rizada... Puedes comer una versión diferente cada día. ¡Da rienda suelta a tu creatividad!

SELECCIONES/INTERCAMBIOS
2 proteínas semigrasas

VALORES NUTRICIONALES BÁSICOS
Calorías **140** | Calorías de grasa **50** | Total de grasa **6.0 g** | Grasa saturada **2.3 g** | Grasa trans **0.0 g**
Colesterol **190 mg** | Sodio **420 mg** | Potasio **330 mg** | Total de carbohidratos **4 g**
Fibra alimentaria **1 g** | Azúcares **2 g** | Proteína **16 g** | Fósforo **160 mg**

34 salsa verde drowned eggs | **35** *huevos ahogados en salsa verde*

52 corn and cheese phyllo empanadas | **53** *empanadas de hojaldre rellenas de maíz y queso*

chapter 2
capítulo 2

appeteasers
aperirricos

oven-baked tuna croquetas

Croquetas are a staple at many Latin get-togethers. They are a delicious finger food. This version reminds me so much of my mom's, except they are baked instead of fried and I use whole-wheat panko bread crumbs, which gets them nice and crispy. Serve them with slices of lime to squirt on top and hot sauce and you'll be a happy camper.

Nonstick olive oil spray

1 Tbsp olive oil

1 medium onion, finely chopped (1 cup)

1 Tbsp whole-wheat flour

¼ cup fat-free milk

1 (12-oz) can chunk white tuna, packed in water, drained

2 Tbsp chopped fresh flat-leaf parsley

2 Tbsp reduced-fat crumbled feta cheese

1 tsp grated lime zest

1 Tbsp lime juice

½ tsp salt

½ cup plus 2 Tbsp unseasoned whole-wheat panko bread crumbs

1 large egg white

Lime wedges for serving

1 Preheat the oven to 400°F. Spray a small baking sheet with nonstick spray.

2 Heat the oil in a small nonstick skillet over medium-high heat. Add the onion and cook, stirring occasionally, until the onion is tender, about 8 minutes. Stir in the flour; cook 1 minute. Stir in the milk and cook until thickened, about 30 seconds. Add the tuna, parsley, cheese, lime zest, lime juice, and salt; and heat through.

3 Transfer the tuna mixture to a medium bowl. Add 2 Tbsp of the bread crumbs and then egg white and combine until well mixed. Place the remaining ½ cup bread crumbs on a sheet of wax paper or shallow pie plate.

4 Divide the tuna mixture into 8 balls and roll into oval croquetas. Roll each croqueta into the bread crumbs until well coated. Transfer to the baking sheet and lightly spray with nonstick spray. Bake until golden brown, about 20 minutes. Turning halfway through baking time. Serve with the lime wedges.

CHICA TIP

! Panko bread crumbs are Japanese-style bread flakes. They are now commonly used all over for breading because of their crispier texture. They are available in regular or whole-wheat varieties, plain or seasoned. Stick with unseasoned whole wheat to avoid a lot of added salt.

CHOICES/EXCHANGES
½ Carbohydrate, 1 Lean Protein

BASIC NUTRITIONAL VALUES
Calories **90** | Calories from Fat **25** | Total Fat **3.0 g** | Saturated Fat **0.5 g** | Trans Fat **0.0 g**
Cholesterol **15 mg** | Sodium **310 mg** | Potassium **130 mg** | Total Carbohydrate **7 g**
Dietary Fiber **1 g** | Sugars **2 g** | Protein **9 g** | Phosphorus **95 mg**

croquetas de atún al horno

Las croquetas son esenciales en muchas reuniones de latinos. Son un bocadito delicioso. Esta versión me recuerda mucho las de mi mamá, excepto que se hornean en vez de freírse, y uso pan molido tipo *panko* de trigo integral, que las hace bien crocantes. Sírvanlas con salsa picante y gajos de limón verde para echarles un chorrito a último momento, y todos quedarán encantados.

Aceite de oliva antiadherente en aerosol

1 cda. de aceite de oliva

1 cebolla mediana, finamente picada (1 taza)

1 cda. de harina de trigo integral

¼ taza de leche descremada

1 lata (de 12 oz) de atún blanco en trozos, envasado en agua, escurrido

2 cdas. de perejil fresco de hoja plana, picado

2 cdas. de queso feta bajo en grasa, desmenuzado

1 cdta. de ralladura de cáscara de limón verde

1 cda. de jugo de limón verde

½ cdta. de sal

½ taza más 2 cdas. de pan molido tipo panko de trigo integral sin sazonar

1 clara de huevo grande

Gajos de limón verde al momento de servir

1. Calentar el horno a 400°F. Echar aceite en aerosol a una lata de hornear pequeña.

2. Calentar el aceite en una sartén antiadherente pequeña a fuego medio alto. Agregar la cebolla y saltear, revolviendo de vez en cuando, hasta que esté blanda, aproximadamente 8 minutos. Echar la harina y revolver; saltear 1 minuto. Echar la leche y cocer hasta que espese, aproximadamente 30 segundos. Agregar el atún, el perejil, el queso, la ralladura de limón verde, el jugo de limón verde y la sal, y calentar bien.

3. Pasar la mezcla de atún a una vasija mediana. Agregar 2 cdas. del pan molido y luego la clara de huevo y mezclar bien. Colocar la ½ taza restante del pan molido en una lata o molde de pastel poco profundo con papel encerado.

4. Dividir la mezcla de atún en 8 bolas y formar croquetas ovaladas. Cubrir bien cada croqueta con el pan molido. Pasarlas a la lata de hornear y rociar con un poco de aceite en aerosol. Hornear aproximadamente 10 minutos hasta que se doren. Voltear y hornear otros 10 minutos hasta que se dore el otro lado. Servir con gajos de limón verde.

CHICA TIP

! El *panko* es pan molido a la japonesa. Ahora se usa mucho para empanizar debido a su textura más crocante. Se venden varios tipos: regular o de trigo integral, sazonado o con sabor natural. Limítate a usar el de trigo integral sin sazonar para evitar el exceso de sal agregada.

SELECCIONES/INTERCAMBIOS
½ carbohidrato, 1 proteína magra

VALORES NUTRICIONALES BÁSICOS
Calorías **90** | Calorías de grasa **25** | Total de grasa **3.0 g** | Grasa saturada **0.5 g** | Grasa trans **0.0 g** | Colesterol **15 mg** | Sodio **310 mg** | Potasio **130 mg** | Total de carbohidratos **7 g** | Fibra alimentaria **1 g** | Azúcares **2 g** | Proteína **9 g** | Fósforo **95 mg**

cucumber guacamole

Who doesn't love a great guac? While avocados are so good for us and we can enjoy them on a daily basis, minding the serving size is key. Whenever I make guacamole, I try to complement the avocado with a vegetable to bulk it up and reduce the amount of avocado in the recipe. Cucumber is great because it is refreshing and does not alter the flavor. Zucchini would be great too.

1 Hass avocado, pitted and cubed

1 tomato, diced (about 1 cup)

½ English (seedless) cucumber, finely chopped (about 4 oz)

2 Tbsp chopped fresh cilantro

1 Tbsp lime juice

1 Tbsp white wine vinegar

½ jalapeño pepper, minced

¼ tsp salt

1 Coarsely mash the avocado in a medium bowl. Add the tomato, cucumber, cilantro, lime juice, vinegar, jalapeño, and salt until well mixed. Serve with sliced radishes for dipping, if desired.

CHICA TIP

! When storing a leftover piece of avocado, make sure to squirt a bit of lemon or lime juice over it. The acidity keeps it from browning.

CHOICES/EXCHANGES
1 Fat

BASIC NUTRITIONAL VALUES
Calories **45** | Calories from Fat **25** | Total Fat **3.0 g** | Saturated Fat **0.5 g** | Trans Fat **0.0 g**
Cholesterol **0 mg** | Sodium **100 mg** | Potassium **210 mg** | Total Carbohydrate **4 g**
Dietary Fiber **2 g** | Sugars **1 g** | Protein **1 g** | Phosphorus **25 mg**

guacamole de pepinillo

¿A quién no le encanta un buen guacamole? Si bien los aguacates son muy buenos para nosotros y los podemos disfrutar a diario, es esencial tener en cuenta el tamaño de la porción. Siempre que preparo guacamole, trato de complementar el aguacate con un vegetal para darle volumen y reducir la cantidad de aguacate en la receta. El pepinillo es fabuloso porque es refrescante y no altera el sabor. El calabacín también es perfecto.

1 aguacate Hass, sin semilla y en cubos

1 tomate en cuadritos (aproximadamente 1 taza)

½ pepinillo inglés (sin semillas) finamente picado (aproximadamente 4 oz)

2 cdas. de cilantro fresco picado

1 cda. de jugo de limón verde

1 cda. de vinagre de vino blanco

½ jalapeño finamente picado

¼ cdta. de sal

1 En una vasija mediana aplastar ligeramente el aguacate (tiene que quedar trocitos y no un puré). Agregar el tomate, el pepinillo, el cilantro, el jugo de limón verde, el vinagre, el jalapeño, la sal y mezclar bien. Como opción, servir con rábanos en tajadas delgadas.

CHICA TIP

! Si te queda un pedazo de aguacate, asegúrate de echarle un chorrito de jugo de limón o limón verde, antes de refrigerarlo. La acidez evita que se ponga negro.

SELECCIONES/INTERCAMBIOS
1 grasa

VALORES NUTRICIONALES BÁSICOS
Calorías **45** | Calorías de grasa **25** | Total de grasa **3.0 g** | Grasa saturada **0.5 g** | Grasa trans **0.0 g**
Colesterol **0 mg** | Sodio **100 mg** | Potasio **210 mg** | Total de carbohidratos **4 g**
Fibra alimentaria **2 g** | Azúcares **1 g** | Proteína **1 g** | Fósforo **25 mg**

spanish tortilla with cauliflower and potato

Spanish Tortilla is a classic egg and potatoes dish served as an appetizer or as part of a meal. In order to reduce the carbohydrate content, I reduced the amount of potatoes and replaced them with cauliflower. The hint of rosemary is my own twist and adds a ton of flavor. This dish leaves you feeling satisfied; you will not miss the classic heavy, all-potato version.

3 large eggs

3 egg whites

1 tsp chopped fresh rosemary

½ tsp salt

¼ tsp pepper

2 cups small cauliflower florets (about 8 oz)

1 medium russet potato (about 8 oz), thinly sliced

½ cup water

1 Tbsp olive oil

1 small onion, thinly sliced (½ cup)

2 Tbsp roasted red pepper strips, optional

1 Preheat the broiler.

2 Whisk the eggs, egg whites, rosemary, salt, and pepper in a medium bowl until blended.

3 Place the cauliflower, potato, and water in a 1½-quart microwavable bowl. Cover with plastic wrap; then poke a few holes in the plastic. Microwave on high until the vegetables are tender, about 8 minutes. Drain.

4 Heat the oil in a 10½-inch ovenproof skillet over medium-high heat. Add the onion and cook until softened, about 5 minutes. Add the cauliflower and potato and combine until well mixed. Add the egg mixture, reduce the heat to medium low, and cook, without stirring, until the bottom is just set, about 6 minutes.

5 Place the skillet under the broiler and broil 5 inches from the heat until the center is set, about 4 minutes.

6 To serve, flip onto a platter. Top with strips of roasted peppers, if using. Cut into 8 wedges. Serve warm or at room temperature.

CHICA TIP

! This dish makes for a great light dinner; the eggs and the potatoes cover your protein and carbs, just pair with a side salad like the Basil and Mint Jicama Salad on page 106.

CHOICES/EXCHANGES
½ Starch, 1 Fat

BASIC NUTRITIONAL VALUES
Calories **80** | Calories from Fat **30** | Total Fat **3.5 g** | Saturated Fat **0.9 g** | Trans Fat **0.0 g**
Cholesterol **70 mg** | Sodium **200 mg** | Potassium **240 mg** | Total Carbohydrate **8 g**
Dietary Fiber **1 g** | Sugars **1 g** | Protein **5 g** | Phosphorus **75 mg**

tortilla española con coliflor

La tortilla española es un típico plato de huevo y papas que se sirve como bocadito o plato principal. Para reducir el contenido de carbohidratos, reduje la cantidad de papas y la remplacé con coliflor. El toque de romero es idea mía y le da muchísimo sabor. Este plato es muy llenador; no extrañarán la versión clásica con solo papa.

3 huevos grandes

3 claras de huevo

1 cdta. de romero fresco, picado

½ cdta. de sal

¼ cdta. de pimienta

2 tazas de cogollitos de coliflor (aproximadamente 8 oz)

1 papa roja mediana (de aproximadamente 8 oz), en rodajas delgadas

½ taza de agua

1 cda. de aceite de oliva

1 cebolla pequeña, en rodajas delgadas (½ taza)

2 cdas. de pimientos morrones asados en tiras, opcional

1 Calentar el asador del horno.

2 Batir los huevos, las claras de huevo, el romero, la sal y la pimienta en una vasija mediana hasta que se mezclen bien.

3 Colocar la coliflor, la papa y el agua en una vasija para microondas con capacidad para 6 tazas. Tapar con lámina de plástico; luego hacer unos cuantos huecos en el plástico. Meter al microondas en alto hasta que los vegetales se pongan blandos, aproximadamente 8 minutos. Descartar el líquido.

4 Calentar el aceite a fuego medio alto en una sartén de 10½ pulgadas que se pueda meter al horno. Agregar la cebolla y saltear hasta que se ablande, aproximadamente 5 minutos. Agregar la coliflor y la papa, y mezclar bien. Agregar la mezcla de huevo, bajar el fuego a medio bajo y cocer, sin revolver, hasta que la parte de abajo se empiece a cuajar, aproximadamente 6 minutos.

5 Colocar la sartén bajo el asador del horno y asar a 5 pulgadas de la resistencia hasta que cuaje el centro, aproximadamente 4 minutos.

6 Para servir, voltear sobre una fuente. Opcional: decorar con tiras de pimientos asados. Cortar en 8 triángulos. Servir caliente o a temperatura ambiente.

CHICA TIP

! Este platillo es perfecto para una fabulosa cena ligera. Los huevos y la papa aportan la proteína y los carbohidratos. Simplemente acompáñalo con una ensalada como la ensalada de jícama con albahaca y menta en la pág. 107.

SELECCIONES/INTERCAMBIOS
½ almidón, 1 grasa

VALORES NUTRICIONALES BÁSICOS
Calorías **80** | Calorías de grasa **30** | Total de grasa **3.5 g** | Grasa saturada **0.9 g** | Grasa trans **0.0 g**
Colesterol **70 mg** | Sodio **200 mg** | Potasio **240 mg** | Total de carbohidratos **8 g**
Fibra alimentaria **1 g** | Azúcares **1 g** | Proteína **5 g** | Fósforo **75 mg**

shrimp cocktail salad

On the beaches of the small islands off the coast of Cartagena, Colombia, you often find fishermen in small boats selling their version of *vuelve a la vida* (meaning "return to life"). This seafood cocktail is made with lime, ketchup, a touch of heat, and whatever seafood was just caught. They call it "return to life" because it is believed that the fresh seafood gives you virility. This dish brings me great memories of fun-filled days of beach and sun. Here's to the beach and sunshine on a plate for you!

¼ cup lime juice

3 Tbsp reduced-sugar ketchup

1 tsp Worcestershire sauce

1 lb wild, never frozen, cooked, peeled and deveined, large shrimp (about 30 shrimp)

1 tomato, diced (6 oz)

1 ripe Hass avocado, cubed

¼ small red onion, finely chopped (about ¼ cup)

¼ cup chopped fresh cilantro

½ jalapeño pepper, minced

1 tsp hot sauce

1 Combine the lime juice, ketchup, and Worcestershire sauce in a large bowl. Add the shrimp, tomato, avocado, onion, cilantro, jalapeño, and hot sauce and toss to coat.

2 Cover with plastic wrap and refrigerate until ready to serve.

CHICA TIP

! For perfectly boiled shrimp to use in recipes such as this one, boil a pot of water, add the shrimp, and cook for 3 minutes. Remove and run cold water over the shrimp or dunk them in an ice bath to stop the cooking process.

CHOICES/EXCHANGES
2 Lean Protein

BASIC NUTRITIONAL VALUES
Calories **90** | Calories from Fat **20** | Total Fat **2.5 g** | Saturated Fat **0.4 g** | Trans Fat **0.0 g**
Cholesterol **105 mg** | Sodium **160 mg** | Potassium **320 mg** | Total Carbohydrate **4 g**
Dietary Fiber **1 g** | Sugars **2 g** | Protein **14 g** | Phosphorus **155 mg**

vuelve a la vida

En las islas de la costa de Cartagena, Colombia, con frecuencia se encuentran pescadores en botecitos que venden su versión de "vuelve a la vida". Este coctel de mariscos se hace con limón verde, kétchup, un poco de picante y los mariscos del día. Lo llaman "vuelve a la vida" porque creen que los mariscos frescos contribuyen a la virilidad. Este platillo me trae recuerdos muy gratos de días soleados y divertidos en la playa. ¡Que viva este plato playero!

¼ taza de jugo de limón verde

3 cdas. de kétchup con poca azúcar

1 cdta. de salsa inglesa (Worcestershire)

1 lb de camarones silvestres grandes y frescos, cocidos, pelados y desvenados (aproximadamente 30 camarones)

1 tomate en cuadritos (6 oz)

1 aguacate Hass maduro, en cubos

¼ cebolla roja pequeña, finamente picada (aproximadamente ¼ taza)

¼ taza de cilantro fresco picado

½ jalapeño finamente picado

1 cdta. de salsa picante

1 Mezclar el jugo de limón verde, el kétchup y la salsa inglesa en una vasija grande. Agregar los camarones, el tomate, el aguacate, la cebolla, el cilantro, los jalapeños y la salsa picante y revolver para cubrirlos.

2 Tapar con lámina de plástico y refrigerar hasta el momento de servir.

CHICA TIP

! Para cocer los camarones a la perfección para una receta como esta, hervir agua en una olla, agregar los camarones y cocer 3 minutos. Retirar y echarles agua fría a los camarones o sumergirlos en agua con hielo para detener el proceso de cocción.

SELECCIONES/INTERCAMBIOS
2 proteínas magras

VALORES NUTRICIONALES BÁSICOS
Calorías **90** | Calorías de grasa **20** | Total de grasa **2.5 g** | Grasa saturada **0.4 g** | Grasa trans **0.0 g**
Colesterol **105 mg** | Sodio **160 mg** | Potasio **320 mg** | Total de carbohidratos **4 g**
Fibra alimentaria **1 g** | Azúcares **2 g** | Proteína **14 g** | Fósforo **155 mg**

serves **8** | serving size **3 toasts, ¼ cup salsa, + 1 tsp queso**
prep time **10 minutes** | cook time **8 minutes** | total time **10 minutes**

corn and bean salsa tostaditas

All Latin countries have their versions of tostadas, made using tortillas, *arepas*, *cachapas*, etc., as a base. I prefer using a slim baguette and toasting it myself; this way I can get the crunch I crave and be satisfied without having to eat a full tortilla or *arepa*. I can participate in the finger food action at the table or party and still manage to control my portions. This is a very fun recipe to make when entertaining—you can prepare everything ahead and assemble the *tostaditas* when you're about to serve them!

Nonstick olive oil spray

1 (4-oz) whole-wheat baguette

¾ cup Pico de Gallo (page 225)

½ cup no-salt-added canned black beans, rinsed and drained

½ cup fresh or frozen corn kernels, thawed

1 Tbsp olive oil

8 tsp crumbled queso fresco

1   Preheat the oven to 400°F. Spray a large baking sheet with nonstick spray.

2   Cut the baguette into 24 (1/8-inch-thick) slices; lightly spray with nonstick spray, and place on the baking sheet. Bake until golden, about 8 minutes.

3   Combine the pico de gallo, beans, corn, and olive oil in a medium bowl. Serve salsa spooned over the toast slices and sprinkle with the cheese.

CHICA TIP

! For a simple Spanish *pan tumaca* toast, cut a garlic clove and a tomato in half. Rub each slice of toast first with the garlic and then with the tomato.

CHOICES/EXCHANGES
1 Starch, ½ Fat

BASIC NUTRITIONAL VALUES
Calories **90** | Calories from Fat **25** | Total Fat **3.0 g** | Saturated Fat **0.7 g** | Trans Fat **0.0 g**
Cholesterol **0 mg** | Sodium **100 mg** | Potassium **95 mg** | Total Carbohydrate **12 g**
Dietary Fiber **1 g** | Sugars **1 g** | Protein **3 g** | Phosphorus **65 mg**

tostaditas con salsa de maíz y frijoles

Todos los países latinos tienen su propia versión de las tostadas, que se preparan con tortillas, arepas, cachapas, etc. como base. Prefiero usar tajadas delgadas de pan baguette y tostarlas yo misma, para que estén crocantes como me gustan y sentirme satisfecha sin tener que comerme toda una tortilla o arepa. Puedo comer lo que se sirve en la mesa o fiesta y, aun así, controlar el tamaño de mi porción. Esta es una receta muy divertida para cuando tienen invitados. Pueden preparar todo con anticipación y ¡armar las tostaditas cuando estén a punto de servirlas!

Aceite de oliva antiadherente en aerosol

1 pan baguette de trigo integral (de 4 oz)

¾ taza de Pico de gallo (pág. 226)

½ taza de frijoles negros enlatados sin sal agregada, enjuagados y escurridos

½ taza de maíz desgranado, fresco o descongelado

1 cda. de aceite de oliva

8 cdtas. de queso fresco desmenuzado

1 Calentar el horno a 400°F. Rociar con aceite en aerosol una lata grande de hornear.

2 Cortar el pan baguette en 24 rodajas (de 1/8 pulgada de espesor); rociar con un poco de aceite en aerosol y colocar en la lata de hornear. Hornear hasta que se doren, aproximadamente 8 minutos.

3 Mezclar el pico de gallo, los frijoles, el maíz y el aceite de oliva en una vasija mediana. Servir la salsa sobre las tostadas y adornar con queso.

CHICA TIP

! Para una simple tostada española de pan tumaca, corta por la mitad un diente de ajo y un tomate. Frota cada tostada con el ajo y luego con el tomate.

SELECCIONES/INTERCAMBIOS
1 almidón, ½ grasa

VALORES NUTRICIONALES BÁSICOS
Calorías **90** | Calorías de grasa **25** | Total de grasa **3.0 g** | Grasa saturada **0.7 g** | Grasa trans **0.0 g**
Colesterol **0 mg** | Sodio **100 mg** | Potasio **95 mg** | Total de carbohidratos **12 g**
Fibra alimentaria **1 g** | Azúcares **1 g** | Proteína **3 g** | Fósforo **65 mg**

corn and cheese phyllo empanadas

Although empanadas are widely known as Latin American, we actually got them from the Moors via the Spaniards. They called them *plato tapado* (or "covered dish") because they used the dough as a protection for the filling so that it would not be covered in sand during their desert treks. I must say the Arab people were brilliant to come up with this dish, and thanks to them we can enjoy so many versions of empanadas today. What is not as easy to come by is healthy, yet delicious, empanada dough. These empanadas are made using phyllo sheets, which are thin sheets of Greek dough that have minimal fat. Serve them with Colombian Ají Sauce (page 227) on the side.

1 Tbsp olive oil

1 onion, finely chopped (1 cup)

1 cup fresh or frozen corn kernels, thawed

¼ cup roasted red peppers, drained and thinly sliced

2 scallions, thinly sliced

¼ cup low-fat half-and-half

½ cup part-skim shredded mozzarella cheese

Nonstick olive oil spray

8 (9 x 14-inch) sheets phyllo dough, at room temperature

1 Heat the oil in a large nonstick skillet over medium-high heat. Add the onion and cook, stirring occasionally, until the onion is softened, about 6 minutes. Add the corn, roasted red peppers, and scallions; cook 2 minutes. Add the half-and-half, stirring, until the liquid is almost evaporated, about 2 minutes.

2 Remove from the heat; stir in the cheese. Let cool slightly.

3 Preheat the oven to 375°F. Spray a large baking sheet with nonstick spray.

4 Place one sheet of phyllo lengthwise on a work surface (cover the remaining phyllo with plastic wrap to keep from drying out). Lightly spray the phyllo sheet with nonstick spray; top with a second phyllo sheet and lightly spray with nonstick spray. With a sharp knife, cut the layered sheets in half lengthwise. Repeat this layering and cutting process with the remaining phyllo sheets to make a total of 8 strips of dough.

5 Place a heaping Tbsp of filling to the left on the bottom end of one strip of phyllo. Fold one corner of the phyllo strip up and over the filling, then continue folding and overlapping, flag-fashion, to form a triangle. Place on the baking sheet and repeat with the remaining phyllo sheets and filling to make a total of 8 empanadas.

6 Lightly spray the empanadas with nonstick spray. Bake until the empanadas are golden brown, 15–20 minutes. Let cool 10 minutes before serving.

CHICA TIP

! For a sweet empanada, replace the filling in this recipe with a bit of mozzarella cheese and guava paste.

CHOICES/EXCHANGES
½ Starch, 1 Nonstarchy Vegetable, 1 Fat

BASIC NUTRITIONAL VALUES
Calories **100** | Calories from Fat **35** | Total Fat **4.0 g** | Saturated Fat **1.3 g** | Trans Fat **0.0 g** | Cholesterol **5 mg** | Sodium **105 mg** | Potassium **120 mg** | Total Carbohydrate **14 g** | Dietary Fiber **1 g** | Sugars **2 g** | Protein **4 g** | Phosphorus **70 mg**

empanadas de hojaldre rellenas de maíz y queso

Si bien las empanadas son muy conocidas en Latinoamérica, en realidad provienen de los moros vía los españoles. Las llamaban plato tapado porque usaban la masa para proteger el relleno y evitar que se cubrieran de arena en sus viajes por el desierto. Debo decir que este platillo inventado por los árabes es brillante y, gracias a ellos, podemos disfrutar tantas versiones de las empanadas de hoy. Lo que no es fácil es encontrar masa de empanada saludable y deliciosa. Estas empanadas se hacen con hojaldre (phyllo), la masa griega en láminas delgadas, con un mínimo de grasa. Sírvanlas acompañadas con salsa de ají colombiano (pág. 228).

1 cda. de aceite de oliva

1 cebolla finamente picada (1 taza)

1 taza de maíz desgranado, fresco o descongelado

¼ taza de pimientos morrones asados, escurridos y cortados en tiras delgadas

2 cebolletas en rodajas delgadas

¼ taza de mezcla de leche y crema (half-and-half) baja en grasa

½ taza de queso mozzarella parcialmente descremado, rallado

Aceite de oliva antiadherente en aerosol

8 láminas de hojaldre (de 9 x 14 pulgadas), a temperatura ambiente

1   Calentar el aceite en una sartén antiadherente grande a fuego medio alto. Agregar la cebolla y saltear, revolviendo de vez en cuando, hasta que se ablande, aproximadamente 6 minutos. Agregar el maíz, los pimientos morrones asados y las cebolletas; saltear 2 minutos. Agregar la leche y crema, revolviendo hasta que el líquido prácticamente se evapore, aproximadamente 2 minutos.

2   Retirar del fuego; echar el queso y revolver. Dejar enfriar un poco.

3   Calentar el horno a 375°F. Echar aceite en aerosol a una lata grande de hornear.

4   Colocar una lámina de hojaldre a lo largo en la superficie de trabajo (tapar el resto del hojaldre con lámina de plástico para evitar que se seque). Rociar un poco de aceite en aerosol en la lámina del hojaldre; poner encima una segunda lámina y rociar con un poco de aceite en aerosol. Con un cuchillo filudo, cortar las hojas en capas a la mitad y a lo largo. Repetir este proceso de poner las hojas en capas y cortarlas con el resto del hojaldre hasta tener un total de 8 tiras de masa.

5   Colocar una cucharada colmada de relleno en el extremo inferior izquierdo de una tira de hojaldre. Doblar una esquina de la tira de hojaldre sobre el relleno, luego seguir doblando y sobreponiéndola, como una bandera, formando un triángulo. Colocar en la lata de hornear y repetir con el resto de las láminas de hojaldre y relleno hasta tener un total de 8 empanadas.

6   Rociar las empanadas con un poco de aceite en aerosol. Hornear hasta que las empanadas se doren, 15–20 minutos. Dejar enfriar 10 minutos antes de servir.

CHICA TIP

! Para una empanada dulce, remplaza el relleno en esta receta con un poquito de queso mozzarella y pasta de guayaba.

SELECCIONES/INTERCAMBIOS
½ almidón, 1 vegetal sin almidón, 1 grasa

VALORES NUTRICIONALES BÁSICOS
Calorías **100** | Calorías de grasa **35** | Total de grasa **4.0 g** | Grasa saturada **1.3 g** | Grasa trans **0.0 g**
Colesterol **5 mg** | Sodio **105 mg** | Potasio **120 mg** | Total de carbohidratos **14 g**
Fibra alimentaria **1 g** | Azúcares **2 g** | Proteína **4 g** | Fósforo **70 mg**

chilean duquesa potato balls

Papas duquesas are French potato croquettes commonly served in Chile as an appetizer. Many versions use cream, milk, and loads of butter to obtain a creamy consistency. I was able to cut down on both fat and carbs by substituting half of the potatoes with cauliflower. Because cauliflower has more water than potatoes, it allowed for less added fat to mash than potatoes. All I can say is yum!

½ head cauliflower, cut into small florets (about 10 oz)

1 large russet potato, peeled and cubed (about 9 oz)

Nonstick olive oil spray

6 Tbsp whole-wheat panko bread crumbs

3 Tbsp grated Parmesan cheese

1 large egg

1 Tbsp + 1 tsp butter, melted

¼ tsp salt

1 Combine the cauliflower and potatoes in a large saucepan and add enough cold water to cover; bring to a boil. Reduce the heat to medium low and simmer until the vegetables are very tender, about 15 minutes. Drain; transfer to a large bowl.

2 Preheat the oven to 400°F. Spray a large baking sheet with nonstick spray.

3 Place the panko on a sheet of wax paper. With a potato masher, coarsely mash the cauliflower and potato until smooth. Add the cheese, egg, butter, and salt. With damp hands, divide the mixture into 18 balls. Roll the balls in the panko to coat. Place on the baking sheet and lightly spray with nonstick spray.

4 Bake until golden, 20–25 minutes.

CHOICES/EXCHANGES
1 Starch, ½ Fat

BASIC NUTRITIONAL VALUES
Calories **100** | Calories from Fat **40** | Total Fat **4.5 g** | Saturated Fat **2.4 g** | Trans Fat **0.1 g** | Cholesterol **40 mg** | Sodium **180 mg** | Potassium **270 mg** | Total Carbohydrate **13 g** | Dietary Fiber **2 g** | Sugars **1 g** | Protein **4 g** | Phosphorus **75 mg**

rinde **6 porciones** | tamaño de la porción **3 bolitas**
tiempo de preparación **10 minutos** | tiempo de cocción **40 minutos** | tiempo total **50 minutos**

bolitas de papas duquesa a la chilena

Las papas duquesa son croquetas francesas de papa que se sirven mucho en Chile como bocadito. La mayoría de las versiones llevan crema, leche y mucha mantequilla para lograr una consistencia cremosa. Logré reducir la grasa y los carbohidratos al sustituir la mitad de las papas con coliflor. Ya que la coliflor tiene más agua que las papas, se puede usar menos grasa agregada para aplastar las papas. ¡Qué rico!

½ cabeza de coliflor
cortada en cogollitos
(aproximadamente 10 oz)

1 papa grande tipo russet,
pelada y en cubos
(aproximadamente 9 oz)

Aceite de oliva antiadherente
en aerosol

6 cdas. de pan molido tipo
panko de trigo integral

3 cdas. de queso parmesano
rallado

1 huevo grande

1 ⅓ cda. de mantequilla
derretida

¼ cdta. de sal

1 Mezclar la coliflor y las papas en una olla grande, y agregar suficiente agua fría para cubrirlas; hervir. Bajar el fuego a medio bajo y cocer a fuego lento hasta que los vegetales estén bien blandos, aproximadamente 15 minutos. Escurrir; pasar a una vasija grande.

2 Calentar el horno a 400°F. Echar aceite en aerosol a una lata grande de hornear.

3 Colocar el panko en una hoja de papel encerado. Con un prensapapas, aplastar la coliflor y la papa hasta que tengan consistencia uniforme. Agregar el queso, los huevos, la mantequilla y la sal. Con las manos mojadas, dividir la mezcla en 18 bolas. Recubrir las bolas con el panko. Colocarlas en la lata de hornear y rociar con un poco de aceite en aerosol.

4 Hornear hasta que se doren, 20–25 minutos.

SELECCIONES/INTERCAMBIOS
1 almidón, ½ grasa

VALORES NUTRICIONALES BÁSICOS
Calorías **100** | Calorías de grasa **40** | Total de grasa **4.5 g** | Grasa saturada **2.4 g** | Grasa trans **0.1 g**
Colesterol **40 mg** | Sodio **180 mg** | Potasio **270 mg** | Total de carbohidratos **13 g**
Fibra alimentaria **2 g** | Azúcares **1 g** | Proteína **4 g** | Fósforo **75 mg**

hearts of palm ceviche

Though there are few ingredients in this vegetarian-friendly ceviche, its flavor is surprisingly beautiful and bold. Fresh, healthy, and light, you can serve it in small dishes or glasses; it makes a great quick veggie side dish, too.

1 (14-oz) can hearts of palm, drained and chopped

½ small red onion, minced (¼ cup)

½ cup chopped fresh cilantro

¼ cup lemon juice (from about 1½ lemons)

1 jalapeño pepper, minced

⅛ tsp salt

¼ tsp pepper

Lemon wedges for serving

1 Combine the hearts of palm, onion, cilantro, lemon juice, jalapeño, salt, and pepper in a medium bowl. Cover and refrigerate at least 30 minutes or overnight to blend flavors. Let stand at room temperature 15 minutes before serving. Serve with lemon wedges.

CHICA TIP

! Hearts of palm not your favorite? You can make this delicious recipe with mushrooms as well!

CHOICES/EXCHANGES
2 Nonstarchy Vegetable

BASIC NUTRITIONAL VALUES
Calories **45** | Calories from Fat **0** | Total Fat **0.0 g** | Saturated Fat **0.0 g** | Trans Fat **0.0 g**
Cholesterol **0 mg** | Sodium **220 mg** | Potassium **1080 mg** | Total Carbohydrate **8 g**
Dietary Fiber **1 g** | Sugars **5 g** | Protein **2 g** | Phosphorus **90 mg**

ceviche de palmitos

Si bien este ceviche vegetariano tiene pocos ingredientes, su sabor es sorprendentemente rico y audaz. Es fresco, saludable y ligero, y lo pueden servir en platos o vasos pequeños. Además, es un acompañamiento vegetariano rápido y genial.

1 lata (de 14 oz) de palmitos, escurridos y picados

½ cebolla roja pequeña, finamente picada (¼ taza)

½ taza de cilantro fresco picado

¼ taza de jugo de limón (de aproximadamente 1½ limones)

1 jalapeño finamente picado

⅛ cdta. de sal

¼ cdta. de pimienta

Gajos de limón para servir

1 Mezclar los palmitos, la cebolla, el cilantro, el jugo de limón, los jalapeños, la sal y la pimienta en una vasija mediana. Tapar y refrigerar por lo menos 30 minutos o de un día para otro para que se combinen los sabores. Dejar a temperatura ambiente 15 minutos antes de servir. Servir con gajos de limón.

CHICA TIP

! ¿No te gustan los palmitos? ¡También puedes preparar esta deliciosa receta con hongos!

SELECCIONES/INTERCAMBIOS
2 vegetales sin almidón

VALORES NUTRICIONALES BÁSICOS
Calorías **45** | Calorías de grasa **0** | Total de grasa **0.0 g** | Grasa saturada **0.0 g** | Grasa trans **0.0 g**
Colesterol **0 mg** | Sodio **220 mg** | Potasio **1080 mg** | Total de carbohidratos **8 g**
Fibra alimentaria **1 g** | Azúcares **5 g** | Proteína **2 g** | Fósforo **90 mg**

crab salad endive boats

Endive leaves make for a great vessel to help transport precious yummy cargo, like this mayo-less crab salad, right to your mouth. The leaves are very sturdy, which makes them perfect to use instead of crackers or toast for dips.

1 cup (7 oz) imitation crabmeat, finely chopped

1 small tomato, diced (5 oz)

1 shallot, minced

1 rib celery, finely diced

1 Tbsp cider vinegar

1 Tbsp Dijon mustard

1 Tbsp plain fat-free Greek yogurt

1 Tbsp chopped fresh flat-leaf parsley

¼ tsp pepper

3 large heads Belgian endive (about 10 oz total), leaves separated (30 large leaves)

1 Combine the crabmeat, tomato, shallot, celery, vinegar, mustard, yogurt, parsley, and pepper in medium bowl until well mixed.

2 Mound 1 Tbsp of the crab mixture onto each endive leaf. If not serving right away, cover loosely with damp paper towels and plastic wrap and refrigerate until ready to serve.

CHOICES/EXCHANGES
½ Carbohydrate

BASIC NUTRITIONAL VALUES
Calories **30** | Calories from Fat **0** | Total Fat **0.0 g** | Saturated Fat **0.1 g** | Trans Fat **0.0 g**
Cholesterol **0 mg** | Sodium **150 mg** | Potassium **160 mg** | Total Carbohydrate **5 g**
Dietary Fiber **1 g** | Sugars **2 g** | Protein **2 g** | Phosphorus **75 mg**

rinde **10 porciones** | tamaño de la porción **3 barquitos de endibia rellenos**
tiempo de preparación **10 minutos** | tiempo de cocción **ninguno** | tiempo total **35 minutos**

barquitos de endibia con ensalada de cangrejo

Las hojas de endibia son un excelente barquito para transportar directamente a la boca una carga sabrosa, como esta ensalada de cangrejo sin mayonesa. Las hojas son muy firmes, lo que las hace perfectos sustitutos de las galletas o tostadas.

1 taza (de 7 oz) de pulpa de cangrejo (o sustituto de cangrejo), en trozos pequeños

1 tomate pequeño, en cuadritos (5 oz)

1 chalota finamente picada

1 base de tallo de apio, finamente picada

1 cda. de vinagre de sidra

1 cda. de mostaza de Dijon

1 cda. de yogur griego descremado de sabor natural

1 cda. de perejil fresco de hoja plana, picado

¼ cdta. de pimienta

3 cabezas grandes de endibia o achicoria (aproximadamente 10 oz en total), con las hojas separadas (30 hojas grandes)

1 Mezclar bien la pulpa de cangrejo, el tomate, la chalota, el apio, el vinagre, la mostaza, el yogur, el perejil y la pimienta en una vasija mediana.

2 Echar 1 cda. de la mezcla de cangrejo en cada hoja de endibia. Si no se va a servir de inmediato, tapar sin apretar con toallas de papel húmedas y lámina de plástico, y refrigerar hasta el momento de servir.

SELECCIONES/INTERCAMBIOS
½ carbohidrato

VALORES NUTRICIONALES BÁSICOS
Calorías **30** | Calorías de grasa **0** | Total de grasa **0.0 g** | Grasa saturada **0.1 g** | Grasa trans **0.0 g**
Colesterol **0 mg** | Sodio **150 mg** | Potasio **160 mg** | Total de carbohidratos **5 g**
Fibra alimentaria **1 g** | Azúcares **2 g** | Proteína **2 g** | Fósforo **75 mg**

yucca buns

Oh my! If *pan de yucas* could talk, they would tell you stories of my life. How I used to skip class to go eat them at the corner store and down them with an *avena* drink (oatmeal drink) or dip them in hot chocolate. They are delicious but very fattening. This recipe is a perfect example of how, with a few changes, we can have our favorite dishes even if we're eating healthy. I reduced the amount of cheese in the traditional recipe as well as the eggs. Beware! Eating just one is almost impossible!

1 cup tapioca flour

1 tsp baking powder

1 cup part-skim mozzarella cheese, shredded

¼ cup fat-free ricotta cheese

1 large egg, lightly beaten

2 Tbsp fat-free milk

1 Preheat the oven to 350°F. Line a large baking sheet with foil or parchment paper.

2 Whisk together the tapioca flour and baking powder in a large bowl. With a wooden spoon, stir in the mozzarella, ricotta, egg, and milk until a soft dough forms.

3 With your hands, knead until the dough is smooth. Divide the dough into 8 pieces and shape them into 1½-inch balls. Place them 1 inch apart on the baking sheet. Bake until the rolls are lightly golden on the bottom, 15–18 minutes. They will be soft and tender.

4 Cool on a wire rack 5 minutes. Serve warm.

CHOICES/EXCHANGES
1 Starch, ½ Fat

BASIC NUTRITIONAL VALUES
Calories **100** | Calories from Fat **25** | Total Fat **3.0 g** | Saturated Fat **1.6 g** | Trans Fat **0.0 g**
Cholesterol **35 mg** | Sodium **150 mg** | Potassium **35 mg** | Total Carbohydrate **14 g**
Dietary Fiber **0 g** | Sugars **1 g** | Protein **5 g** | Phosphorus **155 mg**

pan de yuca

¡Ay! Si el pan de yuca tuviera boca, les contaría las historias de mi vida: Que solía faltar a la escuela para ir a la bodega de la esquina a comer estos panes con una bebida de avena o remojados en chocolate caliente. Eran deliciosos pero muy engordadores. Esta receta es el ejemplo perfecto de que, con unos pocos cambios, podemos disfrutar nuestros platillos favoritos incluso cuando queremos comer saludablemente. Reduje la cantidad de queso y huevos en la receta tradicional. ¡Cuidado! ¡Es casi imposible comer solo uno!

1 taza de harina de tapioca

1 cdta. de polvo de hornear

1 taza de queso *mozzarella* parcialmente descremado, rallado

¼ taza de queso ricota o requesón descremado

1 huevo grande, ligeramente batido

2 cdas. de leche descremada

1 Calentar el horno a 350°F. Forrar una lata grande de hornear con papel aluminio o papel manteca.

2 Mezclar la harina de tapioca y el polvo de hornear en una vasija grande. Añadir el queso mozzarella y ricota, el huevo y la leche y revolver con una cuchara de palo, hasta que se forme una masa blanda.

3 Amasar con las manos, hasta que la masa tenga consistencia uniforme. Dividir la masa en 8 pedazos y formar bolas de 1 1/2 pulgadas. Colocarlas a 1 pulgada de distancia en la lata de hornear. Hornear hasta que la parte inferior de los panecillos se dore ligeramente, 15–18 minutos. Estarán suaves y blandos.

4 Dejar enfriar 5 minutos en una rejilla. Servir calientes.

SELECCIONES/INTERCAMBIOS
1 almidón, ½ grasa

VALORES NUTRICIONALES BÁSICOS
Calorías **100** | Calorías de grasa **25** | Total de grasa **3.0 g** | Grasa saturada **1.6 g** | Grasa trans **0.0 g**
Colesterol **35 mg** | Sodio **150 mg** | Potasio **35 mg** | Total de carbohidratos **14 g**
Fibra alimentaria **0 g** | Azúcares **1 g** | Proteína **5 g** | Fósforo **155 mg**

chapter 3
capítulo 3

soups for the soul
sopas para el alma

colombian chicken ajiaco

Nothing screams home and comfort to me more than chicken *ajiaco*. It is definitely my favorite Colombian soup. I never thought I would find the same comfort in this much lighter version. A variety of potatoes and cream are the basis of a traditional *ajiaco*, but an excess of carbs was not going to help our cause. I forewent the potatos and substituted Greek yogurt for the cream. I must say this chica was very happy with her guiltless *ajiaco*!

2 lb boneless, skinless chicken breasts

1 (32-oz) container unsalted chicken broth

4 cups cold water

2 scallions, cut into 3-inch pieces

3 cloves garlic, lightly crushed

6 sprigs fresh cilantro

½ tsp salt

½ tsp pepper

1½ pounds baby new potatoes, cut into ½-inch-thick slices

2 ears corn on the cob, each cut into 4 pieces

2 Tbsp guascas (or substitute 1 Tbsp dried oregano)

TOPPINGS

1 avocado, peeled and thinly sliced

½ cup plain fat-free Greek yogurt

½ cup chopped fresh cilantro

¼ cup capers, rinsed and drained

1 Place the chicken in a large saucepan. Add the broth, water, scallions, garlic, cilantro sprigs, salt, and pepper; bring to a boil. Reduce the heat to medium low and simmer until the chicken is cooked through, about 20 minutes. Transfer the chicken to a cutting board and let cool. With a slotted spoon, remove and discard the scallions, garlic, and cilantro sprigs.

2 Add the potatoes to the pot; bring to a boil. Reduce the heat to medium low and simmer until the potatoes are tender, about 10 minutes. Add the corn and guascas and cook until the corn is tender, about 3 minutes.

3 Meanwhile, with two forks, shred the chicken. Add the shredded chicken back to the saucepot and heat through. Serve the soup with the toppings.

CHICA TIP

! *Guascas*, also known as gallant soldier and potato weed, is a weed used as an herb in Colombia. It gives *ajiaco* its very distinct, earthy flavor. You can substitute for it with oregano, but I suggest you try this soup with *guascas*; the herb is too special not to try. If you can't find *guascas*, search online.

CHOICES/EXCHANGES
1½ Starch, 3 Lean Protein

BASIC NUTRITIONAL VALUES
Calories **270** | Calories from Fat **50** | Total Fat **6.0 g** | Saturated Fat **1.3 g** | Trans Fat **0.0 g** | Cholesterol **65 mg** | Sodium **280 mg** | Potassium **790 mg** | Total Carbohydrate **25 g** | Dietary Fiber **4 g** | Sugars **3 g** | Protein **30 g** | Phosphorus **295 mg**

ajiaco colombiano de pollo

No hay como el ajiaco de pollo para sentirse en casa y satisfecho. Sin duda, es mi sopa colombiana preferida. Nunca pensé que una versión mucho más ligera sería igualmente reconfortante. El ajiaco tradicional es a base de una variedad de papas y crema, pero el exceso de carbohidratos sabotea nuestra misión. Prescindí de las papas y sustituí la crema con yogur griego. Debo decir que ¡esta chica quedó encantada con su ajiaco y no se siente culpable!

2 lb de pechugas de pollo, deshuesadas y sin piel

1 recipiente (de 32 oz) de caldo de pollo sin sal

4 tazas de agua fría

2 cebolletas cortadas en trozos de 3 pulgadas

3 dientes de ajo ligeramente aplastados

6 ramitas de cilantro fresco

½ cdta. de sal

½ cdta. de pimienta

1 ½ lb de papitas nuevas, cortadas en tajadas de ½ pulgada

2 mazorcas de maíz, cada una cortada en 4 pedazos

2 cdas. de guascas (o sustituir por 1 cda. de orégano seco)

GUARNICIÓN

1 aguacate, pelado y cortado en rodajas delgadas

½ taza de yogur griego descremado de sabor natural

½ taza de cilantro fresco picado

¼ taza de alcaparras, enjuagadas y escurridas

1. Colocar el pollo en una olla grande. Agregar el caldo, el agua, las cebolletas, el ajo, los ramitos de cilantro, la sal, la pimienta y hervir. Bajar el fuego a medio bajo y cocer hasta que el pollo esté cocido por dentro, aproximadamente 20 minutos. Pasar el pollo a una tabla de cortar y dejar enfriar. Con una espumadera, retirar y descartar las cebolletas, el ajo y los ramitos de cilantro.

2. Agregar las papas a la olla; hervir. Bajar el fuego a medio bajo y cocer hasta que las papas estén blandas, aproximadamente 10 minutos. Agregar el maíz y guascas, y cocer hasta que el maíz esté blando, aproximadamente 3 minutos.

3. Mientras tanto, con dos tenedores, desmenuzar el pollo. Volver a echar el pollo desmenuzado a la olla y calentar bien. Servir la sopa con los ingredientes adicionales encima.

CHICA TIP

! Las guascas, también conocidas como soldados valerosos o de la Reina, es una hierba que se usa como especia en Colombia. Le da al ajiaco un sabor campechano particular. Se puede sustituir por orégano, pero sugiero que pruebes esta sopa con guascas, pues es una hierba muy especial. Si no puedes encontrar guascas, búscalas por internet.

SELECCIONES/INTERCAMBIOS
1 ½ almidones, 3 proteínas magras

VALORES NUTRICIONALES BÁSICOS
Calorías **270** | Calorías de grasa **50** | Total de grasa **6.0 g** | Grasa saturada **1.3 g** | Grasa trans **0.0 g**
Colesterol **65 mg** | Sodio **280 mg** | Potasio **790 mg** | Total de carbohidratos **25 g**
Fibra alimentaria **4 g** | Azúcares **3 g** | Proteína **30 g** | Fósforo **295 mg**

serves **6** | serving size **1⅓ cups** | prep time **20 minutes** | cook time **1 hour 25 minutes** | total time **1 hour 45 minutes**

green chile pork pozole

Sometimes all it takes to make a recipe better for you is a bit of research. Take this *pozole*, for example: the cut of pork was the culprit in deeming it unhealthy due to its fat content. Switch that cut out for lean pork loin and you can enjoy one of the most delicious Mexican soups ever created. How can we be denied such a hearty, flavorful, and easy-to-make bowl of goodness?

1 (1¼ lb) pork tenderloin, trimmed and cut into 4 pieces

5 cups water, divided

1 onion, quartered

6 sprigs fresh cilantro

6 cloves garlic, halved, divided

2 bay leaves

1 lb tomatillos, husked, rinsed, and quartered (about 6 tomatillos)

3 serrano chilies, coarsely chopped

1 cup chopped fresh cilantro

2 (15-oz) cans white hominy, rinsed and drained

½ tsp salt

Radish slices, for garnish

Lime wedges, for garnish

1. Combine the pork, water, onion, cilantro sprigs, 3 garlic cloves, and bay leaves in a nonstick Dutch oven; bring to a boil. Reduce the heat to medium low and simmer, covered, until the meat is fork-tender, about 40 minutes.

2. Remove from the heat. Strain the cooking liquid and reserve 3 cups. Discard the residue. Transfer the pork to a cutting board and shred with two forks.

3. Place the tomatillos, serranos, remaining 3 garlic cloves, and remaining 1 cup of water in a small saucepan and bring to a boil. Reduce the heat to medium low and simmer until the tomatillos are tender, about 15 minutes. Let cool 10 minutes.

4. Transfer the tomatillo mixture and chopped cilantro to a food processor and pulse until smooth. Transfer to the Dutch oven. Add the pork, reserved 3 cups of cooking liquid, hominy, and salt and bring to a boil. Reduce the heat to medium low and simmer, covered, stirring occasionally, until the flavors are blended, about 20 minutes. Ladle into bowls. Serve with the radishes and lime wedges.

CHICA TIP

! Don't discard your leftover broth. Freeze it in an ice cube tray and then store it in the freezer in a zip-close plastic bag to use in other recipes. Seven cubes equal about 1 cup.

CHOICES/EXCHANGES
1 Starch, 1 Nonstarchy Vegetable, 2 Lean Protein

BASIC NUTRITIONAL VALUES
Calories **200** | Calories from Fat **35** | Total Fat **4.0 g** | Saturated Fat **1.1 g** | Trans Fat **0.0 g** | Cholesterol **50 mg** | Sodium **360 mg** | Potassium **520 mg** | Total Carbohydrate **20 g** | Dietary Fiber **4 g** | Sugars **5 g** | Protein **21 g** | Phosphorus **230 mg**

pozole verde de cerdo

A veces, todo lo que se necesita para mejorar una receta es investigar un poquito. En este pozole, por ejemplo, el corte de cerdo lo hacía poco saludable debido a su alto contenido de grasa. Si se usa en vez un lomo magro de cerdo, se puede disfrutar la más deliciosa sopa mexicana que jamás se ha inventado. ¿Cómo negarse a este tazón de ricura tan abundante, sabrosa y fácil de preparar?

1 lomo de cerdo (de 1 ¼ lb), sin grasa y cortado en 4 pedazos

5 tazas de agua, en partes

1 cebolla cortada en cuatro

6 ramitas de cilantro fresco

6 dientes de ajo cortados por la mitad, en partes

2 hojas de laurel

1 lb de tomatillos, pelados, enjuagados y cortados en cuatro (aproximadamente 6 tomatillos)

3 chiles serranos, picados en trozos grandes

1 taza de cilantro fresco picado

2 latas (de 15 oz) de maíz blanco (peto, pozole, nixtamal) enjuagado y escurrido

½ cdta. de sal

Rábanos en tajadas, para adornar

Gajos de limón verde, para adornar

1 Mezclar el cerdo, el agua, la cebolla, los ramitos de cilantro, 3 dientes de ajo y las hojas de laurel en una cazuela antiadherente de hierro que se puede meter al horno; hervir. Bajar el fuego a medio bajo y cocer tapado, hasta que la carne esté blanda al pincharla con un tenedor, aproximadamente 40 minutos.

2 Retirar del fuego. Colar el líquido y guardar 3 tazas. Descartar el resto. Pasar el cerdo a una tabla de cortar y desmenuzar con 2 tenedores.

3 Colocar los tomatillos, los serranos, los 3 dientes restantes de ajo y la taza restante de agua en una olla pequeña y hervir. Bajar el fuego a medio bajo y cocer hasta que los tomatillos estén blandos, aproximadamente 15 minutos. Dejar enfriar 10 minutos.

4 Pasar la mezcla de tomatillo y el cilantro picado a un procesador de alimentos y licuar hasta que tenga consistencia uniforme. Pasar a la olla con tapa. Agregar el cerdo, las 3 tazas de líquido, el maíz y la sal, y hervir. Bajar el fuego a medio bajo y cocer tapado, revolviendo de vez en cuando, hasta que los sabores se combinen, aproximadamente 20 minutos. Echar en los tazones con un cucharón. Servir con los rábanos y gajos de limón verde.

CHICA TIP

! No botes el caldo que sobre. Congélalo en una cubeta de hielo y luego guarda los cubitos en el congelador en una bolsa de plástico con cierre para usar el caldo en otras recetas. Siete cubitos equivalen a aproximadamente 1 taza.

SELECCIONES/INTERCAMBIOS
1 almidón, 1 vegetal sin almidón, 2 proteínas magras

VALORES NUTRICIONALES BÁSICOS
Calorías **200** | Calorías de grasa **35** | Total de grasa **4.0 g** | Grasa saturada **1.1 g** | Grasa trans **0.0 g**
Colesterol **50 mg** | Sodio **360 mg** | Potasio **520 mg** | Total de carbohidratos **20 g**
Fibra alimentaria **4 g** | Azúcares **5 g** | Proteína **21 g** | Fósforo **230 mg**

peruvian parihuela seafood soup

Some say that this super-easy Peruvian seafood soup brings you back from the dead. Others say it is an aphrodisiac due to the bounty of ingredients from the sea. I say it is a delicious and easy way to make your belly happy. This warm and flavorful brothy soup is packed with protein.

1 Tbsp olive oil

1 onion, chopped

1 tomato, chopped

1 Tbsp ají amarillo paste

1 Tbsp ají panca paste

1 tsp dried oregano

¼ tsp ground cumin

2 bay leaves

3 cups unsalted seafood broth or unsalted chicken broth

12 fresh mussels

12 fresh clams

½ lb wild, never frozen, large shrimp, peeled and deveined (about 15 shrimp)

2 Tbsp chopped fresh flat-leaf parsley

1 lime, cut into wedges

1 Heat the oil in a nonstick Dutch oven or large saucepan over medium-high heat. Add the onion and cook until softened, about 5 minutes.

2 Add the tomato, ají amarillo, ají panca, oregano, cumin, and bay leaves. Stir and cook for 2 minutes. Add the broth and seafood and bring to a boil. Reduce the heat to medium and simmer until the seafood is opaque, about 8 minutes. Do not overcook. Remove and discard the bay leaves as well as any unopened clams or mussels. Sprinkle with the parsley and serve with lime wedges.

CHICA TIP

! Soups are perfect for freezing in single-serving portions and reheating on those crazy days when your schedule is in disarray. If you keep your freezer stocked with some of your ready-made recipes, you will never have an excuse to forgo dinner or make a drive-thru run.

CHOICES/EXCHANGES
2 Nonstarchy Vegetable, 2 Lean Protein, ½ Fat

BASIC NUTRITIONAL VALUES
Calories **170** | Calories from Fat **45** | Total Fat **5.0 g** | Saturated Fat **0.8 g** | Trans Fat **0.0 g** | Cholesterol **85 mg** | Sodium **460 mg** | Potassium **660 mg** | Total Carbohydrate **11 g** | Dietary Fiber **2 g** | Sugars **4 g** | Protein **19 g** | Phosphorus **270 mg**

parihuela (sopa de mariscos) peruana

Hay quienes llaman a esta sopa de mariscos peruana, que es facilísima, "levanta muertos". Otros dicen que es un afrodisiaco debido a los abundantes frutos de mar. Para mí, es una manera deliciosa y fácil de quedar con la barriga y el corazón contento. Este sabroso caldo está repleto de proteína.

1 cda. de aceite de oliva

1 cebolla picada

1 tomate picado

1 cda. de ají amarillo en pasta

1 cda. de ají panca en pasta

1 cdta. de orégano seco

¼ cdta. de comino molido

2 hojas de laurel

3 tazas de caldo de mariscos
   o de pollo sin sal

12 mejillones frescos

12 almejas frescas

½ lb de camarones silvestres
   grandes y frescos,
   pelados y desvenados
   (aproximadamente 15
   camarones que nunca
   fueron congelados)

2 cdas. de perejil fresco de
   hoja plana, picado

1 limón verde, cortado en gajos

1 Calentar el aceite en una cazuela antiadherente de hierro u olla grande a fuego medio alto. Agregar la cebolla y cocer hasta que se ablande, aproximadamente 5 minutos.

2 Agregar el tomate, el ají amarillo, el ají panca, el orégano, el comino y las hojas de laurel. Revolver y cocer 2 minutos. Agregar el caldo y los mariscos, y hervir. Bajar a fuego medio y cocer hasta que los mariscos se pongan opacos, aproximadamente 8 minutos. No cocer en exceso. Retirar y descartar las hojas de laurel y las almejas o mejillones que no se hayan abierto. Echar perejil encima y servir con gajos de limón verde.

CHICA TIP

! Las sopas son perfectas para congelar en porciones individuales y recalentar esos días de apuros cuando no hay tiempo para nada. Si mantienes el congelador surtido con algunos platillos preparados, no tendrás excusa para pasar por el drive thru o saltarte la cena.

SELECCIONES/INTERCAMBIOS
2 vegetales sin almidón, 2 proteínas magras, ½ grasa

VALORES NUTRICIONALES BÁSICOS
Calorías **170** | Calorías de grasa **45** | Total de grasa **5.0 g** | Grasa saturada **0.8 g** | Grasa trans **0.0 g**
Colesterol **85 mg** | Sodio **460 mg** | Potasio **660 mg** | Total de carbohidratos **11 g**
Fibra alimentaria **2 g** | Azúcares **4 g** | Proteína **19 g** | Fósforo **270 mg**

brothy mushroom soup

I am a soup lover for sure! Whether it's cold or hot out, I crave a bowl of soup. Soups are easy to make and great to freeze in batches to always have something available at the last minute to feed yourself and the troops. If I want to make this a complete meal, I throw either an egg or some shrimp in the warm broth and they cook in minutes. Serve with some delicious toasted multigrain bread—what else would one need?

1 Tbsp olive oil

1 onion, finely chopped

1 serrano chile, minced

2 cloves garlic, thinly sliced

1 lb mushrooms, thinly sliced

4 cups unsalted chicken broth

¼ cup chopped fresh cilantro

¼ tsp dried marjoram

¼ tsp salt

¼ tsp pepper

1 Tbsp lime juice

1 Heat the oil in a large saucepan over medium-high heat. Add the onion and serrano and cook, stirring occasionally, until the onion is tender, about 8 minutes.

2 Add the garlic and cook until fragrant, about 2 minutes. Add the mushrooms, broth, cilantro, marjoram, salt, and pepper; bring to a boil. Reduce the heat to medium low and simmer, stirring occasionally, until the mushrooms are very tender and the flavors are blended, about 15 minutes.

3 Stir in the lime juice. Serve warm.

CHICA TIP

! If you are in the mood for a creamy mushroom soup, reduce the liquid by half. Then, once cooked, pulse in the blender until smooth.

CHOICES/EXCHANGES
2 Nonstarchy Vegetable, 1 Fat

BASIC NUTRITIONAL VALUES
Calories **90** | Calories from Fat **35** | Total Fat **4.0 g** | Saturated Fat **0.5 g** | Trans Fat **0.0 g**
Cholesterol **0 mg** | Sodium **200 mg** | Potassium **640 mg** | Total Carbohydrate **10 g**
Dietary Fiber **2 g** | Sugars **5 g** | Protein **6 g** | Phosphorus **155 mg**

suculento caldo de hongos

¡No hay duda de que me encantan las sopas! Sea verano o invierno, siempre me provoca un tazón de sopa. Son súper fáciles de preparar y se congelan perfectamente, así siempre tengo algo disponible para alimentar a las tropas en cuestión de minutos. Cuando quiero que sea una comida completa, echo un huevo o camarones en el caldo caliente y se cuecen en minutos. Sírvanla con unas ricas tostadas de pan multigranos. ¿Qué más se puede pedir?

1 cda. de aceite de oliva

1 cebolla finamente picada

1 chile serrano, finamente picado

2 dientes de ajo en rodajas delgadas

1 lb de hongos en rodajas delgadas

4 tazas de caldo de pollo sin sal

¼ taza de cilantro fresco picado

¼ cdta. de mejorana seca

¼ cdta. de sal

¼ cdta. de pimienta

1 cda. de jugo de limón verde

1 Calentar el aceite en una olla grande a fuego medio alto. Agregar la cebolla y el serrano y saltear, revolviendo de vez en cuando, hasta que la cebolla esté blanda, aproximadamente 8 minutos.

2 Agregar el ajo y saltear hasta que suelte su aroma, aproximadamente 2 minutos. Agregar los hongos, el caldo, el cilantro, la mejorana, la sal y la pimienta; hervir. Bajar el fuego a medio bajo y cocer a fuego lento, revolviendo de vez en cuando, hasta que los hongos estén muy blandos y los sabores se combinen, aproximadamente 15 minutos.

3 Echar el jugo de limón verde y revolver. Servir caliente.

CHICA TIP

! Si te provoca una crema de hongos, reduce el líquido a la mitad. Luego, cuando esté lista, licúala hasta que tenga consistencia uniforme.

SELECCIONES/INTERCAMBIOS
2 vegetales sin almidón, 1 grasa

VALORES NUTRICIONALES BÁSICOS
Calorías **90** | Calorías de grasa **35** | Total de grasa **4.0 g** | Grasa saturada **0.5 g** | Grasa trans **0.0 g**
Colesterol **0 mg** | Sodio **200 mg** | Potasio **640 mg** | Total de carbohidratos **10 g**
Fibra alimentaria **2 g** | Azúcares **5 g** | Proteína **6 g** | Fósforo **155 mg**

veggie-lentil soup

The entire world over has their versions of lentil soup. Why? Because lentil soup is never disappointing. I added a small amount of chorizo for a flavorful and hearty taste. This dish is so filling no one would guess how healthy it is. So go ahead, fool them!

Nonstick olive oil spray

1 (2.5-oz) link Mexican chorizo, casing removed

1 onion, diced (1 cup)

½ red bell pepper, chopped (½ cup)

2 cloves garlic, minced

2 tsp Todo Adobo seasoning (page 224)

1 cup lentils, rinsed and picked over

1 (14.5-oz) can diced tomatoes

1 cup frozen mixed vegetables

4 cups unsalted chicken broth

2 cups water

¼ tsp salt

½ lb baby spinach (about 6 cups)

¼ cup chopped fresh cilantro

1 Spray a large nonstick saucepan with nonstick spray and set over medium heat. Add the chorizo and cook, stirring occasionally, until browned, about 5 minutes. Add the onion, bell pepper, and garlic and cook, stirring occasionally, until the vegetables are tender, about 8 minutes.

2 Add the adobo seasoning, lentils, tomatoes, frozen vegetables, broth, water, and salt and bring to a boil. Reduce the heat to medium low and simmer, covered, until the lentils are tender, about 40 minutes.

3 Add the spinach and cook until the spinach is wilted, 2–3 minutes. Remove from the heat; stir in the cilantro.

CHOICES/EXCHANGES
1½ Starch, 2 Nonstarchy Vegetable, 1 Lean Protein, ½ Fat

BASIC NUTRITIONAL VALUES
Calories **220** | Calories from Fat **45** | Total Fat **5.0 g** | Saturated Fat **1.8 g** | Trans Fat **0.0 g** | Cholesterol **10 mg** | Sodium **410 mg** | Potassium **950 mg** | Total Carbohydrate **30 g** | Dietary Fiber **10 g** | Sugars **6 g** | Protein **15 g** | Phosphorus **250 mg**

sopa de lentejas con vegetales

Todos los países del mundo tienen su propia versión de sopa de lentejas. ¿Por qué? Porque la sopa de lentejas nunca decepciona. Agregué una cantidad pequeña de chorizo para hacerla más sustanciosa y sabrosa. Este platillo es tan llenador que es difícil creer lo saludable que es. Así que, ¡no se lo cuente a nadie!

Aceite de oliva antiadherente en aerosol

1 chorizo mexicano (de 2.5 oz), pelado

1 cebolla en cuadritos (1 taza)

½ pimiento rojo picado (½ taza)

2 dientes de ajo finamente picados

2 cdtas. de Todo adobo (pág. 224)

1 taza de lentejas, escogidas y enjuagadas

1 lata (de 14.5 oz) de tomates en cuadritos

1 taza de vegetales mixtos, congelados

4 tazas de caldo de pollo sin sal

2 tazas de agua

¼ cdta. de sal

½ lb de hojas de espinaca tierna (aproximadamente 6 tazas)

¼ taza de cilantro fresco picado

1 Echar aceite en aerosol a una olla grande antiadherente y calentar a fuego medio. Agregar el chorizo y cocer, revolviendo de vez en cuando, hasta que se dore, aproximadamente 5 minutos. Agregar la cebolla, el pimiento rojo, el ajo y saltear, revolviendo de vez en cuando, hasta que los vegetales estén blandos, aproximadamente 8 minutos.

2 Agregar el adobo, las lentejas, los tomates, los vegetales congelados, el caldo, el agua, la sal y hervir. Bajar el fuego a medio bajo y cocer tapado, hasta que las lentejas estén blandas, aproximadamente 40 minutos.

3 Agregar la espinaca y cocer hasta que se marchite, 2–3 minutos. Retirar del fuego; añadir el cilantro y revolver.

SELECCIONES/INTERCAMBIOS
1½ almidones, 2 vegetales sin almidón, 1 proteína magra, ½ grasa

VALORES NUTRICIONALES BÁSICOS
Calorías **220** | Calorías de grasa **45** | Total de grasa **5.0 g** | Grasa saturada **1.8 g** | Grasa trans **0.0 g**
Colesterol **10 mg** | Sodio **410 mg** | Potasio **950 mg** | Total de carbohidratos **30 g**
Fibra alimentaria **10 g** | Azúcares **6 g** | Proteína **15 g** | Fósforo **250 mg**

tomatillo chicken tortilla soup

Classic Mexican tortilla soup is a brothy chicken soup with tomato, onion, garlic, chilies, and tortilla strips. I prefer mine with a tomatillo base because the flavor is more intense. If you have had salsa verde, you've had tomatillos. They are a fruit from the gooseberry family with a tart kick to them. I encourage you to play with tomatillos; a salsa verde is an excellent backbone sauce for all types of uses. For an easy salsa verde recipe, check out page 228.

4 tsp canola oil, divided

1½ lb boneless, skinless chicken breasts, cut into ½-inch strips

4 tomatillos husked, rinsed, and chopped (about ¾ lb total)

1 onion, finely chopped

1 jalapeño pepper, minced

2 cloves garlic, minced

1 tsp ground cumin

½ tsp dried oregano

¼ tsp salt

4 cups unsalted chicken broth

¾ cup chopped fresh cilantro, divided

2 cups fresh or frozen corn kernels, thawed

6 Tbsp crumbled queso fresco

6 Tbsp lightly salted tortilla strips

1 Heat 2 tsp oil in a nonstick Dutch oven or large nonstick saucepan over medium-high heat. Add the chicken and cook until browned, about 8 minutes; transfer to a plate.

2 Add the remaining 2 tsp oil to the skillet along with the tomatillos, onion, jalapeño, garlic, cumin, oregano, and salt. Cook, stirring occasionally, until the tomatillos and onion are tender, about 8 minutes. Stir in the broth and ½ cup cilantro and bring to a boil. Reduce the heat to medium low and simmer, covered, until the flavors are blended, about 15 minutes.

3 Return the chicken to the Dutch oven. Add the corn and cook until heated through, about 3 minutes longer.

4 Ladle the soup into 6 bowls and top with the queso fresco, tortilla strips, and remaining chopped cilantro.

CHICA TIP

! Want to make your own tortilla strips? Simply cut corn tortillas in strips, lay them flat on a cookie sheet, and spray them with nonstick cooking spray. Bake at 400°F for about 6 minutes.

CHOICES/EXCHANGES
½ Starch, 2 Nonstarchy Vegetable, 3 Lean Protein, 1 Fat

BASIC NUTRITIONAL VALUES
Calories **270** | Calories from Fat **80** | Total Fat **9.0 g** | Saturated Fat **2.2 g** | Trans Fat **0.1 g** | Cholesterol **70 mg** | Sodium **250 mg** | Potassium **680 mg** | Total Carbohydrate **18 g** | Dietary Fiber **3 g** | Sugars **6 g** | Protein **29 g** | Phosphorus **310 mg**

sopa de tortilla con tomatillos y pollo

La clásica sopa mexicana de tortillas lleva caldo de pollo, tomate, cebolla, ajo, chiles y tiras de tortilla. Prefiero prepararla con una base de tomatillo porque el sabor es más intenso. Si han probado la salsa verde, han comido tomatillos. Son un fruto de la familia de las grosellas con un toque de acidez. Los invito a incorporar tomatillos en su cocina; la salsa verde es una excelente base que se puede usar para muchas cosas. Encontrarán una receta fácil de salsa verde en la pág. 229.

4 cdtas. de aceite de canola, en partes

1½ lb de pechugas de pollo deshuesadas y sin piel, cortadas en tiras de ½ pulgada

4 tomatillos pelados, enjuagados y picados (aproximadamente ¾ lb en total)

1 cebolla finamente picada

1 jalapeño finamente picado

2 dientes de ajo finamente picados

1 cdta. de comino molido

½ cdta. de orégano seco

¼ cdta. de sal

4 tazas de caldo de pollo sin sal

¾ taza de cilantro fresco picado, en partes

2 tazas de maíz desgranado, fresco o descongelado

6 cdas. de queso fresco desmenuzado

6 cdas. de tortilla en tiras, ligeramente salada

1 Calentar 2 cdtas. de aceite en una cazuela antiadherente de hierro u olla grande antiadherente a fuego medio alto. Agregar el pollo y cocer hasta que se dore, aproximadamente 8 minutos; pasar a un plato.

2 Agregar las 2 cdtas. restantes de aceite a la sartén, con los tomatillos, la cebolla, el jalapeño, el ajo, el comino, el orégano y la sal. Cocer, revolviendo de vez en cuando, hasta que los tomatillos y la cebolla estén blandos, aproximadamente 8 minutos. Agregar el caldo y ½ taza de cilantro y hervir. Bajar el fuego a medio bajo y cocer a fuego lento, tapado, hasta que los sabores se combinen, aproximadamente 15 minutos.

3 Volver a meter el pollo en la cazuela. Agregar el maíz y cocer hasta que se caliente por dentro, aproximadamente 3 minutos más.

4 Con un cucharón, echar la sopa en 6 tazones y adornar con queso fresco, tiras de tortilla y el resto del cilantro picado.

CHICA TIP

! ¿Quieres hacer tus propias tiras de tortilla? Simplemente corta tortillas de maíz en tiras, pónlas planas en una lata para hornear y échales aceite antiadherente en aerosol. Hornéalas a 400°F aproximadamente 6 minutos.

SELECCIONES/INTERCAMBIOS
½ almidón, 2 vegetales sin almidón, 3 proteínas magras, 1 grasa

VALORES NUTRICIONALES BÁSICOS
Calorías **270** | Calorías de grasa **80** | Total de grasa **9.0 g** | Grasa saturada **2.2 g** | Grasa trans **0.1 g**
Colesterol **70 mg** | Sodio **250 mg** | Potasio **680 mg** | Total de carbohidratos **18 g**
Fibra alimentaria **3 g** | Azúcares **6 g** | Proteína **29 g** | Fósforo **310 mg**

malanga and lemongrass creamy soup

Malanga, similar to taro root, is a dark brown root with a creamy, speckled interior. It is commonly eaten in the Caribbean and it has African roots. It is high in fiber and has modest amounts of iron, vitamin C, and potassium. You can eat it just boiled, as fritters, or in soups. I love to eat it as a creamy soup just as my Cuban friends do. In my version of this soup, I've left out the dairy and added some Thai flavors for fun. I love playing with my food!

2 lb white malanga root, peeled and cut into 1-inch pieces

2 cups unsalted chicken broth

2 tsp lemongrass paste

½ tsp peeled, grated fresh ginger

½ tsp white pepper

½ tsp salt

6 large eggs

6 Tbsp chopped fresh cilantro

1   Put the malanga into a large saucepan, and add enough cold water to cover. Bring to a boil over high heat. Reduce the heat to medium low and cover. Simmer until the malanga is tender, about 30 minutes. Drain and mash. Return to the pot.

2   Add the broth, lemongrass, ginger, pepper, and salt. Mix well until the malanga is well incorporated. Cook for 5 minutes over low heat. Raise the heat to medium high and bring to a boil.

3   Crack each egg into a ramekin and add it to the soup. Reduce the heat to low. Cover and cook until the eggs are set, about 3–5 minutes. Top each serving of soup with an egg and sprinkle with cilantro.

CHOICES/EXCHANGES
3 Starch, 1 Medium-Fat Protein

BASIC NUTRITIONAL VALUES
Calories **280** | Calories from Fat **50** | Total Fat **6.0 g** | Saturated Fat **1.6 g** | Trans Fat **0.0 g** | Cholesterol **185 mg** | Sodium **340 mg** | Potassium **1080 mg** | Total Carbohydrate **47 g** | Dietary Fiber **7 g** | Sugars **1 g** | Protein **10 g** | Phosphorus **245 mg**

crema de malanga y hierba limón

La malanga, que es similar al taro, es un tubérculo color café oscuro y por dentro es cremoso, con manchas. Es un ingrediente frecuente en la cocina del Caribe y es de origen africano. Tiene mucha fibra y una cantidad modesta de hierro, vitamina C y potasio. Se puede comer hervida, en frituras o en sopas. Me encanta en una sopa cremosa, como la comen mis amigos cubanos. En mi versión de esta sopa, elimino los productos lácteos y agrego unos cuantos sabores tailandeses muy interesantes. ¡Me encanta jugar con la comida!

2 lb de malanga blanca, pelada y cortada en trozos de 1 pulgada

2 tazas de caldo de pollo sin sal

2 cdtas. de pasta de hierba limón o limoncillo

½ cdta. de jengibre fresco, pelado y rallado

½ cdta. de pimienta blanca

½ cdta. de sal

6 huevos grandes

6 cdas. de cilantro fresco picado

1 Poner la malanga en una olla grande y agregar suficiente agua fría hasta cubrir. Hacer hervir a fuego alto. Bajar el fuego a medio bajo y tapar. Cocer a fuego lento hasta que la malanga esté blanda, aproximadamente 30 minutos. Escurrir y aplastar. Regresarla a la olla.

2 Agregar el caldo, la hierba limón, el jengibre, la pimienta y la sal. Revolver hasta que la mezcla esté homogénea. Cocer 5 minutos a fuego lento. Subir a fuego medio alto y hervir.

3 Partir cada huevo en un tazón individual y agregarlos a la sopa. Bajar el fuego. Tapar y cocer hasta que los huevos estén cocidos, aproximadamente 3–5 minutos. Echar un huevo en cada porción de sopa y adornar con cilantro.

SELECCIONES/INTERCAMBIOS
3 almidones, 1 proteína semigrasa

VALORES NUTRICIONALES BÁSICOS
Calorías **280** | Calorías de grasa **50** | Total de grasa **6.0 g** | Grasa saturada **1.6 g** | Grasa trans **0.0 g**
Colesterol **185 mg** | Sodio **340 mg** | Potasio **1080 mg** | Total de carbohidratos **47 g**
Fibra alimentaria **7 g** | Azúcares **1 g** | Proteína **10 g** | Fósforo **245 mg**

healthy shrimp chupe

You say chowder and I say *chupe*. A *chupe* is basically a potato stew made with beef or seafood. Shrimp *chupe* is a Peruvian classic originating from the city of Arequipa. I adapted the recipe to create a much lighter version and it worked phenomenally. I will make this over and over again.

1 Tbsp olive oil

2 medium leeks, white and light green parts only, thinly sliced (about 3 cups)

1 small onion, finely chopped (½ cup)

1 cubanelle pepper, chopped (½ cup)

2 cups unsalted vegetable broth

1 cup fat-free milk

1 russet potato (10 oz), cubed

8 sprigs fresh cilantro, chopped

¼ tsp dried oregano

¼ tsp salt

2 cups frozen baby gold and white corn

1 lb wild, never frozen, medium shrimp, peeled and deveined

2 Tbsp crumbled queso fresco

1 Tbsp chopped fresh cilantro

1 Heat the oil in a large saucepan over medium heat. Add the leek, onion, and pepper and cook, stirring occasionally, until tender, about 5 minutes. Add the broth, milk, potato, cilantro sprigs, oregano, and salt; bring to a boil over medium-high heat. Reduce the heat to medium low and simmer, stirring occasionally, until the potato is tender, about 10 minutes. Add the corn and cook 2 minutes.

2 Transfer 2 cups of the soup to a blender and purée. Return the purée to the saucepan and bring to a simmer.

3 Add the shrimp and cook until just opaque in the center, 2–3 minutes. Serve sprinkled with the queso and cilantro.

CHOICES/EXCHANGES
2 Starch, 2 Nonstarchy Vegetable, 2 Lean Protein

BASIC NUTRITIONAL VALUES
Calories **290** | Calories from Fat **45** | Total Fat **5.0 g** | Saturated Fat **1.2 g** | Trans Fat **0.0 g** | Cholesterol **125 mg** | Sodium **360 mg** | Potassium **980 mg** | Total Carbohydrate **42 g** | Dietary Fiber **5 g** | Sugars **10 g** | Protein **23 g** | Phosphorus **395 mg**

chupe de camarones saludable

El chupe es básicamente un guisado de papa con carne de res o mariscos. El chupe de camarones es un plato peruano típico originario de la ciudad de Arequipa. Adapté la receta para crear una versión mucho menos calórica y los resultados fueron fenomenales. Esta sopa formará parte de mi menú semanal!

1 cda. de aceite de oliva

2 puerros medianos, (solo la parte blanca y verde pálido), en rodajas delgadas (aproximadamente 3 tazas)

1 cebolla pequeña, finamente picada (½ taza)

1 pimiento cubanela, picado (½ taza)

2 tazas de caldo vegetal sin sal

1 taza de leche descremada

1 papa roja (10 oz), en cubos

8 ramitos de cilantro fresco, picado

¼ cdta. de orégano seco

¼ cdta. de sal

2 tazas de maíz amarillo y blanco tierno, congelado

1 lb de camarones silvestres medianos y frescos, pelados y desvenados

2 cdas. de queso fresco desmenuzado

1 cda. de cilantro fresco, picado

1   Calentar el aceite en una olla grande a fuego medio. Agregar el puerro, la cebolla y la pimienta y saltear, revolviendo de vez en cuando, hasta que estén blandos, aproximadamente 5 minutos. Agregar el caldo, la leche, la papa, los ramitos de cilantro, el orégano, la sal y cocer a fuego medio alto. Bajar el fuego a medio bajo y cocer, revolviendo de vez en cuando, hasta que la papa esté blanda, aproximadamente 10 minutos. Agregar el maíz y cocer 2 minutos.

2   Licuar 2 tazas de la sopa. Echar el puré a la olla y cocer a fuego lento.

3   Agregar los camarones y cocer hasta que se pongan opacos en el centro, 2–3 minutos. Servir y adornar con queso y cilantro.

SELECCIONES/INTERCAMBIOS
2 almidones, 2 vegetales sin almidón, 2 proteínas magras

VALORES NUTRICIONALES BÁSICOS
Calorías **290** | Calorías de grasa **45** | Total de grasa **5.0 g** | Grasa saturada **1.2 g** | Grasa trans **0.0 g**
Colesterol **125 mg** | Sodio **360 mg** | Potasio **980 mg** | Total de carbohidratos **42 g**
Fibra alimentaria **5 g** | Azúcares **10 g** | Proteína **23 g** | Fósforo **395 mg**

beef sancocho

My grandparents would make *sancocho* over an open fire in their backyard; the wood smoke added so much flavor to the dish. *Sancocho* comes from the verb *sancochar*, which means to parboil. It is a very hearty soup common in all of Latin America, made of stewing hen, beef, and innards and served for lunch. Don't worry; you don't have to start a fire to make this version!

2 tsp olive oil

½ lb lean top round beef, cut into 1-inch chunks

1 onion, chopped (about 1 cup)

1 green bell pepper, chopped (about 1 cup)

1 cubanelle pepper, chopped (½ cup)

2 celery ribs, chopped (⅓ cup)

3 cloves garlic, chopped

1 (32-oz) container unsalted beef broth

¼ cup no-salt tomato sauce

1 Tbsp Todo Adobo seasoning (page 224)

½ tsp salt

3 bay leaves

2 cups fresh or frozen yucca, thawed and cut into 2-inch pieces (about ¾ lb)

1 green plantain, peeled and cut into 1-inch pieces (about 1 cup)

1 chayote squash, peeled and cut in 2-inch cubes (about 1 cup)

1 medium tomato, chopped (½ cup)

1 cup chopped fresh cilantro

1 Heat the oil in a nonstick Dutch oven or large nonstick saucepot over medium-high heat. Add the beef and cook, turning occasionally, until browned, about 5 minutes. Add the onion, bell pepper, cubanelle, celery, and garlic. Cook, stirring occasionally, until the vegetables are tender, about 8 minutes.

2 Add the broth, tomato sauce, adobo seasoning, salt, and bay leaves; bring to a boil. Reduce the heat to medium low. Cover and simmer until the meat is just tender, about 1 hour.

3 Add the yucca, plantain, chayote squash, and tomato and cook, stirring occasionally, until the meat and vegetables are fork-tender, about 40 minutes.

4 Remove from the heat. Remove and discard the bay leaves; stir in the cilantro.

CHICA TIP

! Also known as "Cuban Pepper," the cubanelle pepper is sweet and mild with rich flavor. I used it as a substitute for the Caribbean *ají dulce*. If you cannot find *ají dulce* or cubanelle peppers, feel free to substitute Anaheim peppers.

CHOICES/EXCHANGES
2 Starch, 2 Nonstarchy Vegetable, ½ Fat

BASIC NUTRITIONAL VALUES
Calories **230** | Calories from Fat **30** | Total Fat **3.5 g** | Saturated Fat **0.9 g** | Trans Fat **0.0 g**
Cholesterol **20 mg** | Sodium **320 mg** | Potassium **720 mg** | Total Carbohydrate **40 g**
Dietary Fiber **4 g** | Sugars **9 g** | Protein **12 g** | Phosphorus **130 mg**

rinde **6 porciones** | tamaño de la porción **1⅓ tazas**
tiempo de preparación **20 minutos** | tiempo de cocción **1 hora y 53 minutos** | tiempo total **1 horas y 13 minutos**

sancocho de carne de res

Mis abuelos preparaban el sancocho sobre una fogata en su patio de atrás; el humo de la madera le daba mucho sabor al platillo. Es una sopa contundente que se prepara con frecuencia en toda Latinoamérica, con gallina, carne de res y menudencias, y se sirve de almuerzo. No se preocupen; icon esta versión no tienen que hacer una fogata!

2 cdtas. de aceite de oliva

½ lb de cuadril magro de res, cortado en trozos de 1 pulgada

1 cebolla picada (aproximadamente 1 taza)

1 pimiento verde picado (aproximadamente 1 taza)

1 pimiento cubanela, picado (½ taza)

2 bases de tallo de apio, picadas (⅓ taza)

3 dientes de ajo, picados

1 recipiente (de 32 oz) de caldo de res sin sal

¼ taza de salsa de tomate sin sal

1 cda. de Todo adobo (pág. 224)

½ cdta. de sal

3 hojas de laurel

2 tazas de yuca fresca o descongelada, cortada en trozos de 2 pulgadas (aproximadamente ¾ lb)

1 plátano verde, pelado y cortado en pedazos de 1 pulgada (aproximadamente 1 taza)

1 chayote, pelado y cortado en cubos de 2 pulgadas (aproximadamente 1 taza)

1 tomate mediano, picado (½ taza)

1 taza de cilantro fresco, picado

1 Calentar el aceite en una cazuela antiadherente de hierro u olla grande antiadherente a fuego medio alto. Agregar la carne y dorar, volteándola de vez en cuando, aproximadamente 5 minutos. Agregar la cebolla, el pimiento rojo, el pimiento cubanela, el apio y el ajo. Saltear, revolviendo de vez en cuando, hasta que los vegetales estén blandos, aproximadamente 8 minutos.

2 Agregar el caldo, la salsa de tomate, el adobo, la sal, las hojas de laurel y hervir. Tapar y cocer a fuego medio bajo hasta que la carne empiece a ablandarse, aproximadamente 1 hora.

3 Agregar la yuca, el plátano verde, el chayote y el tomate, y cocer, revolviendo de vez en cuando, hasta que la carne y los vegetales estén blandos al pincharlos con un tenedor, aproximadamente 40 minutos.

4 Retirar del fuego. Descartar las hojas de laurel; echar el cilantro y revolver.

CHICA TIP

! El pimiento cubanela es dulce y tiene un sabor rico pero suave. Lo usé como sustituto del ají dulce caribeño. Si no encuentras ají dulce o pimientos cubanela, usa pimientos Anaheim.

SELECCIONES/INTERCAMBIOS
2 almidones, 2 vegetales sin almidón, ½ grasa

VALORES NUTRICIONALES BÁSICOS
Calorías **230** | Calorías de grasa **30** | Total de grasa **3.5 g** | Grasa saturada **0.9 g** | Grasa trans **0.0 g**
Colesterol **20 mg** | Sodio **320 mg** | Potasio **720 mg** | Total de carbohidratos **40 g**
Fibra alimentaria **4 g** | Azúcares **9 g** | Proteína **12 g** | Fósforo **130 mg**

spinach crema

I am a big lover of soups, they are comforting, nourishing, filling, and, for the most part, low in calories. Vegetable-based soups are great to keep us satisfied. I like to have ½ cup of soup as a snack on those days when I am a bit hungrier than usual. The warmth of the soup makes my belly happy. And since I do not use cream or potatoes to thicken my vegetable cream soups, I do not have to worry about taking into account any added fat or carbohydrates. So make a big batch of my Spinach Crema and use it as your healthy secret weapon!

1 Tbsp oil

1 onion, finely chopped

1 carrot, chopped

2 ribs celery, chopped

2 cloves garlic, minced

½ tsp Todo Adobo seasoning (page 224)

⅛ tsp salt

¼ tsp pepper

2 (5-oz) containers baby spinach (about 8 cups)

3 cups unsalted chicken broth

1 Heat the oil in a large nonstick skillet over medium-high heat. Add the onion, carrot, and celery and cook, stirring occasionally, until the vegetables are tender, about 8 minutes. Add the garlic, adobo seasoning, salt, and pepper, and cook until fragrant, 1 minute. Add the spinach, in batches, and cook until wilted, about 2 minutes.

2 Add the broth and bring to a boil. Reduce the heat to medium low and simmer until the flavors are blended, about 10 minutes.

3 Transfer the spinach mixture to a food processor and purée until smooth.

CHICA TIP

! The base for this soup is basically universal, so feel free to change it up. Switch out the spinach for any other vegetable that you love: leeks, broccoli, asparagus, peas... the crema is the limit!

CHOICES/EXCHANGES
2 Nonstarchy Vegetable, 1 Fat

BASIC NUTRITIONAL VALUES
Calories **90** | Calories from Fat **35** | Total Fat **4.0 g** | Saturated Fat **0.5 g** | Trans Fat **0.0 g**
Cholesterol **0 mg** | Sodium **200 mg** | Potassium **730 mg** | Total Carbohydrate **10 g**
Dietary Fiber **3 g** | Sugars **4 g** | Protein **4 g** | Phosphorus **95 mg**

crema de espinaca

Soy muy aficionada a la sopa, pues es reconfortante, nutritiva, llenadora y, en la mayoría de los casos, tiene pocas calorías. Las sopas de verduras son excelentes para mantenernos llenos. Los días que tengo un poco más hambre de lo normal, me gusta tomar 1/2 taza de sopa para llenarme. La sopa calentita me hace feliz. Y ya que no uso crema ni papas para espesar mi crema de vegetales, no me tengo que preocupar de contar grasa ni carbohidratos agregados. Así que preparen una gran olla de mi crema de espinaca y ¡úsenla como su arma secreta de salud!

1 cda. de aceite

1 cebolla finamente picada

1 zanahoria picada

2 bases de tallo de apio, picadas

2 dientes de ajo finamente picados

½ cdta. de Todo adobo (pág. 224)

⅛ cdta. de sal

¼ cdta. de pimienta

2 recipientes (de 5 oz) de hojas de espinaca tierna (aproximadamente 8 tazas)

3 tazas de caldo de pollo sin sal

1 Calentar el aceite en una sartén antiadherente grande a fuego medio alto. Agregar la cebolla, la zanahoria y el apio, y saltear, revolviendo de vez en cuando, hasta que los vegetales estén blandos, aproximadamente 8 minutos. Agregar el ajo, el adobo, la sal y la pimienta, y saltear hasta que suelten su aroma, 1 minuto. Agregar la espinaca, en grupos y cocer hasta que se marchite, aproximadamente 2 minutos.

2 Agregar el caldo y hervir. Bajar el fuego a medio bajo y cocer hasta que los sabores se combinen, aproximadamente 10 minutos.

3 Pasar la mezcla de espinaca a un procesador de alimentos y licuar hasta que tenga consistencia de puré.

CHICA TIP

! Los ingredientes básicos de esta sopa son prácticamente universales, por lo que estás en toda libertad de variarla. En vez de espinaca, usa cualquier otro vegetal que te guste: puerro, brócoli, espárragos, arvejas... ¡Las cremas no tienen límites!

SELECCIONES/INTERCAMBIOS
2 vegetales sin almidón, 1 grasa

VALORES NUTRICIONALES BÁSICOS
Calorías **90** | Calorías de grasa **35** | Total de grasa **4.0 g** | Grasa saturada **0.5 g** | Grasa trans **0.0 g**
Colesterol **0 mg** | Sodio **200 mg** | Potasio **730 mg** | Total de carbohidratos **10 g**
Fibra alimentaria **3 g** | Azúcares **4 g** | Proteína **4 g** | Fósforo **95 mg**

66 green chile pork pozole | **67** *pozole verde de cerdo*

98 baby kale and quinoa salad | **99** *ensalada de quinua y col rizada*

chapter 4
capítulo 4

going green
opción verde: ensaladas

fennel, radish, and orange salad

I have two favorite salads in my universe that I will never ever tire of eating. This is one of them. I make it for every single dinner party and take it to friends' homes for potlucks because even the pickiest salad eater will fall in love. The colors and presentation really are beautiful. I hope you enjoy it as much as I do.

2 Tbsp sherry vinegar

2 Tbsp extra-virgin olive oil

1 tsp honey

½ tsp salt

¼ tsp pepper

2 navel oranges, peeled and cut into sections (1½ lb total)

1 fennel bulb, halved, cored, and thinly sliced (1 lb)

6 radishes, thinly sliced (1 cup/4 oz)

¼ cup chopped fresh mint

1 (5-oz) container baby arugula (about 6 cups)

1 Whisk together the vinegar, oil, honey, salt, and pepper in a large bowl. Add the oranges, fennel, radishes, and mint; toss until well mixed.

2 Serve over a bed of arugula.

CHICA TIP

! I like serving my salads on platters by layering the ingredients, instead of in bowls. Not only does this make for a pretty presentation, but also keeps the salad toppings from ending up at the bottom of the bowl.

CHOICES/EXCHANGES
½ Fruit, 1 Nonstarchy Vegetable, 1 Fat

BASIC NUTRITIONAL VALUES
Calories **110** | Calories from Fat **45** | Total Fat **5.0 g** | Saturated Fat **0.7 g** | Trans Fat **0.0 g** | Cholesterol **0 mg** | Sodium **240 mg** | Potassium **520 mg** | Total Carbohydrate **16 g** | Dietary Fiber **5 g** | Sugars **11 g** | Protein **2 g** | Phosphorus **55 mg**

ensalada de hinojo, rábanos y naranja

Existen dos ensaladas en el universo que nunca me cansaré de comer. Esta es una de ellas. La preparo para todas las cenas que ofrezco y la llevo a casa de amigos porque les encanta incluso a los más quisquillosos con las ensaladas. Los colores y la presentación son realmente bellos. Espero que la disfruten tanto como yo.

2 cdas. de vinagre de jerez

2 cdas. de aceite de oliva
extra virgen

1 cdta. de miel

½ cdta. de sal

¼ cdta. de pimienta

2 naranjas navelinas, peladas
y cortadas en secciones
(1½ lb en total)

1 bulbo de hinojo, a la mitad,
sin el centro, en rodajas
delgadas (1 lb)

6 rábanos en rodajas delgadas
(1 taza/4 oz)

¼ taza de menta fresca, picada

1 recipiente (de 5 oz) de
hojas de arúgula tierna
(aproximadamente 6 tazas)

1 Batir el vinagre, el aceite, la miel, la sal y la pimienta en una vasija grande. Agregar las naranjas, el hinojo, los rábanos y la menta; revolver bien.

2 Servir sobre una cama de arúgula.

CHICA TIP

! En vez de vasijas, me gusta servir ensaladas en fuentes, en las que pongo los ingredientes en capas. No solo es una linda presentación, sino que además evita que los ingredientes de encima terminen al fondo de la vasija.

SELECCIONES/INTERCAMBIOS
½ fruta, 1 vegetal sin almidón,
1 grasa

VALORES NUTRICIONALES BÁSICOS
Calorías **110** | Calorías de grasa **45** | Total de grasa **5.0 g** | Grasa saturada **0.7 g** | Grasa trans **0.0 g**
Colesterol **0 mg** | Sodio **240 mg** | Potasio **520 mg** | Total de carbohidratos **16 g**
Fibra alimentaria **5 g** | Azúcares **11 g** | Proteína **2 g** | Fósforo **55 mg**

serves **6** | serving size **½ cup** | prep time **10 minutes** | cook time **40 minutes** | total time **50 minutes**

roasted sweet potato salad

Every Latin American country has their version of potato salad or "ensalada rusa," which is generally smothered in mayonnaise. I modernized this dish by using very little mayo and adding healthy Greek yogurt, mustard, and a hint of vinegar, and it just works so well. Exchanging regular potatoes for sweet potatoes loaded with vitamin A and C and fiber makes this a guiltless way to enjoy this traditional dish.

2 large sweet potatoes, peeled and cut into 1-inch cubes (about 2 lb)

Nonstick olive oil spray

¼ tsp salt

¼ tsp pepper

¼ cup plain fat-free Greek yogurt

1 Tbsp mayonnaise

1 Tbsp Dijon mustard

1 tsp white vinegar

1 bell pepper, chopped (about 1 cup)

2 celery ribs, diced (about ½ cup)

3 scallions, sliced

1 Preheat the oven to 425°F.

2 Spread the potato cubes evenly on a large baking sheet; lightly spray with nonstick spray and sprinkle with salt and pepper.

3 Roast, stirring occasionally, until vegetables are tender and lightly browned, about 40 minutes.

4 Meanwhile, whisk together the yogurt, mayonnaise, mustard, and vinegar in a large bowl. Add the potatoes, peppers, celery, and scallions and toss gently to coat well.

CHICA TIP

! Roasting brings out the natural sugars in vegetables, so use this roasting technique on carrots, peppers, plantains, broccoli, and Brussels sprouts, and enjoy easy cooking with extra flavor and no manning a hot stove.

CHOICES/EXCHANGES
1½ Starch

BASIC NUTRITIONAL VALUES
Calories **120** | Calories from Fat **20** | Total Fat **2.0 g** | Saturated Fat **0.3 g** | Trans Fat **0.0 g**
Cholesterol **0 mg** | Sodium **220 mg** | Potassium **540 mg** | Total Carbohydrate **22 g**
Dietary Fiber **4 g** | Sugars **7 g** | Protein **3 g** | Phosphorus **75 mg**

ensalada de boniato rostizado

Todos los países latinoamericanos tienen su versión de ensalada de papa o "ensalada rusa", que por lo general está repleta de mayonesa. Modernicé esta versión usando muy poca mayonesa y agregando yogur griego, mostaza, y un poquito de vinagre, que son más saludables, y el efecto es el mismo. Remplazar las papas por boniatos, que están repletos de fibra y vitamina A y C, hace que podamos disfrutar este plato clásico sin sentirnos culpables.

2 boniatos o batatas grandes, pelados y cortados en cubos de 1 pulgada (aproximadamente 2 lb)

Aceite de oliva antiadherente en aerosol

¼ cdta. de sal

¼ cdta. de pimienta

¼ taza de yogur griego descremado de sabor natural

1 cda. de mayonesa

1 cda. de mostaza de Dijon

1 cdta. de vinagre blanco

1 pimiento rojo picado (aproximadamente 1 taza)

2 bases de tallo de apio, cortadas en cuadritos (aproximadamente ½ taza)

3 cebolletas en rodajas

1 Calentar el horno a 425°F.

2 Echar los cubos de boniato de manera uniforme en una lata grande de hornear; rociar un poco de aceite en aerosol, sal y pimienta.

3 Asar, volteando los trozos de vez en cuando, hasta que estén blandos y ligeramente dorados, aproximadamente 40 minutos.

4 Mientras tanto, mezclar el yogur, la mayonesa, la mostaza y el vinagre en una vasija grande. Agregar el boniato, el pimiento, el apio y las cebolletas, y revolver un poco para que se cubran bien.

CHICA TIP

! Rostizar los vegetales hace que suelten su azúcar natural. Usa esta técnica para asar zanahorias, pimientos, plátanos verdes, brócoli y coles de Bruselas, y disfruta el sabor adicional con este fácil método que no requiere que estés pendiente de la cocina caliente.

SELECCIONES/INTERCAMBIOS
1½ almidones

VALORES NUTRICIONALES BÁSICOS
Calorías **120** | Calorías de grasa **20** | Total de grasa **2.0 g** | Grasa saturada **0.3 g** | Grasa trans **0.0 g**
Colesterol **0 mg** | Sodio **220 mg** | Potasio **540 mg** | Total de carbohidratos **22 g**
Fibra alimentaria **4 g** | Azúcares **7 g** | Proteína **3 g** | Fósforo **75 mg**

artichoke and avocado salad with yogurt-dill dressing

Like many Latinas, I grew up thinking salads consisted of lettuce, carrots, and maybe some cucumber. Being on a diet meant eating that kind of salad served with a piece of grilled chicken. Therefore, it is understandable to hear that so many people fall into a salad rut. But, as they say, "necessity is the mother of invention." I like to play with my food and am always looking for new ways to change up my salads; this recipe is a great example.

½ cup plain fat-free Greek yogurt

2 Tbsp chopped fresh dill

1 Tbsp lemon juice

1 clove garlic, minced

⅛ tsp salt

¼ tsp pepper

1 seedless cucumber, peeled and cut into ¾-inch chunks (about 1 lb total)

1 (14-oz) can water-packed quartered artichoke hearts, drained

4 sweet mini peppers, sliced (about ⅓ cup)

1 avocado, sliced

1 Whisk together the yogurt, dill, lemon juice, garlic, salt, and pepper in a large bowl. Add the cucumber, artichoke hearts, and mini peppers; toss to coat.

2 Serve topped with avocado slices.

CHOICES/EXCHANGES
½ Carbohydrate, 2 Nonstarchy Vegetable, 1 Fat

BASIC NUTRITIONAL VALUES
Calories **120** | Calories from Fat **45** | Total Fat **5.0 g** | Saturated Fat **0.8 g** | Trans Fat **0.0 g** Cholesterol **0 mg** | Sodium **260 mg** | Potassium **510 mg** | Total Carbohydrate **14 g** Dietary Fiber **6 g** | Sugars **4 g** | Protein **6 g** | Phosphorus **120 mg**

ensalada de alcachofa y aguacate con aderezo de yogur y eneldo

Como muchas latinas, crecí pensando que las ensaladas consistían en lechuga, zanahorias y quizá un poco de pepinillo. Estar a dieta significaba comer ese tipo de ensalada, acompañada por una presa de pollo hervido. Por lo tanto, comprendo cuando oigo que tanta gente se aburre de la misma ensalada. Pero como dicen, "la necesidad es la madre de los inventos". Me gusta jugar con la comida y siempre estoy buscando maneras nuevas de variar mis ensaladas. Esta receta es un excelente ejemplo.

½ taza de yogur griego descremado de sabor natural

2 cdas. de eneldo fresco, picado

1 cda. de jugo de limón

1 diente de ajo finamente picado

⅛ cdta. de sal

¼ cdta. de pimienta

1 pepinillo sin semilla, pelado y cortado en trozos de ¾ pulgada (aproximadamente 1 lb en total)

1 lata (de 14 oz) de corazones de alcachofa envasados en agua, escurridos y cortados en cuatro

4 mini pimientos dulces, en rodajas (aproximadamente ⅓ taza)

1 aguacate en rodajas

1 Mezclar el yogur, el eneldo, el jugo de limón, el ajo, la sal y la pimienta en una vasija grande. Agregar el pepinillo, los corazones de alcachofa y los mini pimientos; revolver para cubrirlos.

2 Servir adornada con tajadas de aguacate.

SELECCIONES/INTERCAMBIOS
½ carbohidrato, 2 vegetales sin almidón, 1 grasa

VALORES NUTRICIONALES BÁSICOS
Calorías **120** | Calorías de grasa **45** | Total de grasa **5.0 g** | Grasa saturada **0.8 g** | Grasa trans **0.0 g**
Colesterol **0 mg** | Sodio **260 mg** | Potasio **510 mg** | Total de carbohidratos **14 g**
Fibra alimentaria **6 g** | Azúcares **4 g** | Proteína **6 g** | Fósforo **120 mg**

chickpea and tomato salad with cilantro vinaigrette

Que rico! This fresh and fulfilling salad makes for a quick, easy side dish. Top with a piece of grilled fish, chicken, or a hard-boiled egg, and your complete meal is done in minutes.

1 Tbsp extra-virgin olive oil

1 Tbsp lime juice

1 Tbsp orange juice

1 tsp red wine vinegar

1 clove garlic, minced

¼ cup finely chopped fresh cilantro

⅛ tsp salt

¼ tsp pepper

1 (15.5-oz) can garbanzo beans, rinsed and drained

1 medium tomato, chopped (½ cup)

2 Tbsp finely chopped red onion

4 oz baby arugula or mixed baby greens (4 cups)

1 In a large bowl, whisk together the oil, lime juice, orange juice, vinegar, garlic, cilantro, salt, and pepper. Add the beans, tomato, and onion. Toss to coat. Add the arugula and toss until well mixed.

CHICA TIP

! This cilantro vinaigrette is also great as a marinade for chicken or pork. It's what I call a multi-use recipe!

CHOICES/EXCHANGES
1 Starch, 1 Nonstarchy Vegetable, 1 Fat

BASIC NUTRITIONAL VALUES
Calories **160** | Calories from Fat **45** | Total Fat **5.0 g** | Saturated Fat **0.7 g** | Trans Fat **0.0 g** | Cholesterol **0 mg** | Sodium **200 mg** | Potassium **410 mg** | Total Carbohydrate **22 g** | Dietary Fiber **6 g** | Sugars **6 g** | Protein **7 g** | Phosphorus **135 mg**

ensalada de garbanzos y tomate con vinagreta de cilantro

¡Qué rica! Esta ensalada fresca y llenadora es un acompañamiento rápido y fácil. Sírvanla con un huevo duro o un poco de pescado o pollo asado, y tendrán una comida completa en cuestión de minutos.

1 cda. de aceite de oliva extra virgen

1 cda. de jugo de limón verde

1 cda. de jugo de naranja

1 cdta. de vinagre tinto

1 diente de ajo finamente picado

¼ taza de cilantro fresco, finamente picado

⅛ cdta. de sal

¼ cdta. de pimienta

1 lata (de 15.5 oz) de garbanzos, enjuagados y escurridos

1 tomate mediano, picado (½ taza)

2 cdas. de cebolla roja, finamente picada

4 oz de hojas de arúgula tierna u hojas de verduras surtidas tiernas (4 tazas)

1 En una vasija grande, mezclar el aceite, el jugo de limón verde, el jugo de naranja, el vinagre, el ajo, el cilantro, la sal y la pimienta. Agregar los garbanzos, el tomate y la cebolla. Revolver para cubrirlos. Agregar la arúgula y revolver hasta que se mezclen bien.

CHICA TIP

! Esta vinagreta de cilantro también es fabulosa como adobo para pollo o cerdo. ¡Es lo que llamo una receta de múltiples usos!

SELECCIONES/INTERCAMBIOS
1 almidón, 1 vegetal sin almidón, 1 grasa

VALORES NUTRICIONALES BÁSICOS
Calorías **160** | Calorías de grasa **45** | Total de grasa **5.0 g** | Grasa saturada **0.7 g** | Grasa trans **0.0 g**
Colesterol **0 mg** | Sodio **200 mg** | Potasio **410 mg** | Total de carbohidratos **22 g**
Fibra alimentaria **6 g** | Azúcares **6 g** | Proteína **7 g** | Fósforo **135 mg**

spanish lentil salad

The beauty of Mediterranean dressings is the simplicity of ingredients yet boldness of flavor. This dressing can be your go-to for salads or to use over steamed vegetables. It never fails!

1 cup lentils, rinsed and picked over

4 cups water

2 Tbsp red wine vinegar

1 Tbsp Dijon mustard

1 Tbsp extra-virgin olive oil

¼ tsp salt

¼ tsp pepper

2 celery ribs, finely chopped (about ⅓ cup)

2 roasted red peppers, drained and chopped (⅓ cup)

½ small red onion, finely chopped (¼ cup)

10 Kalamata olives, pitted and chopped (about 2 Tbsp)

1 Combine the lentils and water in a large saucepan; bring to a boil. Cover, reduce the heat to medium low, and simmer until the lentils are tender, about 25 minutes; drain.

2 Meanwhile, whisk together the vinegar, mustard, oil, salt, and pepper in a large bowl.

3 Add the lentils, celery, roasted peppers, onion, and olives; toss to coat.

CHICA TIP

! Contrary to other legumes, lentils cook quickly and do not need to be soaked before cooking. So skip the canned variety when working with lentils; they tend to be mushy and do not have the best of flavor.

CHOICES/EXCHANGES
1 Starch, ½ Fat

BASIC NUTRITIONAL VALUES
Calories **110** | Calories from Fat **20** | Total Fat **2.5 g** | Saturated Fat **0.4 g** | Trans Fat **0.0 g**
Cholesterol **0 mg** | Sodium **170 mg** | Potassium **270 mg** | Total Carbohydrate **15 g**
Dietary Fiber **6 g** | Sugars **2 g** | Protein **6 g** | Phosphorus **115 mg**

ensalada española de lentejas

La maravilla de los aderezos mediterráneos es que los ingredientes son simples pero el sabor es intenso. Este aderezo puede convertirse en su preferido para ensaladas o vegetales al vapor. ¡Nunca falla!

1 taza de lentejas, escogidas y enjuagadas

4 tazas de agua

2 cdas. de vinagre tinto

1 cda. de mostaza de Dijon

1 cda. de aceite de oliva extra virgen

¼ cdta. de sal

¼ cdta. de pimienta

2 bases de tallo de apio, finamente picadas (aproximadamente ⅓ taza)

2 pimientos morrones asados, escurridos y picados (⅓ taza)

½ cebolla roja pequeña, finamente picada (¼ taza)

10 aceitunas Kalamata, sin semilla y picadas (aproximadamente 2 cdas.)

1 Echar las lentejas y el agua en una olla grande; hervir. Tapar, bajar el fuego a medio bajo y cocer hasta que las lentejas estén blandas, aproximadamente 25 minutos; escurrir.

2 Mientras tanto, mezclar el vinagre, la mostaza, el aceite, la sal y la pimienta en una vasija grande.

3 Agregar las lentejas, el apio, los pimientos asados, la cebolla y las aceitunas; revolver para cubrirlos.

CHICA TIP

! A diferencia de las demás legumbres, las lentejas se preparan rápidamente, sin necesidad de remojarlas antes de cocinar. O sea que cuando hagas lentejas, jamás uses las enlatadas, porque tienden a ser demasiado blandas y su sabor no es el mejor.

SELECCIONES/INTERCAMBIOS
1 almidón, ½ grasa

VALORES NUTRICIONALES BÁSICOS
Calorías **110** | Calorías de grasa **20** | Total de grasa **2.5 g** | Grasa saturada **0.4 g** | Grasa trans **0.0 g**
Colesterol **0 mg** | Sodio **170 mg** | Potasio **270 mg** | Total de carbohidratos **15 g**
Fibra alimentaria **6 g** | Azúcares **2 g** | Proteína **6 g** | Fósforo **115 mg**

baby kale and quinoa salad

This protein-packed salad is perfect for a meatless Monday. Quinoa is considered a complete protein, containing all nine essential amino acids needed by our bodies. Add to that a good serving of kale, apple, and cheese and you've got a complete meal!

2 cups water

1 cup uncooked quinoa, rinsed

3 cups loosely packed baby kale (about 3 oz)

1 cup chopped gala apple (6 oz)

½ small red onion, finely chopped (¼ cup)

¼ cup reduced-fat crumbled feta cheese

2 Tbsp raw pumpkin seeds (pepitas; 1 oz)

2 Tbsp white balsamic vinegar

1 Tbsp extra-virgin olive oil

½ tsp salt

1 Bring the water to a boil in a medium saucepan. Add the quinoa and cook until most of the liquid is absorbed. Loosely cover, reduce the heat to low, and cook until the quinoa is fully cooked, about 20 minutes. Rinse under cold running water; drain and transfer to a large bowl.

2 Add the kale, apple, onion, cheese, and pumpkin seeds.

3 Whisk together the vinegar, oil, and salt in a small bowl. Add the dressing to the quinoa mixture and toss until well mixed.

CHICA TIP

! Baby kale is less bitter than the normal-size leaves, making it milder in flavor and more pleasant to eat.

CHOICES/EXCHANGES
2 Starch, ½ Carbohydrate, 1 Lean Protein, 1 Fat

BASIC NUTRITIONAL VALUES
Calories **270** | Calories from Fat **80** | Total Fat **9.0 g** | Saturated Fat **1.8 g** | Trans Fat **0.0 g**
Cholesterol **9 mg** | Sodium **410 mg** | Potassium **440 mg** | Total Carbohydrate **39 g**
Dietary Fiber **5 g** | Sugars **9 g** | Protein **10 g** | Phosphorus **295 mg**

ensalada de quinua y col rizada

Esta ensalada repleta de proteína es perfecta para los lunes sin carne. La quinua se considera una proteína completa, que contiene los nueve aminoácidos esenciales que el cuerpo necesita. Si se le agrega una buena porción de col rizada, manzana y queso, ¡tendrás una comida completa!

2 tazas de agua

1 taza de quinua sin cocer, enjuagada

3 tazas sin apretar de hojas de col rizada tierna (aproximadamente 3 oz)

1 taza de manzana gala, picada (6 oz)

½ cebolla roja pequeña, finamente picada (¼ taza)

¼ taza de queso feta bajo en grasa, desmenuzado

2 cdas. de pepitas de calabaza sin tostar (1 oz)

2 cdas. de vinagre balsámico blanco

1 cda. de aceite de oliva extra virgen

½ cdta. de sal

1 Hervir el agua en una olla mediana. Agregar la quinua y cocer hasta que absorba la mayoría del líquido. Tapar y bajar el fuego, hasta que la quinua esté completamente cocida, aproximadamente 20 minutos. Enjuagar con agua fría; escurrir y pasar a una vasija grande.

2 Agregar la col rizada, la manzana, la cebolla, el queso y las pepitas.

3 Mezclar el vinagre, el aceite y la sal en una vasija pequeña. Agregar el aderezo a la mezcla de quinua y revolver hasta que todo esté bien mezclado.

CHICA TIP

! Los hojas de col rizada tierna (baby kale) no son tan amargas como las hojas de tamaño normal, por lo que su sabor es más suave y agradable.

SELECCIONES/INTERCAMBIOS
2 almidones, ½ carbohidrato, 1 proteína magra, 1 grasa

VALORES NUTRICIONALES BÁSICOS
Calorías **270** | Calorías de grasa **80** | Total de grasa **9.0 g** | Grasa saturada **1.8 g** | Grasa trans **0.0 g**
Colesterol **9 mg** | Sodio **410 mg** | Potasio **440 mg** | Total de carbohidratos **39 g**
Fibra alimentaria **5 g** | Azúcares **9 g** | Proteína **10 g** | Fósforo **295 mg**

tropical slaw

Sweet, tangy, and vinegary is one of my favorite flavor combinations for just about anything—from sauces, stews, and sandwiches to salads. This mango and black bean slaw does not disappoint my taste buds!

¼ cup apple cider vinegar

1 Tbsp canola oil

½ tsp granulated zero-calorie sweetener (such as stevia)

½ tsp salt

1 lb red cabbage, thinly sliced (about 6 cups)

1 (15.5-oz) can black beans, rinsed and drained

1 cup cubed mango (7 oz)

1 bell pepper, thinly sliced (about 1 cup)

2 Tbsp red onion, diced

2 Tbsp chopped fresh cilantro

1 Whisk together the vinegar, oil, sweetener, and salt in a large bowl.

2 Add the cabbage, beans, mango, bell pepper, onion, and cilantro; toss until well mixed. Let stand 15 minutes before serving.

CHICA TIP

! For a midafternoon snack, stuff a slice of turkey breast or ham with 1 Tbsp of slaw and roll. Yum!

CHOICES/EXCHANGES
½ Starch, 1 Nonstarchy Vegetable, ½ Fat

BASIC NUTRITIONAL VALUES
Calories **90** | Calories from Fat **20** | Total Fat **2.0 g** | Saturated Fat **0.2 g** | Trans Fat **0.0 g**
Cholesterol **0 mg** | Sodium **200 mg** | Potassium **310 mg** | Total Carbohydrate **16 g**
Dietary Fiber **4 g** | Sugars **6 g** | Protein **4 g** | Phosphorus **65 mg**

rinde **8 porciones** | tamaño de la porción **1 taza**
tiempo de preparación **15 minutos** | tiempo de cocción **ninguno** | tiempo total **30 minutos y 15 minutos en reposo**

ensalada tropical

Me encanta combinar un toque de vinagre con sabores dulces y ácidos en prácticamente todo, desde salsas y guisados hasta sándwiches y ensaladas. ¡Esta ensalada de mango y frijoles negros no tiene pierde!

¼ taza de vinagre de sidra de manzana

1 cda. de aceite de canola

½ cdta. de endulzante granulado sin calorías (como *stevia*)

½ cdta. de sal

1 lb de col roja en tiras delgadas (aproximadamente 6 tazas)

1 lata (de 15.5 oz) de frijoles negros, enjuagados y escurridos

1 taza (7 oz) de mango en cubos

1 pimiento rojo en tiras delgadas (aproximadamente 1 taza)

2 cdas. de cebolla roja, cortada en cuadritos

2 cdas. de cilantro fresco, picado

1 Mezclar el vinagre, el aceite, el endulzante y la sal en una vasija grande.

2 Agregar la col, los frijoles, el mango, el pimiento rojo, la cebolla y el cilantro; revolver hasta que se mezclen bien. Dejar reposar 15 minutos antes de servir.

CHICA TIP

! Si quieres un bocadillo a mitad de la tarde, rellena una rebanada de jamón de pavo o cerdo con 1 cda. de ensalada de col y enróllala. ¡Qué delicia!

SELECCIONES/INTERCAMBIOS
½ almidón, 1 vegetal sin almidón, ½ grasa

VALORES NUTRICIONALES BÁSICOS
Calorías **90** | Calorías de grasa **20** | Total de grasa **2.0 g** | Grasa saturada **0.2 g** | Grasa trans **0.0 g**
Colesterol **0 mg** | Sodio **200 mg** | Potasio **310 mg** | Total de carbohidratos **16 g**
Fibra alimentaria **4 g** | Azúcares **6 g** | Proteína **4 g** | Fósforo **65 mg**

latin green goddess salad

We Latinos are not known for our salads but we sure do love our avocados. And in this recipe they pair perfectly with the creaminess and sweetness of the peas and the crunchiness of the broccoli. Top that with a tangy green goddess dressing and you have a salad you will be very happy eating!

8 oz broccoli florets (2 cups)

1 lb asparagus, cut into 3-inch pieces

1 cup frozen peas, thawed

½ Hass avocado, diced

¼ cup plain fat-free Greek yogurt

2 scallions, white and light green parts only, coarsely chopped

¼ cup chopped fresh flat-leaf parsley

1 clove garlic

2 Tbsp lemon juice

1 Tbsp extra-virgin olive oil

2 Tbsp water

½ tsp dried dill

½ tsp dried tarragon

½ tsp salt

¼ tsp pepper

1 Fill a large saucepan halfway full with water and bring to a simmer over medium heat. Add the broccoli and asparagus and cook until just tender, about 3 minutes. Add the peas and cook 1 minute longer; drain. Transfer to a large bowl.

2 To make the dressing: Combine the avocado, yogurt, scallions, parsley, garlic, lemon juice, oil, water, dillweed, tarragon, salt, and pepper in a food processor or blender and pulse until smooth.

3 Add the dressing to the broccoli mixture and toss to coat well.

CHOICES/EXCHANGES
1 Nonstarchy Vegetable, 1 Fat

BASIC NUTRITIONAL VALUES
Calories **80** | Calories from Fat **40** | Total Fat **4.5 g** | Saturated Fat **0.6 g** | Trans Fat **0.0 g** | Cholesterol **0 mg** | Sodium **230 mg** | Potassium **340 mg** | Total Carbohydrate **9 g** | Dietary Fiber **4 g** | Sugars **3 g** | Protein **5 g** | Phosphorus **85 mg**

ensalada diosa verde latina

A los latinos no se nos conoce por nuestras ensaladas, pero no hay duda de que nos encantan los aguacates. Y en esta receta se combinan perfectamente con brócoli crocante y chícharos dulces y cremosos. Échenle el aderezo cítrico de las diosas y ¡tendrán una ensalada que los hará muy felices!

8 oz (2 tazas) de cogollitos de brócoli

1 lb de espárragos cortados en pedazos de 3 pulgadas

1 taza de arvejas o chícharos descongelados

½ aguacate Hass cortado en cuadritos

¼ taza de yogur griego descremado de sabor natural

2 cebolletas, (solo la parte blanca y verde pálido) picadas en trozos grandes

¼ taza de perejil fresco de hoja plana, picado

1 diente de ajo

2 cdas. de jugo de limón

1 cda. de aceite de oliva extra virgen

2 cdas. de agua

½ cdta. de eneldo seco

½ cdta. de estragón seco

½ cdta. de sal

¼ cdta. de pimienta

1 Llenar la mitad de una olla grande con agua y calentar a fuego medio. Agregar el brócoli y los espárragos, y cocer hasta que se empiecen a poner blandos, aproximadamente 3 minutos. Agregar las arvejas o chícharos y cocer 1 minuto más; escurrir. Pasar a una vasija grande.

2 Para preparar el aderezo: Echar el aguacate, el yogur, las cebolletas, el perejil, el ajo, el jugo de limón, el aceite, el agua, el eneldo, el estragón, la sal y la pimienta en una licuadora o procesador de alimentos y licuar hasta que la mezcla tenga consistencia uniforme.

3 Agregar el aderezo a la mezcla de brócoli y revolver para cubrirlos bien.

SELECCIONES/INTERCAMBIOS
1 vegetal sin almidón, 1 grasa

VALORES NUTRICIONALES BÁSICOS
Calorías **80** | Calorías de grasa **40** | Total de grasa **4.5 g** | Grasa saturada **0.6 g** | Grasa trans **0.0 g**
Colesterol **0 mg** | Sodio **230 mg** | Potasio **340 mg** | Total de carbohidratos **9 g**
Fibra alimentaria **4 g** | Azúcares **3 g** | Proteína **5 g** | Fósforo **85 mg**

mushroom and egg salad

Egg salad reminds me of my childhood when my mom would make egg or tuna salad sandwiches to take to the beach on Sundays. This is a better-for-you version with half the eggs and the introduction of mushrooms. I must say it is a very exciting salad. It keeps well in the fridge and travels well to the office. Use romaine lettuce leaves to serve as a "taco."

2 Tbsp cider vinegar

2 Tbsp Dijon mustard

1 Tbsp chopped fresh thyme

¼ tsp pepper

1 (8-oz) package mushrooms, finely chopped (about 2½ cups)

1 medium white onion, finely chopped (1 cup)

4 large hard-cooked eggs, chopped

2 large celery ribs, finely chopped (½ cup)

1 Tbsp chopped fresh flat-leaf parsley

¼ tsp salt

1 Whisk together the vinegar, mustard, thyme, and pepper in a large bowl. Add the mushrooms, onion, eggs, celery, parsley, and salt; toss until well mixed.

CHICA TIP

! Serving idea: Serve as an open-face tea sandwich on whole-wheat bread for the perfect lunch, or spoon over endive leaves for a great party appetizer.

CHOICES/EXCHANGES
1 Nonstarchy Vegetable, ½ Fat

BASIC NUTRITIONAL VALUES
Calories **60** | Calories from Fat **20** | Total Fat **2.5 g** | Saturated Fat **0.8 g** | Trans Fat **0.0 g**
Cholesterol **95 mg** | Sodium **210 mg** | Potassium **200 mg** | Total Carbohydrate **4 g**
Dietary Fiber **1 g** | Sugars **2 g** | Protein **5 g** | Phosphorus **90 mg**

ensalada de hongos y huevo

La ensalada de huevo me trae recuerdos de mi niñez cuando mi mamá preparaba sándwiches de huevo o atún para llevar a la playa los domingos. Esta versión es más saludable pues tiene la mitad de los huevos e incluye hongos. Debo decir que es una ensalada deliciosa. Se conserva bien en el refrigerador y se puede llevar a la oficina sin problema. Usen hojas de lechuga romana para servirlas como un taco.

2 cdas. de vinagre de sidra

2 cdas. de mostaza de Dijon

1 cda. de tomillo fresco, picado

¼ cdta. de pimienta

1 paquete (de 8 oz) de hongos finamente picados (aproximadamente 2½ tazas)

1 cebolla blanca mediana, finamente picada (1 taza)

4 huevos duros grandes, picados

2 bases grandes de tallo de apio, finamente picadas (½ taza)

1 cda. de perejil fresco de hoja plana, picado

¼ cdta. de sal

1 Mezclar el vinagre, la mostaza, el tomillo y la pimienta en una vasija grande. Agregar los hongos, la cebolla, los huevos, el apio, el perejil y la sal; revolver hasta que se mezclen bien.

CHICA TIP

! Ideas para servirla: Haz un sándwich sin tapa cubriendo un pan de trigo integral para un almuerzo perfecto, o rellena hojas de endibia con esta ensalada y tendrás un fabuloso bocadito de fiesta.

SELECCIONES/INTERCAMBIOS
1 vegetal sin almidón, ½ grasa

VALORES NUTRICIONALES BÁSICOS
Calorías **60** | Calorías de grasa **20** | Total de grasa **2.5 g** | Grasa saturada **0.8 g** | Grasa trans **0.0 g**
Colesterol **95 mg** | Sodio **210 mg** | Potasio **200 mg** | Total de carbohidratos **4 g**
Fibra alimentaria **1 g** | Azúcares **2 g** | Proteína **5 g** | Fósforo **90 mg**

basil and mint jicama salad

Jicama is a Mexican root vegetable full of probiotics, fiber, and vitamin C. It is very low in calories and has a very low glycemic index, making it a good ingredient for anyone with diabetes. Plus, it is deliciously fresh and crunchy!

2 Tbsp extra-virgin olive oil

2 Tbsp cider vinegar

2 Tbsp fresh orange juice

¼ tsp grated orange zest

¼ tsp cayenne

¼ tsp salt

¼ tsp pepper

½ small jicama (about 10 oz), diced (1½ cups)

1 small zucchini (about 7 oz), diced

1 red bell pepper, diced

1 cup shredded carrots

¼ cup chopped fresh basil

¼ cup chopped fresh mint

1 Whisk together the oil, vinegar, orange juice, orange zest, cayenne, salt, and pepper in a large bowl. Add the jicama, zucchini, bell pepper, carrots, basil, and mint; toss until vegetables are well coated.

CHICA TIP

! For a healthy snack, cut some jicama into sticks and serve with a squeeze of lemon and a sprinkle of chili powder.

CHOICES/EXCHANGES
2 Nonstarchy Vegetable, 1½ Fat

BASIC NUTRITIONAL VALUES
Calories **120** | Calories from Fat **60** | Total Fat **7.0 g** | Saturated Fat **1.0 g** | Trans Fat **0.0 g** | Cholesterol **0 mg** | Sodium **170 mg** | Potassium **430 mg** | Total Carbohydrate **13 g** | Dietary Fiber **6 g** | Sugars **6 g** | Protein **2 g** | Phosphorus **55 mg**

ensalada de jícama con albahaca y menta

La jícama es un tubérculo mexicano que está repleto de probióticos, fibra y vitamina C. Tiene muy pocas calorías y un bajo índice glucémico, por lo que es un buen ingrediente para las personas con diabetes. Además, ¡es deliciosamente fresca y crocante!

2 cdas. de aceite de oliva extra virgen

2 cdas. de vinagre de sidra

2 cdas. de jugo de naranja fresco

¼ cdta. de ralladura de cáscara de naranja

¼ cdta. de pimienta de Cayena

¼ cdta. de sal

¼ cdta. de pimienta

½ jícama pequeña (aproximadamente 10 oz o 1½ tazas), cortada en cuadritos

1 calabacín (*zucchini*) pequeño (aproximadamente 7 oz), cortado en cuadritos

1 pimiento rojo cortado en cuadritos

1 taza de zanahoria rallada

¼ taza de albahaca fresca, picada

¼ taza de menta fresca, picada

1 Mezclar el aceite, el vinagre, el jugo de naranja, la ralladura de cáscara de naranja, la pimienta de Cayena, la sal y la pimienta en una vasija grande. Agregar la jícama, el calabacín, el pimiento rojo, la zanahoria, la albahaca y la menta, y revolver hasta que los vegetales se cubran bien.

CHICA TIP

! Si deseas una merienda saludable, corta un poco de jícama en palitos y sírvela con un chorrito de jugo de limón y un poco de chile en polvo.

SELECCIONES/INTERCAMBIOS
2 vegetales sin almidón,
1½ grasas

VALORES NUTRICIONALES BÁSICOS
Calorías **120** | Calorías de grasa **60** | Total de grasa **7.0 g** | Grasa saturada **1.0 g** | Grasa trans **0.0 g**
Colesterol **0 mg** | Sodio **170 mg** | Potasio **430 mg** | Total de carbohidratos **13 g**
Fibra alimentaria **6 g** | Azúcares **6 g** | Proteína **2 g** | Fósforo **55 mg**

90 roasted sweet potato salad | **91** *ensalada de boniato rostizado*

chapter 5
capítulo 5

chicken and turkey every which way
pollo y pavo de mil y una maneras

chicken and rice

There is nothing more comforting then a nice bowl of *arroz con pollo*. All Latin American countries have their own version of this delicious dish. When I thought of a Latin comfort food book, this is the first recipe that came to my mind. Growing up my mom made a version of this recipe every single week at home and we all looked forward to that day. I am so excited to share this recipe, the flavors are outstanding and the use of the whole-grain rice plus the veggies makes it perfect for all to enjoy. Plus, it is truly a one-pot meal, or what I call a magic recipe. Only one dirty pot and all you have to do is serve it with a salad and you are good to go.

1 lb boneless, skinless chicken breasts, cut into 1-inch chunks

2 tsp Todo Adobo seasoning (page 224), divided

1 Tbsp olive oil

1 red bell pepper, thinly sliced (about 1 cup)

1 green bell pepper, thinly sliced (about 1 cup)

1 small Spanish onion, sliced (about 1 cup)

2 Tbsp tomato paste

3 cloves garlic, minced (about 1 Tbsp)

1 cup whole-grain rice

3 cups water

1 (14.5-oz) can diced tomatoes

1 cup frozen peas and carrots

1 cup frozen cut green beans

⅓ cup sliced Spanish olives

1 cup cilantro, chopped, divided

¼ tsp salt

1 Toss the chicken with 1 tsp of adobo seasoning in a medium bowl until well mixed.

2 Heat the oil in a large nonstick skillet over medium-high heat. Add the chicken and cook until browned, about 5 minutes; transfer to a plate. Add the bell peppers, onion, and the remaining 1 tsp adobo seasoning and cook, stirring occasionally, until the vegetables are just tender, about 8 minutes. Stir in the tomato paste and garlic and cook until fragrant, about 1 minute.

3 Stir in the rice; cook until the grains are well coated, about 1 minute. Add the water, tomatoes, peas, carrots, green beans, olives, ½ cup of cilantro, and the salt. Bring to a boil. Reduce the heat to medium low and simmer, covered, until the liquid is absorbed and the rice is tender, about 20 minutes.

4 Stir in the chicken; heat through. Serve sprinkled with the remaining cilantro.

CHICA TIP

! If you are running low on time, pick up a supermarket rotisserie chicken, shred it, and use in this recipe or any recipe that calls for shredded chicken.

CHOICES/EXCHANGES
1 Starch, 2 Nonstarchy Vegetable, 2 Lean Protein

BASIC NUTRITIONAL VALUES
Calories **220** | Calories from Fat **45** | Total Fat **5.0 g** | Saturated Fat **0.9 g** | Trans Fat **0.0 g** | Cholesterol **35 mg** | Sodium **310 mg** | Potassium **440 mg** | Total Carbohydrate **27 g** | Dietary Fiber **3 g** | Sugars **5 g** | Protein **16 g** | Phosphorus **200 mg**

arroz con pollo

No hay nada más reconfortante que un buen plato de arroz con pollo. Todos los países latinoamericanos tienen su propia versión de este delicioso plato. Cuando tuve la idea de escribir un libro sobre comida latina reconfortante, esta fue la primera receta que se me vino a la mente. Cuando éramos chicos, mi mamá nos preparaba una versión de esta receta todas las semanas, y todos esperábamos ese día con ansias. Me entusiasma compartir esta receta, porque el sabor es fabuloso y el uso de arroz integral y vegetales lo hace perfecto para que todos lo disfruten. Además, realmente es una comida que se prepara en una sola olla: lo que llamo una receta mágica. Se ensucia un solo recipiente y basta servirlo con una ensalada.

1 lb de pechugas de pollo deshuesadas y sin piel, cortadas en trozos de 1 pulgada

2 cdtas. de Todo adobo (pág. 224), en partes

1 cda. de aceite de oliva

1 pimiento rojo en tiras delgadas (aproximadamente 1 taza)

1 pimiento verde en tiras delgadas (aproximadamente 1 taza)

1 cebolla española pequeña en rodajas (aproximadamente 1 taza)

2 cdas. de pasta de tomate

3 dientes de ajo finamente picados (aproximadamente 1 cda.)

1 taza de arroz integral

3 tazas de agua

1 lata (de 14.5 oz) de tomates cortados en cuadritos

1 taza de arvejas o chícharos y zanahorias congeladas

1 taza de habichuelas verdes o ejotes congelados

⅓ taza de aceitunas españolas en rodajas

1 taza de cilantro picado, en partes

¼ cdta. de sal

1. Recubrir el pollo con 1 cdta. de adobo en una vasija mediana.

2. Calentar el aceite en una sartén antiadherente grande a fuego medio alto. Agregar el pollo y dorar, aproximadamente 5 minutos; pasar a un plato. Agregar los pimientos, la cebolla y la cdta. restante de adobo y saltear, revolviendo de vez en cuando, hasta que los vegetales empiecen a ponerse blandos, aproximadamente 8 minutos. Agregar la pasta de tomate y el ajo, revolver y cocer hasta que suelten su aroma, aproximadamente 1 minuto.

3. Añadir el arroz; saltear hasta que los granos estén recubiertos, aproximadamente 1 minuto. Agregar el agua, los tomates, las arvejas y zanahorias, los frijoles verdes, las aceitunas, ½ taza de cilantro y la sal. Hacer hervir. Reducir el fuego a medio bajo, tapar y cocer a fuego lento hasta que el líquido se absorba y el arroz esté blando, aproximadamente 20 minutos.

4. Mezclar el pollo con el arroz; calentar bien. Adornar con el resto del cilantro.

CHICA TIP

! Si tienes poco tiempo, compra un pollo rostizado en el supermercado, desmenuza el pollo y úsalo en esta receta o cualquier receta que pida pollo desmenuzado.

SELECCIONES/INTERCAMBIOS
1 almidón, 2 vegetales sin almidón, 2 proteínas magras

VALORES NUTRICIONALES BÁSICOS
Calorías **220** | Calorías de grasa **45** | Total de grasa **5.0 g** | Grasa saturada **0.9 g** | Grasa trans **0.0 g**
Colesterol **35 mg** | Sodio **310 mg** | Potasio **440 mg** | Total de carbohidratos **27 g**
Fibra alimentaria **3 g** | Azúcares **5 g** | Proteína **16 g** | Fósforo **200 mg**

serves **6** | serving size **1 cup chicken, ½ cup rice + 1⅓ Tbsp yogurt**
prep time **15 minutes** | cook time **30 minutes** | total time **45 minutes**

chicken fricassee

I remember many a Sunday eating chicken fricassee at my grandma Tita's. Eating at her house was quite an event; a meal could take 3–4 hours. She could cook! And boy could she eat! For years, I would make her original recipe, which called for heavy cream and flour. But, as I experimented with healthier ingredients, I was able to find a way to enjoy grandma Tita's fricassee without the guilt, and it tastes just as good! No cream needed here!

4 bone-in skinless chicken thighs (about 1¼ lb), trimmed of excess fat

5 cups cold water

2 medium white onions, coarsely chopped (about 2 cups)

1 cup unsalted chicken broth

1 Tbsp Worcestershire sauce

6 cloves garlic, coarsely chopped (about 3 Tbsp)

Grated zest of 1 lemon, plus more for garnish

1 tsp dried oregano

1 tsp ground cumin

½ tsp salt

½ tsp pepper

½ lb fresh white or green asparagus, cut into 1-inch pieces

¼ cup capers, rinsed and drained

¼ cup chopped fresh flat-leaf parsley, plus more for garnish

3 cups cooked brown rice

½ cup plain fat-free Greek yogurt

1 Place the chicken and cold water in a large saucepot. Add the onions, broth, Worcestershire sauce, garlic, lemon zest, oregano, cumin, salt, and pepper and bring to a boil. Reduce the heat to medium low and simmer, covered, until the chicken is cooked through, about 25 minutes. Remove from the heat.

2 With a slotted spoon, transfer the chicken to a cutting board and let cool.

3 Purée the soup in the saucepot with a hand-held blender (or transfer the soup, in batches, to a food processor or blender and purée).

4 With two forks, shred the chicken from the bone; discard bones. Add the shredded chicken back to saucepot. Add the asparagus, capers, and parsley and bring to a simmer. Cook, stirring occasionally, until the asparagus pieces are tender-crisp, 3–5 minutes.

5 Serve with the rice, top with the yogurt, and garnish with parsley and lemon zest.

CHOICES/EXCHANGES
1½ Starch, 2 Nonstarchy
Vegetable, 2 Lean Protein

BASIC NUTRITIONAL VALUES
Calories **250** | Calories from Fat **45** | Total Fat **5.0 g** | Saturated Fat **1.4 g** | Trans Fat **0.0 g**
Cholesterol **65 mg** | Sodium **450 mg** | Potassium **450 mg** | Total Carbohydrate **34 g**
Dietary Fiber **3 g** | Sugars **4 g** | Protein **18 g** | Phosphorus **270 mg**

fricasé de pollo

Recuerdo los muchos domingos en que comí fricasé de pollo en la casa de mi abuela Tita. Las comidas en su casa eran todo un evento; podían durar hasta tres o cuatro horas. ¡Cocinaba tan bien! ¡Y mi tía comía que daba gusto! Por muchos años preparé su receta original, que lleva crema de leche y harina. Pero al experimentar con ingredientes más saludables, encontré la manera de disfrutar el fricasé de la abuela Tita sin sentirme culpable ¡y sabe igual de bien! ¡No se necesita crema!

4 muslos de pollo con piel y sin hueso (aproximadamente 1¼ lb), desgrasados

5 tazas de agua fría

2 cebollas blancas medianas, picadas en trozos grandes (aproximadamente 2 tazas)

1 taza de caldo de pollo sin sal

1 cda. de salsa inglesa (Worcestershire)

6 dientes de ajo, picados en trozos grandes (aproximadamente 3 cdas.)

Ralladura de 1 limón y más para adornar

1 cdta. de orégano seco

1 cdta. de comino molido

½ cdta. de sal

½ cdta. de pimienta

½ lb de espárragos blancos o verdes frescos, cortados en trozos de 1 pulgada

¼ taza de alcaparras, enjuagadas y escurridas

¼ taza de perejil fresco de hoja plana, picado, y más para adornar

3 tazas de arroz integral cocido

½ taza de yogur griego descremado de sabor natural

1 Colocar el pollo y el agua en una olla grande. Agregar la cebolla, el caldo, la salsa inglesa, el ajo, la ralladura de limón, el orégano, el comino, la sal y la pimienta y hervir. Reducir el fuego a medio bajo, tapar y cocer a fuego lento, hasta que el pollo esté cocido por dentro, aproximadamente 25 minutos. Retirar del fuego.

2 Con una espumadera, pasar el pollo a una tabla de cortar y dejar enfriar.

3 Licuar la sopa en la olla con una licuadora de mano (o en partes, en un procesador de alimentos o licuadora).

4 Con dos tenedores, retirar la carne de los huesos; descartar los huesos. Echar el pollo desmenuzado en la olla. Agregar los espárragos, las alcaparras y el perejil, y cocer a fuego lento. Revolver de vez en cuando, hasta que los espárragos estén cocidos pero crocantes, 3–5 minutos.

5 Servir con arroz, adornar con yogur, perejil y ralladura de limón.

SELECCIONES/INTERCAMBIOS
1½ almidones, 2 vegetales sin almidón, 2 proteínas magras

VALORES NUTRICIONALES BÁSICOS
Calorías **250** | Calorías de grasa **45** | Total de grasa **5.0 g** | Grasa saturada **1.4 g** | Grasa trans **0.0 g**
Colesterol **65 mg** | Sodio **450 mg** | Potasio **450 mg** | Total de carbohidratos **34 g**
Fibra alimentaria **3 g** | Azúcares **4 g** | Proteína **18 g** | Fósforo **270 mg**

oven-baked chicken flautas

I was never a big fan of flautas because they were heavy, fried, and smothered in crema and cheese. Sometimes recreating recipes to find healthier versions leads to an even better outcome than the original. For me, this is a great example of that.

½ cup plain fat-free Greek yogurt

¼ cup chopped fresh cilantro

2 tsp plus 1 Tbsp lime juice, divided

¼ tsp salt

1 Tbsp olive oil

1 onion, thinly sliced (6 oz)

1 green bell pepper, thinly sliced (5 oz)

1 tsp Todo Adobo seasoning (page 224)

2 cups cooked, shredded chicken breast (8 oz)

2 cups baby spinach, coarsely chopped (2 oz)

8 (6-inch) corn tortillas

Nonstick olive oil spray

1. To make the crema, whisk together the yogurt, cilantro, 2 tsp lime juice, and salt. Cover and refrigerate until ready to use.

2. Heat the oil in large nonstick skillet over medium-high heat. Add the onion, bell pepper, and adobo seasoning. Cook, stirring occasionally, until vegetables are tender, about 8 minutes. Remove skillet from heat.

3. Add the chicken, spinach, and remaining 1 Tbsp lime juice, tossing until well mixed. Transfer to bowl. Wipe skillet clean.

4. Stack tortillas between sheets of paper towels and microwave on high until soft, about 45 seconds. Place one tortilla on work surface. Spoon a generous ¼ cup chicken mixture along bottom third of the tortilla and tightly roll up. Repeat with remaining tortillas and filling.

5. Spray the same skillet with nonstick spray and set over medium-high heat. Lightly spray the flautas with nonstick spray. Add half of the flautas, seam-side down, to the skillet and cook, turning, until crisp and golden all over, about 5 minutes. Repeat with the remaining flautas. Serve with the crema.

CHICA TIP

! This chicken filling is perfect as a healthy chicken salad. Make extra and pack it for lunch to serve over some greens.

CHOICES/EXCHANGES
1½ Starch, 1 Nonstarchy Vegetable, 3 Lean Protein

BASIC NUTRITIONAL VALUES
Calories **290** | Calories from Fat **70** | Total Fat **8.0 g** | Saturated Fat **1.4 g** | Trans Fat **0.0 g** | Cholesterol **50 mg** | Sodium **220 mg** | Potassium **470 mg** | Total Carbohydrate **31 g** | Dietary Fiber **4 g** | Sugars **4 g** | Protein **25 g** | Phosphorus **355 mg**

flautas de pollo al horno

Nunca fui muy aficionada a las flautas porque son pesadas, fritas y cubiertas de crema y queso. Pero a veces, adaptar recetas para encontrar versiones más saludables produce un resultado incluso mejor que la versión original. En mi opinión, este es el caso de estas flautas.

½ taza de yogur griego descremado de sabor natural

¼ taza de cilantro fresco picado

2 cdtas. más 1 cda. de jugo de limón verde, en partes

¼ cdta. de sal

1 cda. de aceite de oliva

1 cebolla en rodajas delgadas (6 oz)

1 pimiento verde en tiras delgadas (5 oz)

1 cdta. de Todo adobo (pág. 224)

2 tazas de pechugas de pollo cocidas, desmenuzadas (8 oz)

2 tazas de hojas de espinaca tierna, picados en trozos grandes (2 oz)

8 tortillas de maíz (de 6 pulgadas)

Aceite de oliva antiadherente en aerosol

1 Para preparar la crema, mezclar el yogur, el cilantro, 2 cdtas. de jugo de limón verde y la sal. Tapar y refrigerar hasta el momento de usar.

2 Calentar el aceite en una sartén antiadherente grande a fuego medio alto. Agregar la cebolla, el pimiento y el adobo. Saltear, revolviendo de vez en cuando, hasta que los vegetales estén blandos, aproximadamente 8 minutos. Retirar la sartén del fuego.

3 Agregar el pollo, la espinaca, la cda. restante de jugo de limón verde y revolver hasta mezclar bien. Pasar a una vasija. Limpiar la sartén con un paño.

4 Poner toallas de papel entre las tortillas y calentarlas en el microondas en alto hasta que estén suaves, aproximadamente 45 segundos. Colocar una tortilla sobre la superficie de trabajo. Echar ¼ taza colmada de la mezcla de pollo a lo largo del tercio inferior de la tortilla y enrollar bien apretada. Repetir con el resto de las tortillas y el relleno.

5 Echar aceite en aerosol en la misma sartén y calentar a fuego medio alto. Rociar las flautas con un poco de aceite en aerosol. Echar la mitad de las flautas en la sartén, con la unión hacia abajo y freírlas por ambos lados hasta que estén crocantes y doradas, aproximadamente 5 minutos. Repetir con el resto de las flautas. Servir con la crema.

CHICA TIP

! Este relleno de pollo es perfecto como una saludable ensalada de pollo. Prepara el doble de la receta y llévalo de almuerzo al trabajo sobre una cama de vegetales.

SELECCIONES/INTERCAMBIOS
1½ almidones, 1 vegetal sin almidón, 3 proteínas magras

VALORES NUTRICIONALES BÁSICOS
Calorías **290** | Calorías de grasa **70** | Total de grasa **8.0 g** | Grasa saturada **1.4 g** | Grasa trans **0.0 g**
Colesterol **50 mg** | Sodio **220 mg** | Potasio **470 mg** | Total de carbohidratos **31 g**
Fibra alimentaria **4 g** | Azúcares **4 g** | Proteína **25 g** | Fósforo **355 mg**

peruvian chicken anticucho skewers

Peruvian *anticuchos* date back to the 1600s when the Spaniards brought their ingredients to South America, making garlic, cumin, and vinegar a base for this marinade. The Peruvian touch? The *ají panca*. *Anticuchos* used to be made with llama meat and now they are often made with beef hearts, but you can also find them made out of vegetables, chicken, and fish.

1 lb chicken tenders, cut into
   1-inch chunks

2 Tbsp ají panca paste

2 Tbsp white vinegar

3 cloves garlic, minced

1 tsp ground cumin

½ tsp dried oregano

½ tsp kosher salt

Nonstick olive oil spray

1 Place the chicken, ají panca paste, vinegar, garlic, cumin, oregano, and salt in a large zip-close plastic bag. Squeeze out the air and seal the bag. Refrigerate, turning the bag occasionally, at least 1 hour or overnight.

2 If using wooden skewers, soak 4 (8-inch) wooden skewers in water for 15 minutes.

3 Thread the marinated chicken onto the skewers. Spray a nonstick grill pan with nonstick spray and set over medium-high heat, or spray a grill rack with nonstick spray and preheat the grill to medium high.

4 Place the skewers on the grill pan and grill, turning frequently, until the chicken is cooking through, about 8 minutes.

CHOICES/EXCHANGES
3 Lean Protein

BASIC NUTRITIONAL VALUES
Calories **150** | Calories from Fat **25** | Total Fat **3.0 g** | Saturated Fat **0.8 g** | Trans Fat **0.0 g**
Cholesterol **65 mg** | Sodium **440 mg** | Potassium **240 mg** | Total Carbohydrate **4 g**
Dietary Fiber **2 g** | Sugars **0 g** | Protein **24 g** | Phosphorus **180 mg**

rinde **4 porciones** | tamaño de la porción **1 palito**

tiempo de preparación **10 minutos** | tiempo de cocción **8 minutos** | tiempo total **18 minutos y por lo menos 1 hora de adobado**

anticuchos de pollo a la peruana

Los anticuchos peruanos se remontan al siglo XVII cuando los españoles llevaron sus ingredientes a Sudamérica, incluidos el ajo, el comino y el vinagre que son la base de este adobo. ¿El toque peruano? El ají panca. Se solía hacer anticuchos con carne de llama y ahora se preparan a menudo con corazón de res, pero también se encuentran de vegetales, pollo y pescado.

1 lb de pollo cortado en trozos de 1 pulgada

2 cdas. de ají panca en pasta

2 cdas. de vinagre blanco

3 dientes de ajo finamente picados

1 cdta. de comino molido

½ cdta. de orégano seco

½ cdta. de sal kosher

Aceite de oliva antiadherente en aerosol

1 Colocar el pollo, la pasta de ají panca, el vinagre, el ajo, el comino, el orégano y la sal en una bolsa grande de plástico con cierre. Sacarle el aire y cerrarla. Refrigerar de un día para otro, volteándola de vez en cuando, o adobar por lo menos 1 hora.

2 Si se usan pinchos de madera, remojar 4 (de 8 pulgadas) en agua por 15 minutos.

3 Insertar los trozos de pollo adobado en los pinchos. Echar aceite en aerosol a una asadera antiadherente y asar a fuego medio alto, o echar aceite en aerosol a una sartén con ranuras y calentarla a fuego medio alto.

4 Colocar los pinchos en la sartén y asar, volteándolos con frecuencia, hasta que el pollo esté cocido por dentro, aproximadamente 8 minutos.

SELECCIONES/INTERCAMBIOS
3 proteínas magras

VALORES NUTRICIONALES BÁSICOS
Calorías **150** | Calorías de grasa **25** | Total de grasa **3.0 g** | Grasa saturada **0.8 g** | Grasa trans **0.0 g**
Colesterol **65 mg** | Sodio **440 mg** | Potasio **240 mg** | Total de carbohidratos **4 g**
Fibra alimentaria **2 g** | Azúcares **0 g** | Proteína **24 g** | Fósforo **180 mg**

latin zucchini lasagna

Now you can enjoy your lasagna without the guilt and it's just as good, if not better. I never thought I would be saying this, but... who needs pasta when you can have zucchini? Try it and you will agree—pasta will no longer be missed.

2 large zucchini (about 1¾ lb)

1 Tbsp olive oil

1 onion, chopped (6 oz)

2 poblano peppers, chopped (about 7 oz)

3 cloves garlic, minced

1 lb lean ground turkey

1 tsp dried oregano

½ tsp ground cumin

¼ tsp salt

1 (11-oz) container baby spinach

3 cups lower-fat, lower-sodium marinara sauce (such as Cucina Antica)

¼ cup chopped fresh cilantro

1 cup part-skim ricotta cheese

¼ cup grated Parmesan cheese

1 egg white

½ cup part-skim shredded mozzarella cheese

1 Preheat the oven to 375°F. Line two large baking sheets with foil or parchment paper.

2 With a mandolin or vegetable peeler, slice the zucchini lengthwise into ⅛-inch-thick ribbons. Place the ribbons, in one layer, on the baking sheets and bake until softened, about 20 minutes. Leave the oven on after removing the cooked ribbons.

3 Meanwhile, heat the oil in a large nonstick skillet over medium-high heat. Add the onion, poblanos, and garlic and cook, stirring occasionally, until the vegetables are tender, about 8 minutes. Add the turkey, oregano, cumin, and salt and cook, breaking up the turkey with a wooden spoon, until browned, about 5 minutes. Add the spinach, in batches, and cook until wilted. Stir in the marinara sauce and cilantro; remove from the heat.

4 In a small bowl, combine the ricotta, Parmesan, and egg white until well mixed.

5 To assemble the lasagna, spoon one-quarter of the turkey mixture on the bottom of a 9 × 9-inch baking dish. Top with a layer of zucchini (overlapping the slices slightly), half of the ricotta mixture, and another one-quarter of the turkey mixture. Sprinkle with 2 Tbsp of the mozzarella. Repeat layering with the zucchini, ricotta, turkey mixture, and mozzarella. Then top with a final layer of zucchini, the remaining turkey mixture, and the remaining mozzarella.

6 Bake, uncovered, until the filling is hot and the edges are bubbly, about 45 minutes. Let stand 10 minutes before serving.

CHICA TIP

! Cook once, eat twice. Make two lasagnas at the same time but freeze one unbaked. Just make sure to wrap it very well in plastic wrap. Defrost in the fridge overnight prior to baking.

CHOICES/EXCHANGES
2 Nonstarchy Vegetable, 2 Lean Protein, 2 Fat

BASIC NUTRITIONAL VALUES
Calories **240** | Calories from Fat **110** | Total Fat **12.0 g** | Saturated Fat **4.9 g** | Trans Fat **0.0 g** | Cholesterol **60 mg** | Sodium **450 mg** | Potassium **1010 mg** | Total Carbohydrate **14 g** | Dietary Fiber **4 g** | Sugars **5 g** | Protein **21 g** | Phosphorus **310 mg**

lasaña latina de calabacín

Ahora pueden disfrutar una lasaña sin sentirse culpables, y es tan rica, si no mejor que las demás. Nunca pensé que lo diría, pero… ¿quién necesita fideos cuando puede comer calabacín? Pruébenla y, estarán de acuerdo: dejarán de extrañar la pasta.

2 calabacines grandes (aproximadamente 1¾ lb)

1 cda. de aceite de oliva

1 cebolla picada (6 oz)

2 chiles poblanos picados (aproximadamente 7 oz)

3 dientes de ajo finamente picados

1 lb de carne molida de pavo magra

1 cdta. de orégano seco

½ cdta. de comino molido

¼ cdta. de sal

1 recipiente (de 11 oz) de hojas de espinaca tierna

3 tazas de salsa marinara con poco sodio y grasa reducida (como Cucina Antica)

¼ taza de cilantro fresco, picado

1 taza de queso ricota parcialmente descremado

¼ taza de queso parmesano, rallado

1 clara de huevo

½ taza de queso mozzarella rallado parcialmente descremado

1 Calentar el horno a 375°F. Forrar dos latas grandes de hornear con papel aluminio o manteca.

2 Con una mandolina o pelador de vegetales, cortar los calabacines en tiras de ⅛ pulgada de grosor, a lo largo. Colocar las tiras en una capa en las latas y hornear hasta que se ablanden, aproximadamente 20 minutos. Dejar el horno prendido tras retirar las tiras cocidas.

3 Mientras tanto, calentar el aceite en una sartén antiadherente grande a fuego medio alto. Agregar la cebolla, los chiles poblanos y el ajo, y saltear, revolviendo de vez en cuando, hasta que los vegetales estén blandos, aproximadamente 8 minutos. Agregar el pavo, el orégano, el comino y la sal y cocer, separando el pavo con una cuchara de palo, hasta que se dore, aproximadamente 5 minutos. Agregar la espinaca en partes y saltear hasta que se marchite. Agregar la salsa marinara y cilantro; retirar del fuego.

4 En una vasija pequeña, mezclar bien el queso ricota y parmesano, y la clara de huevo.

5 Para armar la lasaña, echar un cuarto de la mezcla de pavo en una fuente para hornear de 9 × 9 pulgadas. Cubrir el fondo con una capa de calabacín (de manera que las tajadas se sobrepongan un poco), la mitad de la mezcla de ricota y otro cuarto de la mezcla de pavo. Echar 2 cdas. de mozzarella. Repetir las capas con el calabacín, el queso ricota, el pavo y la mozzarella. Luego colocar la capa final de calabacín, el pavo restante y la mozzarella restante.

6 Hornear sin tapar, hasta que el relleno esté caliente y los bordes estén burbujeantes, aproximadamente 45 minutos. Poner de lado 10 minutos antes de servir.

CHICA TIP

! **Cocina una vez, come dos veces. Prepara dos lasañas a la vez pero congela una sin hornear. Simplemente asegúrate de envolverla bien con lámina de plástico. Recuerda descongelarla en el refrigerador de un día para otro, antes de hornear.**

SELECCIONES/INTERCAMBIOS
2 vegetales sin almidón, 2 proteínas magras, 2 grasas

VALORES NUTRICIONALES BÁSICOS
Calorías **240** | Calorías de grasa **110** | Total de grasa **12.0 g** | Grasa saturada **4.9 g** | Grasa trans **0.0 g**
Colesterol **60 mg** | Sodio **450 mg** | Potasio **1010 mg** | Total de carbohidratos **14 g**
Fibra alimentaria **4 g** | Azúcares **5 g** | Proteína **21 g** | Fósforo **310 mg**

serves **4** | serving size **1 topped chicken cutlet**
prep time **10 minutes** | cook time **8 minutes** | total time **18 minutes plus at least 30 minutes marinating time**

chicken à la mexican pizza

Pollo a la Pizza or *pollo a la Napolitana*, as it is also called, hails from Buenos Aires, Argentina. It was named after the restaurant of its inception, Napoli de Jorge La Grotta, when a chef overcooked a chicken Milanese and decided to fix it by topping it with pizza ingredients. So here is a dough-less pizza perfect if you are watching your carb intake. And just like with pizza, the topping options are limitless, so feel free to create your own!

4 (4-oz) thin-sliced chicken cutlets

2 Tbsp sherry vinegar

1 Tbsp chopped fresh rosemary

3 tsp olive oil, divided

2 cloves garlic, minced

¼ tsp salt

½ cup lower-fat, lower-sodium marinara sauce (such as Cucina Antica)

4 thin slices reduced-fat Monterey Jack cheese (2 oz total)

4 Tbsp chopped scallions

4 Tbsp chopped fresh cilantro

1 Place the chicken, vinegar, rosemary, 1 tsp oil, garlic, and salt in a large zip-close plastic bag. Squeeze out the air and seal the bag. Refrigerate, turning the bag occasionally, at least 30 minutes or up to 4 hours.

2 Remove the chicken from the marinade; discard the marinade. Blot chicken dry with paper towels. Heat the remaining 2 tsp oil in a large nonstick skillet over medium-high heat. Add the chicken and cook, without turning, 4 minutes.

3 Turn the chicken. Top each piece with 2 Tbsp of marinara sauce, 1 slice of cheese, 1 Tbsp scallions, and 1 Tbsp of cilantro. Cover and cook, over medium heat, until the chicken is cooked through and the cheese is melted, 3–4 minutes.

CHOICES/EXCHANGES
4 Lean Protein

BASIC NUTRITIONAL VALUES
Calories **210** | Calories from Fat **80** | Total Fat **9.0 g** | Saturated Fat **3.2 g** | Trans Fat **0.0 g**
Cholesterol **75 mg** | Sodium **310 mg** | Potassium **330 mg** | Total Carbohydrate **3 g**
Dietary Fiber **1 g** | Sugars **1 g** | Protein **28 g** | Phosphorus **250 mg**

pollo a la pizza mexicana

El pollo a la pizza o pollo a la napolitana, como también lo llaman, proviene de Buenos Aires, Argentina. Lleva el nombre del restaurante donde se creó, Napoli, de Jorge La Grotta, cuando un chef coció en exceso una milanesa de pollo y decidió salvarla echándole encima los ingredientes de la pizza. O sea que es una perfecta pizza sin masa si estás midiendo los carbohidratos que consumes. Y al igual que la pizza, las opciones de ingredientes para echarle encima son ilimitadas, o sea que ¡crea tu propia versión con toda libertad!

4 milanesas de pollo delgadas (de 4 oz)

2 cdas. de vinagre de jerez

1 cda. de romero fresco, picado

3 cdtas. de aceite de oliva, en partes

2 dientes de ajo finamente picados

¼ cdta. de sal

½ taza de salsa marinara con poco sodio y grasa reducida (como Cucina Antica)

4 tajadas de queso Monterey Jack bajo en grasa (2 oz total)

4 cdas. de cebolletas picadas

4 cdas. de cilantro fresco, picado

1 Colocar el pollo, el vinagre, el romero, 1 cdta. de aceite, el ajo y la sal en una bolsa grande de plástico con cierre. Sacarle el aire y cerrarla. Refrigerar, volteándola de vez en cuando, por lo menos 30 minutos o hasta 4 horas.

2 Retirar el pollo del adobo; descartar el adobo. Secar el pollo con toallas de papel. Calentar las 2 cdtas. restantes de aceite en una sartén antiadherente grande a fuego medio alto. Agregar el pollo y dorar, sin voltear, 4 minutos.

3 Voltear el pollo. Echar encima de cada milanesa 2 cdas. de salsa marinara, 1 tajada de queso, 1 cda. de cebolletas y 1 cda. de cilantro. Tapar y cocer a fuego medio, hasta que el pollo esté cocido por dentro y el queso derretido, 3–4 minutos.

SELECCIONES/INTERCAMBIOS
4 proteínas magras

VALORES NUTRICIONALES BÁSICOS
Calorías **210** | Calorías de grasa **80** | Total de grasa **9.0 g** | Grasa saturada **3.2 g** | Grasa trans **0.0 g**
Colesterol **75 mg** | Sodio **310 mg** | Potasio **330 mg** | Total de carbohidratos **3 g**
Fibra alimentaria **1 g** | Azúcares **1 g** | Proteína **28 g** | Fósforo **250 mg**

guisado chicken stew

This delicious and healthy version of *pollo guisado* has all the flavors of the original but much less fat and fewer calories. Skinless chicken breast replaces fatty, skin-on chicken thighs, the veggies are doubled, and the salt is reduced. My healthy natural Todo Adobo seasoning (page 224), full of annatto (a natural spice from the achiote tree, with a slightly peppery taste, that is often used for coloring), does the trick to give this chicken stew its red color. Served over brown rice, this is comfort in a bowl.

1 Tbsp olive oil

1 onion, chopped (1 cup)

1 red bell pepper, finely chopped (1 cup)

3 cloves garlic, minced

2 cups cooked shredded chicken breast (8 oz)

1 (14.5-oz) can no-salt-added diced tomatoes

1 (14-oz) can unsalted chicken broth

2 tsp tomato paste

¼ cup pitted green olives

1 Tbsp Todo Adobo seasoning (page 224)

⅛ tsp salt

1 (10-oz) bag frozen mixed vegetables, thawed

3 Tbsp chopped fresh cilantro

1 Heat the oil in a large nonstick skillet over medium-high heat. Add the onion, bell pepper, and garlic. Cook, stirring occasionally, until the onion and pepper are tender, about 8 minutes.

2 Add the chicken, tomatoes, broth, tomato paste, olives, adobo seasoning, and salt; bring to a boil. Reduce the heat to medium low. Cover and simmer, stirring occasionally, until the flavors are blended, about 10 minutes.

3 Add the mixed vegetables and cilantro and cook until the vegetables are heated through, about 5 minutes.

CHOICES/EXCHANGES
½ Starch, 3 Nonstarchy Vegetable, 2 Lean Protein, ½ Fat

BASIC NUTRITIONAL VALUES
Calories **240** | Calories from Fat **60** | Total Fat **7.0 g** | Saturated Fat **1.3 g** | Trans Fat **0.0 g** | Cholesterol **50 mg** | Sodium **350 mg** | Potassium **720 mg** | Total Carbohydrate **21 g** | Dietary Fiber **6 g** | Sugars **8 g** | Protein **22 g** | Phosphorus **230 mg**

guisado de pollo

Esta versión deliciosa y saludable del pollo guisado tiene todos los sabores de la receta original pero mucho menos grasa y calorías. Se usa pechuga de pollo sin piel en vez de muslos con piel y grasa, se usa el doble de los vegetales, y se reduce la sal. El truco para darle el color rojo a este pollo guisado es mi saludable Todo adobo natural (pág. 224), repleto de achiote (una especia natural del arbusto del mismo nombre, con sabor parecido a la pimienta, que se usa con frecuencia para darle color a la comida). Sirve sobre arroz integral para una comida casera como ninguna otra.

1 cda. de aceite de oliva

1 cebolla picada (1 taza)

1 pimiento rojo finamente picado (1 taza)

3 dientes de ajo finamente picados

2 tazas de pechuga de pollo cocida y desmenuzada (8 oz)

1 lata (de 14.5 oz) de tomates sin sal agregada, cortados en cuadritos

1 lata (de 14 oz) de caldo de pollo sin sal

2 cdtas. de pasta de tomate

¼ taza de aceitunas verdes sin pepa

1 cda. de Todo adobo (pág. 224)

⅛ cdta. de sal

1 bolsa (de 10 oz) de vegetales mixtos descongelados

3 cdas. de cilantro fresco, picado

1 Calentar el aceite en una sartén antiadherente grande a fuego medio alto. Agregar la cebolla, el pimiento rojo y el ajo. Saltear, revolviendo de vez en cuando, hasta que la cebolla y el pimiento estén blandos, aproximadamente 8 minutos.

2 Agregar el pollo, los tomates, el caldo, la pasta de tomate, las aceitunas, el adobo y la sal; hervir. Reducir el fuego a medio bajo. Tapar y cocer a fuego lento, revolviendo de vez en cuando, hasta que los sabores se combinen, aproximadamente 10 minutos.

3 Agregar los vegetales mixtos y el cilantro, y cocer hasta que los vegetales estén calientes por dentro, aproximadamente 5 minutos.

SELECCIONES/INTERCAMBIOS
½ almidón, 3 vegetales sin almidón, 2 proteínas magras, ½ grasa

VALORES NUTRICIONALES BÁSICOS
Calorías **240** | Calorías de grasa **60** | Total de grasa **7.0 g** | Grasa saturada **1.3 g** | Grasa trans **0.0 g**
Colesterol **50 mg** | Sodio **350 mg** | Potasio **720 mg** | Total de carbohidratos **21 g**
Fibra alimentaria **6 g** | Azúcares **8 g** | Proteína **22 g** | Fósforo **230 mg**

peruvian chicken saltado

This is the "cousin" of Peruvian beef *saltado*. As much as I love beef, I make an effort to eat it less often than I used to. When making this with chicken, I feel I still get most of the flavors of the beef version; it's healthier and equally satisfying. To me, this is as real as food gets. It's rustic, fast, and comforting and the recipe can be easily doubled or halved to serve a bunch of people or just yourself. The original Peruvian *saltado*, even when made with chicken, always incudes mixing in French fries. I have never made it that way because it does not need it and I don't do any frying in my home as a rule.

1 lb chicken tenders

¼ tsp salt

¼ tsp pepper

3 tsp olive oil, divided

1 red onion, thinly sliced (6 oz)

2 large tomatoes, cored, halved, and sliced (1 lb)

2 cloves garlic, minced

2 tsp reduced-sodium soy sauce

2 tsp red wine vinegar

1 Sprinkle the chicken with the salt and pepper. Heat 2 tsp oil in a large nonstick skillet over medium-high heat. Add the chicken and cook until browned, about 6 minutes. Transfer to a plate.

2 Add the onion and the remaining 1 tsp oil and cook, stirring occasionally, until softened, about 5 minutes. Add the tomatoes, garlic, soy sauce, and vinegar, and cook, stirring occasionally, until the tomatoes are softened, about 5 minutes.

3 Return the chicken to the skillet and heat through.

CHOICES/EXCHANGES
2 Nonstarchy Vegetable, 3 Lean Protein

BASIC NUTRITIONAL VALUES
Calories **200** | Calories from Fat **50** | Total Fat **6.0 g** | Saturated Fat **1.3 g** | Trans Fat **0.0 g** | Cholesterol **65 mg** | Sodium **300 mg** | Potassium **510 mg** | Total Carbohydrate **9 g** | Dietary Fiber **2 g** | Sugars **4 g** | Protein **25 g** | Phosphorus **215 mg**

pollo saltado peruano

Este es el "primo" del Lomo saltado peruano. Por más que me encanta la carne de res, hago un esfuerzo por comerla con menos frecuencia que antes. Cuando lo preparo con pollo, creo que logro la mayoría de los sabores de la versión con carne, pero esta es más saludable e igualmente satisfactoria. En mi opinión, no tiene par. Es rústico, rápido y reconfortante, y se puede preparar el doble o la mitad de la receta fácilmente para servirla a mucha gente o una sola persona. El saltado peruano original, incluso hecho con pollo, siempre incluye papas fritas. Nunca lo he preparado así porque no las necesita y la regla en casa es jamás freír nada.

1 lb de tiras de pollo

¼ cdta. de sal

¼ cdta. de pimienta

3 cdtas. de aceite de oliva, en partes

1 cebolla roja en rodajas delgadas (6 oz)

2 tomates grandes, sin el centro, cortados por la mitad y en rodajas (1 lb)

2 dientes de ajo finamente picados

2 cdtas. de salsa de soya con poca sal

2 cdtas. de vinagre tinto

1 Condimentar el pollo con sal y pimienta. Calentar 2 cdtas. de aceite en una sartén antiadherente grande a fuego medio alto. Agregar el pollo y dorar, aproximadamente 6 minutos. Pasar a un plato.

2 Agregar la cebolla y la cdta. restante de aceite y saltear, revolviendo de vez en cuando, hasta que se ablande, aproximadamente 5 minutos. Añadir los tomates, el ajo, la salsa de soya y el vinagre, y saltear, revolviendo de vez en cuando, hasta que los tomates se ablanden, aproximadamente 5 minutos.

3 Volver a echar el pollo a la sartén y calentar bien.

SELECCIONES/INTERCAMBIOS
2 vegetales sin almidón,
3 proteínas magras

VALORES NUTRICIONALES BÁSICOS
Calorías **200** | Calorías de grasa **50** | Total de grasa **6.0 g** | Grasa saturada **1.3 g** | Grasa trans **0.0 g**
Colesterol **65 mg** | Sodio **300 mg** | Potasio **510 mg** | Total de carbohidratos **9 g**
Fibra alimentaria **2 g** | Azúcares **4 g** | Proteína **25 g** | Fósforo **215 mg**

chorizo-stuffed chicken breasts

I love making this dish when I have dinner parties! The presentation is beautiful, making you look like a top chef, yet it is so easy to make. The amount of chorizo in the stuffing is just enough to give it a kick of flavor, adding to the excitement while still keeping calories at bay.

Nonstick olive oil spray

1 (2.5-oz) link Mexican fresh chorizo, casing removed

½ onion, chopped (about ½ cup)

3 Tbsp minced garlic, divided

¾ tsp Todo Adobo seasoning (page 224), divided

2 cups packed baby spinach (about 3 oz)

¼ cup part-skim ricotta cheese

4 (4-oz) boneless, skinless chicken breasts

1 cup petite diced tomatoes

½ cup roasted red bell peppers (packed in water), coarsely chopped (5 oz)

1 Tbsp cider vinegar

1 tsp ground cumin

1½ tsp paprika

1 Tbsp olive oil

1   Spray a large nonstick skillet with nonstick spray and set over medium-high heat. Add the chorizo and cook, breaking it apart with a wooden spoon, until browned, 3–4 minutes. Add the onion, 1 Tbsp garlic, and ¼ tsp adobo seasoning. Cook, stirring occasionally, until the onion is softened, about 5 minutes. Add the spinach and cook until wilted, about 2 minutes. Remove from the heat; stir in the ricotta.

2   Meanwhile, place each chicken breast between 2 sheets of plastic wrap or wax paper. With a meat mallet or rolling pin, gently pound to ¼-inch thickness. Sprinkle the chicken with the remaining adobo seasoning. Place one-fourth of the filling on the bottom third of each breast and roll up. Wrap each roll, seam side down, in plastic wrap, twisting the ends closed, then wrap in foil, sealing the ends well. Place the rolls in a large pot with enough cold water to cover and bring to a boil. Reduce the heat to medium low. Cover and simmer until cooked through, about 18 minutes.

3   To make the sauce, place the tomatoes, remaining 2 Tbsp garlic, roasted pepper, vinegar, cumin, and paprika in a food processor or blender and pulse until smooth.

4   Heat the oil in a small saucepan over medium heat. Add the sauce and bring to a simmer. Cook, stirring often, until the sauce is heated through and the flavors are blended, about 5 minutes.

5   Once cool enough to handle, unwrap the chicken rolls and transfer to a work surface. Cut each roll diagonally into 4 slices. Transfer to a platter and serve with the sauce.

CHOICES/EXCHANGES
2 Nonstarchy Vegetable, 4 Lean Protein, 1½ Fat

BASIC NUTRITIONAL VALUES
Calories **300** | Calories from Fat **140** | Total Fat **15.0 g** | Saturated Fat **4.6 g** | Trans Fat **0.0 g** | Cholesterol **85 mg** | Sodium **440 mg** | Potassium **660 mg** | Total Carbohydrate **11 g** | Dietary Fiber **2 g** | Sugars **4 g** | Protein **32 g** | Phosphorus **275 mg**

pechugas de pollo rellenas con chorizo

¡Me encanta preparar este platillo cuando tengo invitados a cenar! Tiene una linda presentación que parece de chef profesional, a pesar de lo fácil que es. La cantidad de chorizo en el relleno basta para darle un toque de sabor y hacerlo emocionante, pero sin aumentar mucho las calorías.

Aceite de oliva antiadherente en aerosol

1 chorizo mexicano fresco (de 2.5 oz) pelado

½ cebolla picada (aproximadamente ½ taza)

3 cdas. de ajo finamente picado, en partes

¾ cdta. de Todo adobo (pág. 224), en partes

2 tazas colmadas de hojas de espinaca tierna (aproximadamente 3 oz)

¼ taza de queso ricota parcialmente descremado

4 pechugas de pollo (de 4 oz cada una) deshuesadas y sin piel

1 taza de tomates cortados en cuadritos chicos

½ taza de pimientos morrones asados (envasados en agua), picados en trozos grandes (5 oz)

1 cda. de vinagre de sidra

1 cdta. de comino molido

1½ cdta. de pimentón (*paprika*)

1 cda. de aceite de oliva

1 Echar aceite en aerosol a una sartén grande antiadherente y calentar a fuego medio alto. Agregar el chorizo y dorar, separándolo con una cuchara de palo, hasta que se dore, 3–4 minutos. Agregar la cebolla, 1 cda. de ajo y ¼ cdta. de adobo. Saltear, revolviendo de vez en cuando, hasta que la cebolla se ablande, aproximadamente 5 minutos. Agregar la espinaca y cocer hasta que se marchite, aproximadamente 2 minutos. Retirar del fuego; agregar el queso ricota y revolver.

2 Mientras tanto, colocar cada pechuga de pollo entre 2 láminas de plástico u hojas de papel encerado. Usar un mazo o rodillo hasta que tenga ¼ pulgada de grosor. Echar el resto del adobo al pollo. Colocar un cuarto del relleno en el tercio inferior de cada pechuga y enrollar. Envolver cada enrollado, con la unión hacia abajo, sobre lámina de plástico y retorcer los extremos para cerrarlos, luego envolver con papel aluminio y cerrar los extremos también. Colocar los enrollados en una olla grande con suficiente agua fría para taparlos y hervir. Tapar y cocer a fuego medio bajo hasta que la carne esté bien cocida, aproximadamente 18 minutos.

3 Para preparar la salsa, licuar los tomates, las 2 cdas. restantes de ajo, los pimientos asados, el vinagre, el comino y el pimentón (paprika) en un procesador de alimentos o licuadora hasta que la salsa tenga consistencia uniforme.

4 Calentar el aceite en una olla pequeña a fuego medio. Agregar la salsa y cocer a fuego lento. Revolver con frecuencia hasta que la salsa esté totalmente caliente y los sabores se hayan combinado, aproximadamente 5 minutos.

5 Cuando estén suficientemente fríos al tacto, abrir los enrollados de pollo y pasarlos a la superficie de trabajo. Cortar cada enrollado en diagonal en 4 tajadas. Pasarlos a una fuente y servir con la salsa.

SELECCIONES/INTERCAMBIOS
2 vegetales sin almidón,
4 proteínas magras, 1½ grasas

VALORES NUTRICIONALES BÁSICOS
Calorías **300** | Calorías de grasa **140** | Total de grasa **15.0 g** | Grasa saturada **4.6 g** | Grasa trans **0.0 g**
Colesterol **85 mg** | Sodio **440 mg** | Potasio **660 mg** | Total de carbohidratos **11 g**
Fibra alimentaria **2 g** | Azúcares **4 g** | Proteína **32 g** | Fósforo **275 mg**

serves 5 | serving size ½ cup chicken with about ¼ cup pickled onions
prep time 20 minutes | cook time 40 minutes | total time 1 hour + at least 1 hour marinating time

yucatan-style chicken breasts

If flavor is what you're looking for, then you've come to the right recipe. This chicken version of Mexico's pork dish *cochinita pibil* sure packs it. The original Yucatan dish made with pork butt, although delicious, is very high in fat. Plus, it can take over 3 hours to cook. Who's got time for that?

¼ tsp grated orange zest

¼ cup fresh orange juice

3 Tbsp distilled white vinegar

2 Tbsp lime juice (1 lime)

2 Tbsp chopped fresh cilantro

2 cloves garlic, minced

½ habanero chile, seeded and minced (about 1 tsp)

1 tsp dried oregano

½ tsp annatto powder

¼ tsp ground cumin

¼ tsp ground allspice

¼ tsp ground cloves

¼ tsp salt

¼ tsp pepper

1½ lb boneless, skinless chicken breasts

2 frozen banana leaves (about 12 × 25 inches), thawed (from a 16-oz package)

1¼ cups Pickled Onions (page 226)

1 Combine the orange zest, orange juice, vinegar, lime juice, cilantro, garlic, habanero, oregano, annatto, cumin, allspice, cloves, salt, and pepper in a large zip-close plastic bag. Add the chicken. Squeeze out the air and seal the bag. Refrigerate, turning the bag occasionally, at least 1 hour.

2 Preheat the oven to 400°F.

3 Line the bottom and sides of a nonstick Dutch oven with two 25-inch-long sheets of foil, letting the foil overhang the sides of the pot. Place one banana leaf, lengthwise, in the Dutch oven, pressing the leaf to fit the pot and letting the ends of the leaf overhang the edges of the pot. Repeat with a second banana leaf, running crosswise.

4 Put the chicken and marinade into the Dutch oven. Fold the overhanging banana leaves and the foil over the chicken to cover entirely. Place the lid on the Dutch oven and bake until the chicken is cooked through, about 40 minutes.

5 Transfer the chicken to a cutting board, reserving the pan juices in Dutch oven but discarding the banana leaves. With two forks, shred the chicken. Transfer the chicken and pan juices to a large bowl. Serve with the pickled onions.

CHICA TIP

! This chicken is perfect for taco night. Just serve with corn tortillas and top with the Tropical Slaw on page 100.

CHOICES/EXCHANGES
½ Carbohydrate, 3 Lean Protein

BASIC NUTRITIONAL VALUES
Calories **180** | Calories from Fat **30** | Total Fat **3.5 g** | Saturated Fat **1.0 g** | Trans Fat **0.0 g**
Cholesterol **80 mg** | Sodium **240 mg** | Potassium **350 mg** | Total Carbohydrate **7 g**
Dietary Fiber **1 g** | Sugars **3 g** | Protein **29 g** | Phosphorus **225 mg**

pollo pibil

Si lo que buscan es sabor, esta es la receta perfecta. Esta versión de pollo de la cochinita pibil de México es sabrosísima. Si bien la receta original de Yucatán que se prepara con paleta de cerdo, es exquisita, tiene un alto contenido de grasa. Además se debe cocer más de 3 horas. ¿Quién tiene tiempo para eso?

¼ cdta. de ralladura de cáscara de naranja

¼ taza de jugo de naranja recién exprimido

3 cdas. de vinagre blanco destilado

2 cdas. de jugo de limón verde (1 limón)

2 cdas. de cilantro fresco picado

2 dientes de ajo finamente picados

½ chile habanero sin semillas, finamente picado (aproximadamente 1 cdta.)

1 cdta. de orégano seco

½ cdta. de achiote en polvo

¼ cdta. de comino molido

¼ cdta. de pimienta inglesa molida

¼ cdta. de clavo de olor molido

¼ cdta. de sal

¼ cdta. de pimienta

1 ½ lb de pechugas de pollo deshuesadas y sin piel

2 hojas de plátano descongeladas (de aproximadamente 12 × 25 pulgadas, de un paquete de 16 oz)

1¼ tazas de cebollas encurtidas (pág. 226)

1 Mezclar la ralladura de cáscara de naranja, el jugo de naranja, el vinagre, el jugo de limón verde, el cilantro, el ajo, el habanero, el orégano, el achiote, el comino, la pimienta inglesa, el clavo de olor, la sal y la pimienta en una bolsa grande de plástico con cierre. Agregar el pollo. Sacar el aire y cerrar. Refrigerar, volteando la bolsa de vez en cuando, por lo menos 1 hora.

2 Calentar el horno a 400°F.

3 Forrar el fondo y los costados de una cazuela antiadherente de hierro con dos hojas de 25 pulgadas de largo de papel aluminio, dejando que el papel aluminio sobresalga. Colocar una hoja de plátano, a lo largo, en la cazuela, presionándola para que quepa en la olla y dejando que los extremos de la hoja sobresalgan. Repetir con una segunda hoja de plátano, en el sentido contrario.

4 Pasar el pollo y el adobo a la cazuela. Doblar las hojas de plátano que sobresalen y el papel aluminio sobre el pollo para taparlo del todo. Tapar la cazuela y hornear hasta que el pollo esté cocido por dentro, aproximadamente 40 minutos.

5 Pasar el pollo a una tabla de cortar. Guardar el jugo en la cazuela pero descartar las hojas de plátano. Con dos tenedores, desmenuzar el pollo. Pasar el pollo y el jugo a una vasija grande. Servir con cebollas encurtidas.

CHICA TIP

! Este pollo es perfecto para una "noche de tacos". Sirve con tortillas de maíz y la ensalada tropical de col de la pág. 101.

SELECCIONES/INTERCAMBIOS
½ carbohidrato, 3 proteínas magras

VALORES NUTRICIONALES BÁSICOS
Calorías **180** | Calorías de grasa **30** | Total de grasa **3.5 g** | Grasa saturada **1.0 g** | Grasa trans **0.0 g**
Colesterol **80 mg** | Sodio **240 mg** | Potasio **350 mg** | Total de carbohidratos **7 g**
Fibra alimentaria **1 g** | Azúcares **3 g** | Proteína **29 g** | Fósforo **225 mg**

chicken tinga poblana

This classic Mexican stew from Puebla, Mexico, is intensely rich in flavor and spices. It hits the spot every time. Serve either inside a tortilla or over a bowl of brown rice or quinoa and enjoy!

1 lb boneless, skinless chicken breasts

2 bay leaves

1 (14.5-oz) can no-salt-added petite diced tomatoes

¼ cup plus 2 Tbsp chopped fresh cilantro, divided

2 chipotle chilies in adobo

2 Tbsp adobo sauce from the chipotles

1 Tbsp cider vinegar

2 cloves garlic, chopped

½ tsp dried thyme

½ tsp dried marjoram or dried oregano

⅛ tsp salt

1 Tbsp canola oil

1 onion, thinly sliced

1 Place the chicken, bay leaves, and enough cold water to cover in a medium saucepan; bring to a simmer. Cover and simmer until the chicken is cooked through, about 15 minutes; drain. Discard the bay leaves. Transfer the chicken to a cutting board. Let cool, then shred with two forks. Set aside.

2 Meanwhile, purée the tomatoes, ¼ cup cilantro, chipotle chilies, adobo sauce, vinegar, garlic, thyme, marjoram, and salt in a food processor or blender.

3 Heat the oil in a large nonstick skillet over medium-high heat. Add the onion and cook, stirring occasionally, until the onion is softened, about 8 minutes. Add the tomato mixture and the shredded chicken. Cook, over medium heat, stirring occasionally, until the flavors are blended and the chicken is heated through, about 10 minutes. Sprinkle with the remaining 2 Tbsp cilantro.

CHICA TIP

! For a different take on this dish, substitute lean pork loin for the chicken.

CHOICES/EXCHANGES
2 Nonstarchy Vegetable, 3 Lean Protein

BASIC NUTRITIONAL VALUES
Calories **200** | Calories from Fat **60** | Total Fat **7.0 g** | Saturated Fat **1.0 g** | Trans Fat **0.0 g** | Cholesterol **65 mg** | Sodium **250 mg** | Potassium **460 mg** | Total Carbohydrate **9 g** | Dietary Fiber **2 g** | Sugars **5 g** | Protein **26 g** | Phosphorus **180 mg**

tinga poblana de pollo

Este típico guisado de Puebla, México, está condimentado con especias que le dan un sabor intenso y delicioso. Siempre cae de lo mejor. Se sirve con una tortilla o sobre arroz integral o quinua. ¡Disfruten!

1 lb de pechugas de pollo deshuesadas y sin piel

2 hojas de laurel

1 lata (de 14.5 oz) de tomates sin sal agregada, cortados en cuadritos chicos

¼ taza más 2 cdas. de cilantro fresco picado, en partes

2 chipotles en adobo

2 cdas. del adobo de los chipotles

1 cda. de vinagre de sidra

2 dientes de ajo, picados

½ cdta. de tomillo seco

½ cdta. de mejorana seca u orégano seco

⅛ cdta. de sal

1 cda. de aceite de canola

1 cebolla en rodajas delgadas

1 Colocar el laurel, el pollo y suficiente agua para taparlo en una olla mediana. Tapar y cocer a fuego lento hasta que el pollo esté cocido por dentro, aproximadamente 15 minutos; escurrir. Descartar las hojas de laurel. Pasar el pollo a una tabla de cortar. Dejar enfriar, luego desmenuzar con dos tenedores. Poner de lado.

2 Mientras tanto, licuar los tomates, ¼ taza de cilantro, los chipotles, el adobo, el vinagre, el ajo, el tomillo, la mejorana y la sal en un procesador de alimentos o licuadora.

3 Calentar el aceite en una sartén antiadherente grande a fuego medio alto. Agregar la cebolla y saltear, revolviendo de vez en cuando, hasta que se ablande, aproximadamente 8 minutos. Agregar la mezcla de tomate y el pollo desmenuzado. Cocer, a fuego medio, revolviendo de vez en cuando, hasta que los sabores se combinen y el pollo se caliente por dentro, aproximadamente 10 minutos. Adornar con las 2 cdas. restantes de cilantro.

CHICA TIP

! Para una variación de este platillo, sustituye el pollo por lomo de cerdo magro.

SELECCIONES/INTERCAMBIOS
2 vegetales sin almidón,
3 proteínas magras

VALORES NUTRICIONALES BÁSICOS
Calorías **200** | Calorías de grasa **60** | Total de grasa **7.0 g** | Grasa saturada **1.0 g** | Grasa trans **0.0 g**
Colesterol **65 mg** | Sodio **250 mg** | Potasio **460 mg** | Total de carbohidratos **9 g**
Fibra alimentaria **2 g** | Azúcares **5 g** | Proteína **26 g** | Fósforo **180 mg**

latin baked fried chicken

Breaking news: the secret to great fried chicken without the frying has been discovered! Okay, all jokes aside, would you have ever dreamed that having fried chicken would be possible when eating healthy? You will love me forever for this baked, crispy, and moist chicken recipe. We can live happily ever after with our baked fried chicken.

Nonstick olive oil spray

¼ cup lime juice (2 limes)

1 egg white

1 tsp lower-sodium soy sauce

½ tsp dried oregano

2 cloves garlic, minced

½ cup whole-wheat panko bread crumbs

¾ tsp Todo Adobo seasoning (page 224)

¼ tsp kosher salt

4 (5-oz) thin-sliced chicken cutlets

1 Preheat the oven to 425°F. Lightly spray a small baking sheet with nonstick spray.

2 Place baking sheet in oven for 10 minutes to heat prior to putting the chicken cutlets on it.

3 Whisk together the lime juice, egg white, soy sauce, oregano, and garlic in a medium bowl.

4 Place the panko, adobo seasoning, and salt on a sheet of wax paper. Dip the chicken, one piece at a time, into the lime mixture then into the panko mixture, pressing lightly so the crumbs adhere.

5 Place the chicken on the baking sheet. Lightly spray with nonstick spray. Bake, without turning, until the crust is golden and the chicken is cooked through, about 20 minutes.

CHICA TIP

! To assure crispiness, preheat your baking sheet for 10 minutes prior to placing the chicken on it. The moment the chicken hits the baking sheet, it will sizzle, creating a nice crispy outer layer.

CHOICES/EXCHANGES
½ Starch, 4 Lean Protein

BASIC NUTRITIONAL VALUES
Calories **200** | Calories from Fat **30** | Total Fat **3.5 g** | Saturated Fat **1.0 g** | Trans Fat **0.0 g**
Cholesterol **80 mg** | Sodium **260 mg** | Potassium **300 mg** | Total Carbohydrate **9 g**
Dietary Fiber **1 g** | Sugars **1 g** | Protein **32 g** | Phosphorus **240 mg**

pollo frito al horno

Noticia de última hora: ¡Se ha descubierto el secreto para un excelente pollo frito que no se fríe! Bromas aparte, ¿alguna vez se imaginaron que sería posible comer pollo frito como parte de una alimentación saludable? Me agradecerán eternamente por esta receta de crocante y jugoso pollo al horno. Podemos vivir felices para siempre con nuestro pollo frito al horno.

Aceite de oliva antiadherente en aerosol

¼ taza de jugo de limón verde (2 limones)

1 clara de huevo

1 cda. de salsa de soya con poco sodio

½ cdta. de orégano seco

2 dientes de ajo, finamente picados

½ taza de pan molido tipo *panko* de trigo integral

¾ cdta. de Todo adobo (pág. 224)

¼ cdta. de sal *kosher*

4 milanesas delgadas de pollo (5 oz)

1 Calentar el horno a 425°F. Echarle un poco de aceite en aerosol a una lata pequeña de hornear.

2 Colocar la lata de hornear en el horno 10 minutos para calentarla antes de poner las milanesas encima.

3 Mezclar el jugo de limón verde, la clara de huevo, la salsa de soya, el orégano y el ajo en una vasija mediana.

4 Colocar el *panko*, el adobo y la sal en una hoja de papel encerado. Una por una, sumergir primero cada milanesa en la mezcla de limón verde y luego en la mezcla de *panko*, presionándolas ligeramente para que el pan molido se pegue.

5 Colocar el pollo en la lata de hornear. Echarles un poco de aceite en aerosol. Hornear sin voltear, hasta que el apanado se dore y el pollo esté cocido por dentro, aproximadamente 20 minutos.

CHICA TIP

! Para asegurarte de que quede crocante, calienta la lata de hornear 10 minutos antes de colocar el pollo. Cuando entren en contacto, escucharás el crepitar típico de la fritura, lo que significa que la capa exterior quedará crocante.

SELECCIONES/INTERCAMBIOS
½ almidón, 4 proteínas magras

VALORES NUTRICIONALES BÁSICOS
Calorías **200** | Calorías de grasa **30** | Total de grasa **3.5 g** | Grasa saturada **1.0 g** | Grasa trans **0.0 g**
Colesterol **80 mg** | Sodio **260 mg** | Potasio **300 mg** | Total de carbohidratos **9 g**
Fibra alimentaria **1 g** | Azúcares **1 g** | Proteína **32 g** | Fósforo **240 mg**

126 peruvian chicken saltado | **127** *pollo saltado peruano*

134 latin baked fried chicken | **135** *pollo frito al horno*

chapter 6
capítulo 6

carne knowledge
todo sobre la carne

serves **4** | serving size **½ cup**

prep time **10 minutes** | cook time **1 hour 28 minutes** | total time **1 hour 38 minutes** plus **20 minutes standing time**

vaca frita beef

I am definitely a beef lover and always will be as long as it is grass fed and organic. I have been cutting back on my meat consumption, but strictly for ethical reasons and because of my love of animals. I am actually a believer that a moderate amount of meat is good for you, especially when you are trying to cut calories. I find that a small piece of beef makes me stay full longer and eat less of everything else on my plate. This *vaca frita* is my lean and tasty version of the decadently delicious Cuban dish.

1 lb flank steak, cut into 4 equal pieces

1 medium onion (about 6 oz), cut into quarters

1 bay leaf

4 cups water

1 Tbsp plus 1 tsp olive oil, divided

1 large onion (about 8 oz), thinly sliced

¼ cup lime juice (about 3 large limes)

2 cloves garlic, minced

¼ tsp salt

¼ tsp pepper

Lime wedges for garnish

Chopped cilantro for garnish

Nonstick olive oil spray

1   In a large saucepan, combine the beef, quartered onion, bay leaf, and water. Bring to a simmer. Reduce the heat to medium low. Cover and simmer until the beef is tender, about 1 hour 10 minutes. Transfer the beef to a cutting board and let cool. To save the broth for another use, skim any fat and strain the broth, discarding the bay leaf. Refrigerate for up to 1 week or freeze for up to 1 month.

2   Heat 1 Tbsp oil in a large skillet over medium heat Add the sliced onion and cook, over medium heat, stirring occasionally, until the onion is very tender and begins to caramelize, about 10 minutes.

3   Meanwhile, with two forks, shred the beef and transfer to a large bowl. Add the lime juice, garlic, remaining 1 tsp oil, salt, and pepper. Let stand 20 minutes.

4   Spray a griddle or nonstick skillet with nonstick spray and heat over medium-high heat. Add the beef and caramelized onion and cook, turning occasionally, until the beef and onions are browned, about 8 minutes. Serve garnished with lime wedges and cilantro.

CHICA TIP

! Save the broth for future cooking, like for a soup base or for cooking rice. You can freeze it in ice cube trays. Seven ice cubes equal about 1 cup.

CHOICES/EXCHANGES
1 Nonstarchy Vegetable, 3 Lean Protein, 1 Fat

BASIC NUTRITIONAL VALUES
Calories **220** | Calories from Fat **100** | Total Fat **11.0 g** | Saturated Fat **3.1 g** | Trans Fat **0.0 g** | Cholesterol **60 mg** | Sodium **200 mg** | Potassium **380 mg** | Total Carbohydrate **6 g** | Dietary Fiber **1 g** | Sugars **2 g** | Protein **23 g** | Phosphorus **195 mg**

vaca frita

No hay duda de que soy amante de la carne y lo seré siempre que sea orgánica y el ganado haya sido alimentado con pasto. He reducido mi consumo de carne de res, pero únicamente por motivos de ética y por amor a los animales. De hecho, pienso que una cantidad moderada de carne es buena para uno, especialmente si se está tratando de recortar calorías. Noto que un trozo pequeño de carne hace que me sienta llena durante más tiempo y que coma menos acompañamientos. Esta vaca frita es una versión saludable y menos calórica del decadentemente delicioso platillo cubano.

1 lb de arrachera o falda de res, cortada en 4 partes iguales

1 cebolla mediana (aproximadamente 6 oz), cortada en cuatro

1 hoja de laurel

4 tazas de agua

1 cda. más 1 cdta. de aceite de oliva, en partes

1 cebolla grande (aproximadamente 8 oz), en rodajas delgadas

¼ taza de jugo de limón verde (aproximadamente 3 limones grandes)

2 dientes de ajo, finamente picados

¼ cdta. de sal

¼ cdta. de pimienta

Gajos de limón verde para adornar

Cilantro picado para adornar

Aceite de oliva antiadherente en aerosol

1 En una olla grande, echar la carne, la cebolla cortada en cuatro, el laurel y el agua. Hacer hervir y tapar para cocer a fuego medio bajo hasta que la carne esté blanda, aproximadamente 1 hora y 10 minutos. Poner la carne en una tabla de cortar y dejar enfriar. Para guardar el caldo y usarlo en otro platillo, sacarle la grasa, descartar la hoja de laurel y colar. Refrigerar hasta 1 semana o congelar hasta 1 mes.

2 Calentar 1 cda. de aceite en una sartén grande a fuego medio. Agregar la cebolla y saltear, a fuego medio, revolviendo de vez en cuando, hasta que la cebolla se ponga blanda y empiece a caramelizarse, aproximadamente 10 minutos.

3 Mientras tanto, con dos tenedores, desmenuzar la carne y pasarla a una vasija grande. Agregar el jugo de limón verde, el ajo, la cdta. restante de aceite, sal y pimienta. Dejar reposar 20 minutos.

4 Echar aceite en aerosol a una plancha o sartén antiadherente y calentar a fuego medio alto. Cocer la carne y cebolla caramelizada en ella, volteándolas de vez en cuando, hasta que se doren, aproximadamente 8 minutos. Adornar con gajos de limón verde y cilantro.

CHICA TIP

! Guarda el caldo para usarlo como base de sopa o arroz en el futuro. Lo puedes congelar en cubetas de hielo. Siete cubitos equivalen a aproximadamente 1 taza.

SELECCIONES/INTERCAMBIOS
1 vegetal sin almidón, 3 proteínas magras, 1 grasa

VALORES NUTRICIONALES BÁSICOS
Calorías **220** | Calorías de grasa **100** | Total de grasa **11.0 g** | Grasa saturada **3.1 g** | Grasa trans **0.0 g**
Colesterol **60 mg** | Sodio **200 mg** | Potasio **380 mg** | Total de carbohidratos **6 g**
Fibra alimentaria **1 g** | Azúcares **2 g** | Proteína **23 g** | Fósforo **195 mg**

carnitas baked chimichangas

Chimichangas are, in essence, a deep-fried burrito that has been stuffed with different kinds of fillings. I have chosen to make this one with carnitas. Carnitas are generally made with fattening cuts of pork and fried in lard. Here, a lean pork loin has been roasted and mixed with refried beans and cheese, then stuffed inside a tortilla and baked. These "chimis" are like little gifts of flavor wrapped and ready to make you happy.

Nonstick olive oil spray

½ tsp ground cumin

1 tsp chili powder

½ tsp kosher salt

½ tsp pepper

1 tsp olive oil

1 lb pork tenderloin

1 cup Healthy Refried Beans (page 208)

½ cup reduced-fat shredded cheddar cheese

8 (6-inch) whole-wheat tortillas

1 Line a broiler pan with foil. Lightly spray with nonstick spray and preheat the broiler.

2 In a small bowl, mix the cumin, chili powder, salt, ground pepper, and oil. Rub the spice mixture all over the pork. Place the pork in the pan and broil, 6 inches from the source of heat, turning occasionally, until an instant-read thermometer reads 145°F when inserted into the thickest part of the pork, about 15 minutes. Transfer the pan to a wire rack and let the pork rest for 10 minutes.

3 Preheat the oven to 400°F.

4 Chop the tenderloin and pour the juices from the baking sheet over it. In a medium bowl, mix the pork, refried beans, and cheddar cheese.

5 Wrap the tortillas in a damp paper towel and microwave for 30 seconds. Fill each tortilla with scant ½ cup of the pork mixture. Fold like a burrito.

6 Preheat a baking sheet for 5 minutes in the oven. Remove with oven mittens and place the chimichangas, seam-side down, on the baking sheet. Spray with nonstick spray. Bake for 15 minutes, until golden brown. Serve with Pico de Gallo (page 225).

CHICA TIP

! No need to pre-sear a tenderloin on the stovetop ever again. The cooking method for the pork in this recipe is definitely a great shortcut to get optimal results—moist meat with a crispy outer layer. For an easy weeknight dinner, make this pork loin and serve with the Tangy Salsa Verde on page 228.

CHOICES/EXCHANGES
1 Starch, 2 Lean Protein, ½ Fat

BASIC NUTRITIONAL VALUES
Calories **200** | Calories from Fat **60** | Total Fat **7.0 g** | Saturated Fat **2.6 g** | Trans Fat **0.0 g** | Cholesterol **35 mg** | Sodium **430 mg** | Potassium **350 mg** | Total Carbohydrate **19 g** | Dietary Fiber **4 g** | Sugars **1 g** | Protein **17 g** | Phosphorus **265 mg**

chimichangas al horno con carnitas

Las chimichangas son básicamente un burrito frito en abundante aceite tras rellenarlo con diferentes opciones. Estas llevan carnitas. Las carnitas por lo general se preparan con cortes grasosos de cerdo fritos en manteca. En esta receta se asa el lomo de cerdo magro y se mezcla con frijoles refritos y queso, luego se rellenan las tortillas con la mezcla y se meten al horno. Estas "chimis" son regalitos envueltos en sabor que derrochan felicidad.

Aceite de oliva antiadherente en aerosol

½ cdta. de comino molido

1 cdta. de chile en polvo

½ cdta. de sal kosher

½ cdta. de pimienta

1 cdta. de aceite de oliva

1 lb de lomo de cerdo

1 taza de Frijoles refritos saludables (pág. 209)

½ taza de queso cheddar bajo en grasa, rallado

8 tortillas de trigo integral (de 6 pulgadas)

1 Cubrir una asadera con papel aluminio. Echarle un poco de aceite en aerosol y calentar el asador (broiler) del horno.

2 En una vasija pequeña, mezclar el comino, el chile en polvo, la sal, la pimienta molida y el aceite. Frotar la mezcla de especias por todo el lomo. Colocar el cerdo en la asadera y asar a 6 pulgadas de la resistencia volteando de vez en cuando, hasta que un termómetro instantáneo indique 145ºF tras insertarse en la parte más gruesa del lomo, aproximadamente 15 minutos. Poner la asadera sobre una rejilla y dejar enfriar el cerdo 10 minutos.

3 Calentar el horno a 400ºF.

4 Cortar el lomo en trocitos y echar encima el jugo que quedó en la lata de hornear. En una vasija mediana, mezclar el cerdo, frijoles refritos y el queso cheddar.

5 Envolver las tortillas con una toalla de papel húmeda y meter en el microondas 30 segundos. Rellenar cada tortilla con casi ½ taza de la mezcla de cerdo. Doblar como un burrito.

6 Calentar una lata de hornear 5 minutos en el horno. Retirar con agarraderas y colocar las chimichangas, con la unión hacia abajo, en la lata de hornear. Echarle aceite en aerosol. Hornear 15 minutos, hasta que se doren. Servir con Pico de gallo (pág. 225).

CHICA TIP

! Ya no es necesario sellar el lomo en una olla. El método de cocción del cerdo en esta receta sin duda es un fabuloso atajo que produce resultados óptimos: jugoso por dentro y crocante por fuera. Para una fácil cena entresemana, prepara este lomo de cerdo y sírvelo con la Salsa verde picante en la pág. 228.

SELECCIONES/INTERCAMBIOS
1 almidón, 2 proteínas magras, ½ grasa

VALORES NUTRICIONALES BÁSICOS
Calorías **200** | Calorías de grasa **60** | Total de grasa **7.0 g** | Grasa saturada **2.6 g** | Grasa trans **0.0 g**
Colesterol **35 mg** | Sodio **430 mg** | Potasio **350 mg** | Total de carbohidratos **19 g**
Fibra alimentaria **4 g** | Azúcares **1 g** | Proteína **17 g** | Fósforo **265 mg**

serves 8 | serving size **1 cup**

prep time **20 minutes** | cook time **1 hour 48 minutes** | total time **2 hours 8 minutes plus 15 minutes standing time**

enchilada casserole

Enchiladas are a mainstay in Mexican cuisine. They can be made with any protein and a multitude of different sauces. I chose to make them as a layered casserole (like a lasagna), instead of rolling them, for ease and so I could sneak in a few good-for-you veggies. The result? Truly comforting!

SAUCE

8 dried Anaheim chilies (1½ oz total)

2 cups boiling water

1 (28-oz) can diced tomatoes

1 cup low-sodium chicken broth

2 cloves garlic, minced

¼ tsp salt

½ tsp dried oregano

½ tsp ground cumin

¼ tsp granulated zero-calorie sweetener (such as stevia)

1 Tbsp olive oil

CASSEROLE

2 tsp olive oil

1 onion, sliced

½ lb lean ground beef (7% or less fat)

1 chayote squash, peeled and diced (about 2 cups)

1 (10-oz) package frozen chopped spinach, thawed and squeezed dry (½ cup after squeezing dry)

1 cup fresh or frozen corn kernels, thawed

1 clove garlic, minced

¼ tsp salt

Nonstick olive oil spray

9 (6-inch) corn tortillas, each cut in half

1 cup reduced-fat shredded pepper jack cheese (4 oz)

CHICA TIP

! **Extra sauce alert! If you love the flavor of this sauce, then double the batch and freeze the leftovers! It works wonders over a grilled chicken breast!**

1 To make the sauce, place the chilies in a large bowl. Pour the boiling water over the chilies; let stand until softened, about 20 minutes. Drain. Remove stems and seeds and coarsely chop. Place the chilies, tomatoes, broth, garlic, oregano, cumin, salt, and sweetener in a food processor and pulse until smooth.

2 Heat the 1 Tbsp oil in a medium saucepan over medium heat. Add the chile mixture and bring to a simmer. Cook, stirring occasionally, over low heat, until the flavors are blended and the sauce thickens slightly, about 15 minutes.

3 To make the filling, heat the 2 tsp oil in a large nonstick skillet over medium-high heat. Add the onion and cook, stirring occasionally, until tender, about 8 minutes. Add the beef and cook, breaking it up with a wooden spoon, until browned, about 5 minutes. Add the chayote squash and cook, stirring occasionally, until tender, about 10 minutes. Add the spinach, corn, garlic, and salt; cook until heated through, about 5 minutes.

4 Preheat the oven to 350°F. Spray a 9 × 9-inch baking dish with nonstick spray.

5 Place 6 tortilla halves in the baking dish, overlapping to fit. Top with half of the beef mixture, one-third of the cheese, and 1 cup of sauce. Repeat, creating a second layer, then end with a third layer of tortillas, 1 cup sauce, and the remaining one-third of the cheese. Cover loosely with foil and bake 30 minutes. Uncover and bake until the edges of the enchiladas begin to brown and the cheese is melted, about 15 minutes longer. Let stand 15 minutes before serving.

CHOICES/EXCHANGES
1 Starch, 3 Nonstarchy Vegetable,
1 Lean Protein, 1½ Fat

BASIC NUTRITIONAL VALUES
Calories **250** | Calories from Fat **90** | Total Fat **10.0 g** | Saturated Fat **3.3 g** | Trans Fat **0.1 g**
Cholesterol **25 mg** | Sodium **450 mg** | Potassium **650 mg** | Total Carbohydrate **30 g**
Dietary Fiber **6 g** | Sugars **7 g** | Protein **15 g** | Phosphorus **285 mg**

cazuela de enchiladas

Las enchiladas son pilares de la cocina mexicana. Se pueden hacer con cualquier proteína y muchas salsas diferentes. Opté por prepararlas a manera de cazuela en capas (como la lasaña), en vez de enrollarlas, para facilitar las cosas e incluir unos cuantos vegetales nutritivos sin que nadie se dé cuenta. ¿El resultado? ¡Realmente delicioso!

SALSA

8 chiles Anaheim secos (1½ oz en total)

2 tazas de agua hirviendo

1 lata (de 28 oz) de tomates cortados en cuadritos

1 taza de caldo de pollo con poco sodio

2 dientes de ajo, finamente picados

¼ cdta. de sal

½ cdta. de orégano seco

½ cdta. de comino molido

¼ cdta. de endulzante granulado sin calorías (como stevia)

1 cda. de aceite de oliva

CAZUELA

2 cdta. de aceite de oliva

1 cebolla en rodajas

½ lb de carne molida magra (7% de grasa o menos)

1 chayote, pelado y cortado en cuadritos (aproximadamente 2 tazas)

1 paquete (de 10 oz) espinaca picada descongelada y escurrida (½ taza después de escurrir bien)

1 taza de maíz desgranado, fresco o descongelado

1 diente de ajo, finamente picado

¼ cdta. de sal

Aceite de oliva antiadherente en aerosol

9 tortillas de maíz (de 6 pulgadas) cortadas por la mitad

1 taza (4 oz) de queso *pepper jack* bajo en grasa, rallado

CHICA TIP

! Si te fascina el sabor de esta salsa, prepara el doble ¡y congela lo que sobre! ¡Es maravillosa con pechugas de pollo asadas!

1. Para preparar la salsa, colocar los chiles en una vasija grande. Echarles agua hirviendo; poner de lado hasta que se ablanden, aproximadamente 20 minutos. Escurrir. Quitarles los tallos y las semillas, y picar en trozos grandes. Licuar los chiles, los tomates, el caldo, el ajo, el orégano, el comino, la sal y el endulzante en un procesador de alimentos hasta que la salsa tenga consistencia uniforme.

2. Calentar 1 cda. de aceite en una olla mediana a fuego medio. Agregar la mezcla de chile y cocer a fuego lento, revolviendo de vez en cuando, hasta que los sabores se combinen y la salsa se espese un poco, aproximadamente 15 minutos.

3. Para preparar el relleno, calentar 2 cdtas. de aceite en una sartén antiadherente grande a fuego medio alto. Agregar la cebolla y saltear, revolviendo de vez en cuando, hasta que esté blanda, aproximadamente 8 minutos. Agregar la carne y dorar separándola con una cuchara de palo, aproximadamente 5 minutos. Agregar el chayote y saltear, revolviendo de vez en cuando, hasta que esté blando, aproximadamente 10 minutos. Agregar la espinaca, el maíz, el ajo y la sal; cocer hasta que se calienten bien, aproximadamente 5 minutos.

4. Calentar el horno a 350°F. Echar aceite en aerosol a una fuente de hornear de 9 × 9.

5. Colocar 3 tortillas cortadas por la mitad en la fuente de hornear, sobreponiéndolas para que quepan. Echar encima la mitad de la carne, un tercio del queso y 1 taza de salsa. Repetir para una segunda capa y terminar con una tercera capa de tortillas, 1 taza de salsa y el tercio restante de queso. Tapar con papel aluminio, sin cerrar herméticamente, y hornear 30 minutos. Destapar y hornear hasta que los bordes de las enchiladas empiecen a dorarse y el queso se derrita, aproximadamente 15 minutos más. Dejar reposar 15 minutos antes de servir.

SELECCIONES/INTERCAMBIOS
1 almidón, 3 vegetales sin almidón, 1 proteína magra, 1½ grasas

VALORES NUTRICIONALES BÁSICOS
Calorías **250** | Calorías de grasa **90** | Total de grasa **10.0 g** | Grasa saturada **3.3 g** | Grasa trans **0.1 g**
Colesterol **25 mg** | Sodio **450 mg** | Potasio **650 mg** | Total de carbohidratos **30 g**
Fibra alimentaria **6 g** | Azúcares **7 g** | Proteína **15 g** | Fósforo **285 mg**

pastelón (plantain shepherd's pie)

A *pastelón* is a Puerto Rican lasagna-like dish made with layers of fried sweet plantains. It is truly delicious and it reminds me of the times I spent on the island visiting my aunt. For a healthy twist, I boiled the ripe plantains and turned them into a mash. Once assembled, it resembles a shepherd's pie. The sweetness of the plantain combined with the savory beef is heaven in my mouth.

Nonstick olive oil spray

4 very ripe plantains, peeled and cut into chunks (2 lb)

¼ tsp salt

1 Tbsp olive oil

1 medium red onion, finely chopped (1 cup)

1 green bell pepper, finely chopped (1 cup)

4 cloves garlic, minced

1 lb lean ground beef (7% or less fat)

½ cup frozen mixed vegetables (3 oz)

½ cup tomato sauce

2 tsp Todo Adobo seasoning, (page 224)

½ cup part-skim shredded mozzarella cheese (2 oz)

¼ tsp paprika

1 Tbsp chopped fresh flat-leaf parsley

1 Preheat the oven to 375°F. Spray an 8 × 8-inch baking dish with nonstick spray.

2 Bring the plantains and enough water to cover to a boil in a large saucepan. Reduce the heat to medium low and simmer, until the plantains are very tender, about 25 minutes. Drain, reserving 1 cup of the cooking liquid. Return the plantains to the pot and mash with a vegetable masher, adding the salt and the cooking liquid, ½ cup at a time, until the mixture is smooth.

3 Heat the oil in a large nonstick skillet over medium-high heat. Add the onion, bell pepper, and garlic. Cook, stirring occasionally, until the vegetables are tender, about 8 minutes.

4 Add the beef, and cook, breaking it apart with a wooden spoon, until browned, about 10 minutes. Add the mixed vegetables, tomato sauce, and adobo seasoning. Cook, stirring occasionally, until the flavors are blended, about 10 minutes.

5 Spread half of the plantain mixture evenly onto the bottom of the baking dish. Spoon the beef mixture evenly over the plantain mixture. Place the remaining plantain mixture over the beef. Top with the cheese and sprinkle with paprika. Bake until the filling is hot and the cheese is melted and browned around the edges, about 25 minutes.

CHICA TIP

! Selecting a ripe plantain is easy: just pick the ones that are almost black and full of speckles. Don't worry that they look past their prime; they will be sweet, soft, and ready to eat.

CHOICES/EXCHANGES
2 Starch, 1 Nonstarchy Vegetable, 2 Lean Protein, 1 Fat

BASIC NUTRITIONAL VALUES
Calories **310** | Calories from Fat **80** | Total Fat **9.0 g** | Saturated Fat **3.5 g** | Trans Fat **0.3 g** | Cholesterol **55 mg** | Sodium **310 mg** | Potassium **910 mg** | Total Carbohydrate **39 g** | Dietary Fiber **4 g** | Sugars **17 g** | Protein **20 g** | Phosphorus **245 mg**

pastelón

El pastelón es un platillo puertorriqueño parecido a la lasaña que se prepara con capas de plátanos maduros fritos. Es realmente delicioso y me hace acordar del tiempo que pasé en la isla visitando a mi tía. Para un toque saludable, herví los plátanos maduros e hice un puré. Una vez armado, se parece al pastel de carne *shepherd's pie*. La dulzura del plátano combinada con el sabor salado de la carne lleva tu boca al séptimo cielo.

Aceite de oliva antiadherente en aerosol

4 plátanos muy maduros, pelados y cortados en rodajas (2 lb)

¼ cdta. de sal

1 cda. de aceite de oliva

1 cebolla roja mediana, finamente picada (1 taza)

1 pimiento verde, finamente picado (1 taza)

4 dientes de ajo finamente picados

1 lb de carne molida magra (7% de grasa o menos)

½ taza de vegetales mixtos congelados (3 oz)

½ taza de salsa de tomate

2 cdtas. de Todo adobo, (pág. 224)

½ taza de queso mozzarella bajo en grasa, rallado (2 oz)

¼ cdta. de pimentón (paprika)

1 cda. de perejil fresco de hoja plana, picado

1 Calentar el horno a 375°F. Echar aceite en aerosol en una fuente de hornear de 8 × 8 pulgadas.

2 En una olla grande, hervir el plátano en suficiente agua para cubrirlo. Bajar el fuego a medio bajo y cocer hasta que el plátano se ponga muy blando, aproximadamente 25 minutos. Escurrir pero guardar 1 taza del líquido. Volver a echar el plátano en la olla y aplastar con un prensapapas, agregando sal y el líquido de cocción, ½ taza a la vez, hasta que la mezcla tenga consistencia uniforme.

3 Calentar el aceite en una sartén antiadherente grande a fuego medio alto. Agregar la cebolla, el pimiento rojo y el ajo. Saltear, revolviendo de vez en cuando, hasta que los vegetales estén blandos, aproximadamente 8 minutos.

4 Agregar la carne y dorar, separándola con una cuchara de palo, aproximadamente 10 minutos. Agregar los vegetales mixtos, la salsa de tomate y el adobo. Cocer, revolviendo de vez en cuando, hasta que los sabores se combinen, aproximadamente 10 minutos.

5 Echar la mitad de la mezcla de plátano en una capa uniforme en una fuente de hornear. Echar la mezcla de carne de manera uniforme sobre la capa de plátano. Colocar el resto de la mezcla de plátano sobre la carne. Echar el queso encima y espolvorear con pimentón. Hornear hasta que el relleno esté caliente, el queso se derrita y los bordes se doren, aproximadamente 25 minutos.

CHICA TIP

! Seleccionar un plátano maduro es fácil: simplemente escoge los que están casi negros y llenos de manchitas. No te preocupes si parece que están demasiado maduros; estarán dulces, suaves y listos para comer.

SELECCIONES/INTERCAMBIOS
2 almidones, 1 vegetal sin almidón, 2 proteínas magras, 1 grasa

VALORES NUTRICIONALES BÁSICOS
Calorías **310** | Calorías de grasa **80** | Total de grasa **9.0 g** | Grasa saturada **3.5 g** | Grasa trans **0.3 g**
Colesterol **55 mg** | Sodio **310 mg** | Potasio **910 mg** | Total de carbohidratos **39 g**
Fibra alimentaria **4 g** | Azúcares **17 g** | Proteína **20 g** | Fósforo **245 mg**

picadillo-stuffed peppers

I grew up with *picadillo* as a staple of my diet. There are as many versions of *picadillo* as there are Latin countries. I like my *picadillo* with a touch of sweetness so I added a bit of cinnamon to round out the flavors. Don't be limited by the ingredients below; if you have any veggies going bad in your fridge, just throw them in. It is as easy as that to make this *picadillo* a one-dish wonder. Or do what I did and fill some peppers with it.

Nonstick olive oil spray

1 Tbsp olive oil

1 medium onion, chopped (1 cup)

1 bell pepper, chopped (1 cup)

3 cloves garlic, minced

1 lb lean ground beef (7% or less fat)

1 cup no-salt-added chopped tomatoes

1 Tbsp Todo Adobo seasoning (page 224)

½ tsp ground cumin

1 tsp dried oregano

½ tsp ground cinnamon

10 Manzanilla pitted olives, chopped

1 Tbsp red wine vinegar

¼ tsp salt

4 bell peppers (1½ lb)

4 Tbsp crumbled queso fresco, divided

1 Preheat the oven to 400°F. Spray an 8-inch square baking dish with nonstick spray.

2 Heat the oil in a large nonstick skillet over medium-high heat. Add the onion, bell pepper, and garlic. Cook, stirring occasionally, until tender, about 8 minutes.

3 Add the beef and cook, breaking it up with a wooden spoon, until browned, about 5 minutes. Add the tomatoes, adobo seasoning, cumin, oregano, cinnamon, olives, vinegar, and salt; bring to a boil. Reduce the heat to medium low and simmer, stirring occasionally, until the mixture is thickened and the flavors are blended, about 10 minutes.

4 Cut the tops off the 4 whole bell peppers; discard the seeds and membranes. Spoon the picadillo mixture into each pepper. Transfer the peppers, cut-side up, to the baking dish. Top with the cheese. Bake, until the peppers are tender, about 35 minutes.

CHOICES/EXCHANGES
3 Nonstarchy Vegetable, 3 Lean Protein, 2 Fat

BASIC NUTRITIONAL VALUES
Calories **310** | Calories from Fat **140** | Total Fat **15.0 g** | Saturated Fat **5.0 g** | Trans Fat **0.05 g** | Cholesterol **75 mg** | Sodium **440 mg** | Potassium **930 mg** | Total Carbohydrate **17 g** | Dietary Fiber **5 g** | Sugars **8 g** | Protein **28 g** | Phosphorus **315 mg**

rinde **4 porciones** | tamaño de la porción **1 pimiento relleno (con ¾ taza de relleno)**
tiempo de preparación **15 minutos** | tiempo de cocción **58 minutos** | tiempo total **1 hora y 13 minutos**

pimientos rellenos de picadillo

Durante mi infancia, el picadillo era esencial en nuestra casa. Hay diferentes versiones de picadillo en Latinoamérica. Me gusta el picadillo con un toque dulce, por lo que le echo un poquito de canela para complementar el sabor. No se limiten a los ingredientes de abajo; si tienen vegetales que están por malograrse en el refrigerador, échenselos. Preparar este picadillo, una maravilla que solo requiere una olla, es súper fácil. O hagan como yo y úsenlo para rellenar pimientos.

Aceite de oliva antiadherente
en aerosol

1 cda. de aceite de oliva

1 cebolla mediana, picada
(1 taza)

1 pimiento rojo picado (1 taza)

3 dientes de ajo, finamente
picados

1 lb de carne molida magra
(7% de grasa o menos)

1 taza de tomates picados sin
sal agregada

1 cda. de Todo adobo (pág. 224)

½ cdta. de comino molido

1 cdta. de orégano seco

½ cdta. de canela molida

10 aceitunas manzanilla sin
semilla, picadas

1 cda. de vinagre tinto

¼ cdta. de sal

4 pimientos enteros (1½ lb)

4 cdas. de queso fresco
desmenuzado, en partes

1 Calentar el horno a 400°F. Echar aceite en aerosol a una fuente de hornear cuadrada de 8 pulgadas.

2 Calentar el aceite en una sartén antiadherente grande a fuego medio alto. Agregar la cebolla, el pimiento rojo y el ajo. Saltear, revolviendo de vez en cuando, hasta que estén blandos, aproximadamente 8 minutos.

3 Agregar la carne y dorar, separándola con una cuchara de palo, aproximadamente 5 minutos. Agregar los tomates, el adobo, el comino, el orégano, la canela, las aceitunas, el vinagre y la sal; hervir. Bajar el fuego a medio bajo y cocer, revolviendo de vez en cuando, hasta que la mezcla se espese y los sabores se combinen, aproximadamente 10 minutos.

4 Cortar la parte superior de 4 pimientos enteros; quitarles las semillas y membranas. Echar con una cuchara la mezcla de picadillo en cada pimiento. Pasar los pimientos, con el corte hacia arriba, a una fuente de hornear. Echar el queso encima. Hornear, hasta que los pimientos estén blandos, aproximadamente 35 minutos.

SELECCIONES/INTERCAMBIOS
3 vegetales sin almidón,
3 proteínas magras, 2 grasas

VALORES NUTRICIONALES BÁSICOS
Calorías **310** | Calorías de grasa **140** | Total de grasa **15.0 g** | Grasa saturada **5.0 g** | Grasa trans **0.5 g**
Colesterol **75 mg** | Sodio **440 mg** | Potasio **930 mg** | Total de carbohidratos **17 g**
Fibra alimentaria **5 g** | Azúcares **8 g** | Proteína **28 g** | Fósforo **315 mg**

pressure cooker mechada shredded beef

This is a quick and healthy version of the famous shredded beef known as *carne mechada, ropa vieja,* or *carne ripiada,* depending on whom you ask and where they are from. Different names, but the same great flavor. This dish is a flank steak shredded stew that usually takes a while to cook due to the toughness of flank. Using a pressure cooker cuts down so much on the cooking time that you can have it for a weeknight dinner whenever you crave it!

1 Tbsp canola oil

1½ lb flank steak, trimmed of all visible fat and cut into 4 pieces

1 onion, finely chopped (about 1 cup)

2 cloves garlic, minced

1 Tbsp Todo Adobo seasoning (page 224)

2½ cups water

SOFRITO

1 Tbsp olive oil

1 onion, chopped (1 cup)

1 red bell pepper, chopped (1 cup)

2 cloves garlic, minced

1 (14.5-oz) can no-salt-added diced tomatoes

1 tsp Todo Adobo seasoning (page 224)

¼ tsp salt

¼ cup water

½ cup chopped fresh cilantro

1 Heat the canola oil in a 6-quart pressure cooker over medium-high heat. Add the beef, onion, garlic, and adobo seasoning and cook, turning occasionally, until the beef is browned, about 8 minutes.

2 Add the 2½ cups water. Lock the lid in place and raise the heat to high. Bring pressure cooker to high pressure following manufacturer's directions. Reduce the heat to low and cook at high pressure for 20 minutes.

3 Place the pot in the sink and run cold water over the lid to bring the pressure down quickly. When the pressure indicator releases, remove the pot from the sink and unlock the lid, following manufacturer's directions. Transfer the meat to a cutting board. With two forks, shred the beef.

4 Meanwhile, to prepare the sofrito, heat the olive oil in a large nonstick skillet over medium heat. Add the onion, bell pepper, and garlic and cook, stirring occasionally, until tender, about 12 minutes. Add the tomatoes, adobo seasoning, salt, and ¼ cup water, and bring to a boil.

5 Add the shredded beef. Reduce the heat to medium low and simmer, covered, until the flavors are blended and the sofrito begins to thicken slightly, about 15 minutes.

6 Remove from the heat and stir in the cilantro.

CHICA TIP

! Cook once, eat twice: Double up on the sofrito and freeze half. You can use it as the base for any stew or soup. Or simply heat it up and serve it over an egg or a piece of fish or chicken and you have another meal.

CHOICES/EXCHANGES
2 Nonstarchy Vegetable, 4 Lean Protein, 2 Fat

BASIC NUTRITIONAL VALUES
Calories **320** | Calories from Fat **130** | Total Fat **14.0 g** | Saturated Fat **4.3 g** | Trans Fat **0.0 g**
Cholesterol **95 mg** | Sodium **260 mg** | Potassium **800 mg** | Total Carbohydrate **12 g**
Dietary Fiber **3 g** | Sugars **6 g** | Protein **35 g** | Phosphorus **310 mg**

carne mechada

Esta es una versión rápida y saludable de la conocida carne mechada, ropa vieja o carne ripiada, según a quién se le pregunte y de dónde sea. Tiene nombres diferentes, pero el mismo riquísimo sabor. Este plato es un guisado de arrachera o falda de res desmenuzada que por lo general toma un tiempo preparar debido a la dureza del corte. Usar la olla a presión reduce mucho el tiempo de preparación, así lo puedes preparar siempre que te provoque, ¡incluso para la cena entresemana!

1 cda. de aceite de canola

1½ lb de arrachera o falda de res, desgrasada y cortada en 4 trozos

1 cebolla finamente picada (aproximadamente 1 taza)

2 dientes de ajo, finamente picados

1 cda. de Todo adobo (pág. 224)

2½ tazas de agua

SOFRITO

1 cda. de aceite de oliva

1 cebolla picada (1 taza)

1 pimiento rojo picado (1 taza)

2 dientes de ajo, finamente picados

1 lata (de 14.5 oz) de tomates sin sal agregada, cortados en cuadritos

1 cdta. de Todo adobo (pág. 224)

¼ cdta. de sal

¼ taza de agua

½ taza de cilantro fresco picado

1   Calentar el aceite de canola en una olla a presión de galón y medio a fuego medio alto. Agregar la carne, la cebolla, el ajo y el adobo, y dorar, volteando la carne de vez en cuando, aproximadamente 8 minutos.

2   Agregar 2½ tazas de agua. Cerrar la olla y poner el fuego en alto. Aumentar la presión de la olla siguiendo las instrucciones del fabricante. Bajar el fuego y cocer a alta presión por 20 minutos.

3   Colocar la olla en el lavadero y echarle agua fría a la tapa para bajar la presión rápidamente. Cuando el indicador de presión se desenganche, retirar la olla del lavadero y destapar, siguiendo las instrucciones del fabricante. Pasar la carne a una tabla de cortar y desmenuzarla con dos tenedores.

4   Mientras tanto, para preparar el sofrito, calentar el aceite de oliva en una sartén antiadherente grande a fuego medio. Agregar la cebolla, el pimiento rojo y el ajo, y saltear, revolviendo de vez en cuando, hasta que estén blandos, aproximadamente 12 minutos. Agregar los tomates, el adobo, la sal, ¼ taza de agua, y hervir.

5   Agregar la carne desmenuzada. Reducir el fuego a medio bajo y cocer, tapada, hasta que los sabores se combinen y el sofrito empiece a espesarse un poco, aproximadamente 15 minutos.

6   Retirar del fuego y echarle cilantro.

CHICA TIP

! Cocina una vez, come dos veces: Prepara el doble del sofrito y congela la mitad. Puedes usarlo como base de cualquier guisado o sopa. O simplemente caliéntalo y sírvelo sobre un huevo o un trozo de pescado o pollo y tendrás otra comida lista.

SELECCIONES/INTERCAMBIOS
2 vegetales sin almidón,
4 proteínas magras, 2 grasas

VALORES NUTRICIONALES BÁSICOS
Calorías **320** | Calorías de grasa **130** | Total de grasa **14.0 g** | Grasa saturada **4.3 g** | Grasa trans **0.0 g**
Colesterol **95 mg** | Sodio **260 mg** | Potasio **800 mg** | Total de carbohidratos **12 g**
Fibra alimentaria **3 g** | Azúcares **6 g** | Proteína **35 g** | Fósforo **310 mg**

serves **4** | serving size **1 piece steak + ½ cup onion sauce**
prep time **10 minutes** | cook time **40 minutes** | total time **50 minutes + at least 4 hours marinating time**

onion smothered steak

This meat dish is mostly eaten in Puerto Rico, El Salvador, and Nicaragua, but I am sure most Latin American countries make some version of it. The vinegar serves two great purposes: it will tenderize the meat, and the acidity will intensify the flavors, making this a very satisfying dish.

4 (4-oz) pieces beef cube
    steak (1 lb)

¾ cup unsalted beef broth

¼ cup white vinegar

2 Tbsp olive oil

4 cloves garlic, minced

1 bay leaf

1 tsp dried oregano

½ tsp ground cumin

½ tsp onion powder

½ tsp salt

½ tsp pepper

2 large onions, thinly sliced
    (about 1 lb), divided

1   Place the steak in a large zip-close plastic bag. Add the broth, vinegar, oil, garlic, bay leaf, oregano, cumin, onion powder, salt, pepper, and one sliced onion. Squeeze out the air and seal the bag. Refrigerate, turning the bag occasionally, at least 4 hours.

2   Transfer the beef mixture to a large skillet; bring to a boil. Reduce the heat to medium low and simmer, covered, until the meat is almost tender, about 30 minutes.

3   Add the remaining onions. Simmer, uncovered, stirring occasionally, until the meat and onions are fork tender, about 10 minutes. Discard bay leaf before serving.

CHOICES/EXCHANGES
2 Nonstarchy Vegetable, 3 Lean
Protein, 1½ Fat

BASIC NUTRITIONAL VALUES
Calories **260** | Calories from Fat **110** | Total Fat **12.0 g** | Saturated Fat **2.8 g** | Trans Fat **0.0 g**
Cholesterol **60 mg** | Sodium **350 mg** | Potassium **390 mg** | Total Carbohydrate **12 g**
Dietary Fiber **2 g** | Sugars **5 g** | Protein **25 g** | Phosphorus **185 mg**

rinde **4 porciones** | tamaño de la porción **1 bistec y ½ taza de salsa de cebolla**
tiempo de preparación **10 minutos** | tiempo de cocción **40 minutos** | tiempo total **50 minutos** más por lo menos 4 horas de adobado

bistec encebollado

Este plato se come mayormente en Puerto Rico, El Salvador y Nicaragua, pero estoy segura de que la mayoría de los países latinoamericanos tienen alguna versión. El vinagre tiene dos propósitos: ablandar la carne e intensificar los sabores con la acidez, que lo hace un plato que deja a los comensales muy satisfechos.

4 pedazos (de 4 oz) de bistec (1 lb)

¾ taza de caldo de carne de res sin sal

¼ taza de vinagre blanco

2 cdas. de aceite de oliva

4 dientes de ajo, finamente picados

1 hoja de laurel

1 cdta. de orégano seco

½ cdta. de comino molido

½ cdta. de cebolla en polvo

½ cdta. de sal

½ cdta. de pimienta

2 cebollas grandes, en rodajas delgadas (aproximadamente 1 lb), en partes

1 Colocar el bistec en una bolsa grande de plástico con cierre. Agregar el caldo, el vinagre, el aceite, el ajo, el laurel, el orégano, el comino, la cebolla en polvo, la sal, la pimienta y una cebolla en rodajas delgadas. Sacar el aire y cerrar la bolsa. Refrigerar, volteando la bolsa de vez en cuando. Adobar por lo menos 4 horas.

2 Pasar la mezcla de carne a una sartén grande; hervir. Reducir el fuego a medio bajo y cocer tapada, hasta que esté casi blanda, aproximadamente 30 minutos.

3 Agregar el resto de la cebolla. Cocer sin tapar, revolviendo de vez en cuando, hasta que la carne y cebollas estén blandas al pincharlas con un tenedor, aproximadamente 10 minutos. Descartar la hoja de laurel antes de servir.

SELECCIONES/INTERCAMBIOS
2 vegetales sin almidón,
3 proteínas magras, 1½ grasas

VALORES NUTRICIONALES BÁSICOS
Calorías **260** | Calorías de grasa **110** | Total de grasa **12.0 g** | Grasa saturada **2.8 g** | Grasa trans **0.0 g**
Colesterol **60 mg** | Sodio **350 mg** | Potasio **390 mg** | Total de carbohidratos **12 g**
Fibra alimentaria **2 g** | Azúcares **5 g** | Proteína **25 g** | Fósforo **185 mg**

carnitas verdes with smoky black bean salsa

I am addicted to Salsa Verde, as you all can tell by the recipes in this book. It is an all plant–based sauce with a handful of ingredients and a bang of flavor. Better yet, it's mega healthy! If you ask me, it should be included in the wonders of the world!

1 lb pork shoulder, trimmed and cut into ¾-inch cubes

3 cups water

2 Tbsp canola oil

½ cup orange juice

½ cup canned lite, unsweetened coconut milk

1 white onion, thinly sliced (about 1 cup/ 5 oz)

2 tomatillos, husks removed, rinsed, and chopped (about 6 oz)

¼ cup diced chorizo (1.4 oz)

2 chipotle chilies in adobo, chopped

2 Tbsp adobo sauce from the chipotles

2 cloves garlic, minced

¼ tsp salt

1 (15.5-oz) can no-salt-added black beans, rinsed and drained

1 cup mild or medium green salsa

¾ cup chopped fresh cilantro, divided

8 (6-inch) corn tortillas, warmed

1 small red onion, thinly sliced

1 Place the pork in a nonstick Dutch oven. Pour the water over the pork and bring to a boil. Reduce the heat to medium low, partially cover, and simmer, stirring occasionally, until the pork is tender, about 45 minutes. Discard liquid and transfer the pork to a bowl.

2 Heat the oil in the same Dutch oven over medium-high heat. Add the pork, orange juice, and coconut milk; bring to a boil. Reduce the heat to medium low and simmer, stirring occasionally, until the liquid is completely evaporated and the pork is browned and crisp, about 10 minutes.

3 Add the onion, tomatillos, chorizo, chipotle chilies, adobo sauce, and garlic. Cook, stirring occasionally, until the onion and tomatillos are softened, about 10 minutes. Return the pork to the Dutch oven along with the beans, salsa, and ½ cup cilantro; heat through.

4 To assemble, divide the pork mixture among the warmed tortillas. Sprinkle with the red onion and the remaining cilantro. Serve with optional toppings such as diced avocado, sliced radishes, and chopped scallions, if desired.

CHICA TIP

! Awesome sauce alert! Make triple batches of this carnitas filling and freeze in single-serving portions. You can serve it over rice or quinoa, or as the filling for lettuce tacos.

CHOICES/EXCHANGES
1½ Starch, 2 Nonstarchy Vegetable, 1 Lean Protein, 2 Fat

BASIC NUTRITIONAL VALUES
Calories **320** | Calories from Fat **140** | Total Fat **15.0 g** | Saturated Fat **4.2 g** | Trans Fat **0.0 g** | Cholesterol **45 mg** | Sodium **260 mg** | Potassium **680 mg** | Total Carbohydrate **30 g** | Dietary Fiber **5 g** | Sugars **7 g** | Protein **18 g** | Phosphorus **295 mg**

rinde **8 porciones** | tamaño de la porción **1 taco (con ½ taza de relleno)**
tiempo de preparación **15 minutos** | tiempo de cocción **1 hora y 5 minutos** | tiempo total **1 hora y 20 minutos**

carnitas verdes con salsa de frijoles negros ahumados

Soy adicta a la salsa verde, como pueden ver por las recetas en este libro. Es una salsa totalmente vegetal con unos pocos ingredientes y mucho sabor. Es más, es ¡súper saludable! En mi opinión, ¡debe incluirse entre las maravillas del mundo!

1 lb de hombro o espaldilla de cerdo, sin grasa y cortada en cubos de ¾ pulgadas

3 tazas el agua

2 cdas. de aceite de canola

½ taza de jugo de naranja

½ taza de leche de coco de lata, *light* y sin endulzar

1 cebolla blanca en tiras delgadas (aproximadamente 1 taza/5 oz)

2 tomatillos pelados, enjuagados y picados (aproximadamente 6 oz)

¼ taza de chorizo picado (1.4 oz)

2 chipotles en adobo, picados

2 cdas. de adobo de los chipotles

2 dientes de ajo, finamente picados

¼ cdta. de sal

1 lata (de 15.5 oz) de frijoles negros sin sal agregada, enjuagados y escurridos

1 taza de salsa verde sin picante o ligeramente picante

¾ taza de cilantro fresco picado, en partes

8 tortillas de maíz (de 6 pulgadas), calientes

1 cebolla roja pequeña, en rodajas delgadas

1 Colocar el cerdo en una cazuela antiadherente de hierro. Echarle agua y hervir. Bajar el fuego a medio bajo, destapar un poco y cocer a fuego lento, revolviendo de vez en cuando, hasta que esté blando, aproximadamente 45 minutos. Descartar el líquido y pasar el cerdo a una vasija.

2 Calentar el aceite en la misma cazuela a fuego medio alto. Agregar el cerdo, el jugo de naranja y la leche de coco; hervir. Bajar el fuego a medio bajo y cocer, revolviendo de vez en cuando, hasta que el líquido se evapore del todo y el cerdo se dore y se ponga crocante, aproximadamente 10 minutos.

3 Agregar la cebolla, los tomatillos, el chorizo, los chipotles, el adobo y el ajo. Saltear, revolviendo de vez en cuando, hasta que la cebolla y los tomatillos se ablanden, aproximadamente 10 minutos. Agregar el cerdo a la cazuela con los frijoles, la salsa y ½ taza de cilantro; calentar bien.

4 Para armar, dividir la mezcla de cerdo entre las tortillas calientes. Echar encima la cebolla roja y el resto del cilantro. Como opción, servir adornadas con aguacate picado, rodajas de rábanos y cebolletas picadas.

CHICA TIP

¡Esta salsa es lo máximo! Triplica la receta de este relleno de carnitas y congela en porciones individuales. Puedes servirla sobre arroz o quinua, o como relleno de tacos de lechuga.

SELECCIONES/INTERCAMBIOS
1½ almidones, 2 vegetales sin almidón, 1 proteína magra, 2 grasas

VALORES NUTRICIONALES BÁSICOS
Calorías **320** | Calorías de grasa **140** | Total de grasa **15.0 g** | Grasa saturada **4.2 g** | Grasa trans **0.0 g**
Colesterol **45 mg** | Sodio **260 mg** | Potasio **680 mg** | Total de carbohidratos **30 g**
Fibra alimentaria **5 g** | Azúcares **7 g** | Proteína **18 g** | Fósforo **295 mg**

serves **4** | serving size **1 pork chop + ½ cup sauce**
prep time **10 minutes** | cook time **16 minutes** | total time **26 minutes + at least 4 hours marinating time**

pineapple pork chops

I'm not sure why I am so married to the taste of pork paired with fruit—any fruit will do. But pineapple takes the cake! Yes, I know the common fruit paired with pork is apple, but I am from the Caribbean and pineapples seem more fitting. The pineapple here goes from marinade to sauce. Its sweet and tart flavor enhances the pork to perfection.

4 (5-oz) boneless pork loin chops

1 cup unsweetened crushed pineapple

1 Tbsp Dijon mustard

1 Tbsp reduced-sodium soy sauce

1 Tbsp cider vinegar

3 cloves garlic, minced

1 Tbsp olive oil

1 red onion, thinly sliced

2 Tbsp chopped fresh flat-leaf parsley

1 Place the pork in a large zip-close plastic bag. Add the crushed pineapple, mustard, soy sauce, vinegar, and garlic. Squeeze out the air and seal the bag. Refrigerate, turning the bag occasionally, at least 4 hours.

2 Heat the oil in a large nonstick skillet. Scrape the marinade off the pork, reserving the marinade. Add the pork to the skillet and cook until browned, about 5 minutes. Add the onion and cook until tender, about 6 minutes.

3 Add the reserved marinade and bring to a boil. Reduce the heat to medium low. Simmer, turning pork occasionally, until the sauce begins to thicken, about 5 minutes longer. Remove from the heat and stir in the parsley.

CHOICES/EXCHANGES
½ Fruit, 1 Nonstarchy Vegetable, 4 Lean Protein, 1 Fat

BASIC NUTRITIONAL VALUES
Calories **280** | Calories from Fat **120** | Total Fat **13.0 g** | Saturated Fat **3.7 g** | Trans Fat **0.0 g**
Cholesterol **70 mg** | Sodium **290 mg** | Potassium **520 mg** | Total Carbohydrate **14 g**
Dietary Fiber **2 g** | Sugars **8 g** | Protein **28 g** | Phosphorus **245 mg**

chuletas de cerdo con piña

No sé por qué me gusta tanto el sabor del cerdo acompañado con fruta, cualquier fruta. Pero icon piña se saca el premio! Sí, sé que la fruta que usualmente se combina con cerdo es la manzana, pero soy caribeña y me parece que la piña le va mejor. Aquí, la piña es adobo y salsa. Su sabor dulce y ácido realza el cerdo a la perfección.

4 chuletas de cerdo deshuesadas (de 5 oz cada una)

1 taza de piña machacada, sin endulzar

1 cda. de mostaza de Dijon

1 cda. de salsa de soya con poco sodio

1 cda. de vinagre de sidra

3 dientes de ajo, finamente picados

1 cda. de aceite de oliva

1 cebolla roja en rodajas delgadas

2 cdas. de perejil fresco de hoja plana, picado

1 Colocar el cerdo en una bolsa grande de plástico con cierre. Echar en ella la piña machacada, la mostaza, la salsa de soya, el vinagre y el ajo. Sacar el aire de la bolsa y cerrar. Refrigerar, volteando la bolsa de vez en cuando, por lo menos 4 horas.

2 Calentar el aceite en una sartén grande antiadherente. Sacarle el adobo al cerdo y guardarlo. Dorar el cerdo en la sartén, aproximadamente 5 minutos. Agregar la cebolla y saltear hasta que esté blanda, aproximadamente 6 minutos.

3 Agregar el adobo guardado y hervir. Bajar el fuego a medio bajo. Cocer volteando el cerdo de vez en cuando, hasta que la salsa empiece a espesarse, aproximadamente 5 minutos más. Retirar del fuego y echarle perejil.

SELECCIONES/INTERCAMBIOS
½ fruta, 1 vegetal sin almidón, 4 proteínas magras, 1 grasa

VALORES NUTRICIONALES BÁSICOS
Calorías **280** | Calorías de grasa **120** | Total de grasa **13.0 g** | Grasa saturada **3.7 g** | Grasa trans **0.0 g**
Colesterol **70 mg** | Sodio **290 mg** | Potasio **520 mg** | Total de carbohidratos **14 g**
Fibra alimentaria **2 g** | Azúcares **8 g** | Proteína **28 g** | Fósforo **245 mg**

latin beef stew

Another staple of Latin cuisine is *carne guisada*, a savory dish of beef chunks and potatoes simmered in a sofrito base. To cut down on the starch, I have replaced most of the potatoes with chayote squash. Chayote squash has been a great discovery as a potato substitute. You get the texture and mild flavor of potatoes while greatly reducing the carbs. I am obsessed with it!

1 Tbsp olive oil

1½ lb boneless beef round, cut into 1-inch chunks

1 (14.5-oz) can no-salt-added diced tomatoes

⅓ cup light beer

⅓ cup water

6 cloves garlic, minced

2 bay leaves

1 Tbsp Todo Adobo seasoning (page 224)

½ tsp salt

½ tsp pepper

2 chayote squash, peeled and cut into 1-inch pieces (1½ lb total)

8 honey gold potatoes, washed and cut in half (1 lb total)

½ cup chopped fresh cilantro

12 scallions chopped (1 cup)

1 Heat the oil in a nonstick Dutch oven over medium-high heat. Add the beef and cook until browned. Add the tomatoes, beer, water, garlic, bay leaves, adobo seasoning, salt, and pepper; bring to a boil. Reduce the heat to medium low. Cover and simmer, stirring occasionally, until the beef is almost tender, about 1 hour.

2 Add the chayote squash, potatoes, cilantro, and scallions; bring to a boil. Reduce the heat to medium low and simmer, stirring occasionally, until the squash and potatoes are tender and meat is fork tender, about 30 minutes longer. Remove and discard bay leaves before serving.

CHOICES/EXCHANGES
1 Starch, 1 Nonstarchy Vegetable, 2 Lean Protein, ½ Fat

BASIC NUTRITIONAL VALUES
Calories **210** | Calories from Fat **45** | Total Fat **5.0 g** | Saturated Fat **1.2 g** | Trans Fat **0.0 g** | Cholesterol **35 mg** | Sodium **200 mg** | Potassium **650 mg** | Total Carbohydrate **19 g** | Dietary Fiber **4 g** | Sugars **3 g** | Protein **22 g** | Phosphorus **190 mg**

rinde **8 porciones** | tamaño de la porción **1 taza**
tiempo de preparación **20 minutos** | tiempo de cocción **1 hora 30 minutos** | tiempo total **1 hora 50 minutos**

guisado de carne a la latina

Otro plato típico de la cocina latina es la sabrosa carne guisada, con trozos de carne y papa cocidos a fuego lento y con una base de sofrito. Para reducir el almidón, remplacé gran parte de la papa con chayote. El chayote ha sido un gran descubrimiento como sustituto de la papa. Aporta la textura y sabor sutil de la papa y reduce mucho los carbohidratos. ¡Ahora lo uso obsesivamente!

1 cda. de aceite de oliva

1½ lb de carne de res para guisar (lomo de aguja), cortada en trozos de 1 pulgada

1 lata (de 14.5 oz) de tomates sin sal agregada, cortados en cuadritos

⅓ taza de cerveza *light*

⅓ taza de agua

6 dientes de ajo, finamente picados

2 hojas de laurel

1 cda. de Todo adobo (pág. 224)

½ cdta. de sal

½ cdta. de pimienta

2 chayotes, pelados y cortados en trozos de 1 pulgada (1½ lb en total)

8 papas amarillas, lavadas y cortadas por la mitad (1 lb en total)

½ taza de cilantro fresco picado

12 cebolletas picadas (1 taza)

1 Calentar el aceite en una cazuela antiadherente de hierro a fuego medio alto. Agregar la carne y dorar. Agregar el tomate, la cerveza, el agua, el ajo, el laurel, el adobo, la sal y pimienta; hervir. Tapar y cocer a fuego medio bajo, revolviendo de vez en cuando, hasta que la carne esté casi blanda, aproximadamente 1 hora.

2 Agregar el chayote, las papas, el cilantro y las cebolletas; hervir. Reducir el fuego a medio bajo y cocer revolviendo de vez en cuando, hasta que el chayote, la papa y la carne estén blandos, aproximadamente 30 minutos más. Retirar del juego y descartar las hojas de laurel antes de servir.

SELECCIONES/INTERCAMBIOS
1 almidón, 1 vegetal sin almidón, 2 proteínas magras, ½ grasa

VALORES NUTRICIONALES BÁSICOS
Calorías **210** | Calorías de grasa **45** | Total de grasa **5.0 g** | Grasa saturada **1.2 g** | Grasa trans **0.0 g**
Colesterol **35 mg** | Sodio **200 mg** | Potasio **650 mg** | Total de carbohidratos **19 g**
Fibra alimentaria **4 g** | Azúcares **3 g** | Proteína **22 g** | Fósforo **190 mg**

serves **4** | serving size **3 slices pork + ½ cup sauce**
prep time **15 minutes** | cook time **30 minutes** | total time **45 minutes + 10 minutes resting time**

healthy new year pork tenderloin

As a good Latina, I have my New Year's Eve superstitions. I really get into the holiday and go all out! I have to eat 12 grapes at midnight, have champagne, and walk around the block with an empty suitcase to assure travel in the coming year. Those superstitions inspired this dish; I already had the grapes and champagne in hand so, why not? Everyone likes this dish so much that it has become a staple for our New Year's celebration. I use sparkling apple cider in this recipe for a family-friendly dish, but feel free to go for the real thing.

Nonstick olive oil spray

1 Tbsp Todo Adobo seasoning (page 224)

¼ tsp ground cinnamon

¼ tsp salt

¼ tsp ground cloves

1 tsp plus 1 Tbsp olive oil, divided

1¼ lb pork tenderloin, trimmed of all visible fat

1 large (8-oz) Granny Smith apple, cut into ½-inch-thick wedges

1 small onion, finely chopped (½ cup)

1 cup sparkling apple cider

½ cup unsalted chicken broth

1 tsp chopped fresh thyme

1 cup seedless green grapes, cut in half

¼ cup plain fat-free Greek yogurt

1. Preheat the boiler. Line a baking sheet with foil and lightly spray with nonstick spray.

2. Combine the adobo seasoning, cinnamon, salt, cloves, and 1 tsp oil in a small bowl.

3. Rub the spice mixture all over the pork. Place the pork on the baking sheet and broil, 4–6 inches from the heat, turning occasionally, until an instant-read thermometer inserted into the thickest part of the pork reads 145°F, about 15 minutes. Transfer the pork to a cutting board and let rest 10 minutes.

4. Meanwhile, to make the sauce, heat the remaining 1 Tbsp of oil in a large nonstick skillet over medium-high heat. Add the apple and onion and cook, stirring occasionally, until the apples are tender, about 5 minutes. Stir in the cider, broth, and thyme and bring to a boil. Reduce the heat to medium low, bring to a simmer, and cook, stirring occasionally, until the flavors are blended and the sauce thickens slightly, about 10 minutes. Remove from the heat; stir in the grapes and yogurt.

5. Cut the pork into 12 slices and serve with the sauce.

CHOICES/EXCHANGES
1½ Fruit, 1 Nonstarchy Vegetable, 4 Lean Protein

BASIC NUTRITIONAL VALUES
Calories **290** | Calories from Fat **80** | Total Fat **9.0 g** | Saturated Fat **2.0 g** | Trans Fat **0.0 g** | Cholesterol **75 mg** | Sodium **210 mg** | Potassium **730 mg** | Total Carbohydrate **25 g** | Dietary Fiber **3 g** | Sugars **19 g** | Protein **30 g** | Phosphorus **300 mg**

lomo de cerdo saludable para año nuevo

Como buena latina, tengo unas cuantas supersticiones para la víspera de Año Nuevo. ¡Esta celebración realmente me entusiasma y hago de todo! Tengo que comer 12 uvas a medianoche, beber champán y darle la vuelta a la cuadra con una maleta vacía para asegurarme de viajar el año siguiente. Estas supersticiones fueron la fuente de inspiración de este platillo; ya tenía las uvas y el champán, o sea que ¿por qué no? Este plato les gusta tanto a todos que se ha vuelto esencial en nuestra celebración de Año Nuevo. Uso sidra de manzana espumante en esta receta para que sea apropiada para toda la familia, pero siéntanse en plena libertad de usar el champán.

Aceite de oliva antiadherente en aerosol

1 cda. de Todo adobo (pág. 24)

¼ cdta. de canela molida

¼ cdta. de sal

¼ cdta. de clavo de olor molido

1 cdta. más 1 cda. de aceite de oliva, en partes

1 ¼ lb de lomo de cerdo, desgrasado

1 manzana verde (Granny Smith) grande (de 8 oz), cortada en cuñas de ½ pulgada

1 cebolla pequeña, finamente picada (½ taza)

1 taza de sidra de manzana espumante

½ taza de caldo de pollo sin sal

1 cdta. de tomillo fresco, picado

1 taza de uvas verdes sin semilla, cortadas por la mitad

¼ taza de yogur griego descremado de sabor natural

1 Calentar la asadera (broiler) . Forrar una lata de hornear con papel aluminio y rociar con un poco de aceite en aerosol.

2 Mezclar el adobo, la canela, la sal, el clavo de olor y 1 cdta. de aceite en una vasija pequeña.

3 Frotar la mezcla de especias en todo el cerdo. Colocar el cerdo en la lata de hornear y asar a 4–6 pulgadas de la resistencia, y voltear de vez en cuando, aproximadamente 15 minutos, hasta que un termómetro instantáneo insertado en la parte más gruesa del cerdo indique 145°F. Pasar el cerdo a una tabla de cortar y dejar reposar 10 minutos.

4 Mientras tanto, para preparar la salsa, calentar la cda. restante de aceite en una sartén antiadherente grande a fuego medio alto. Agregar la manzana y la cebolla, y cocer, revolviendo de vez en cuando, hasta que la manzana se ablande, aproximadamente 5 minutos. Agregar la sidra, el caldo y el tomillo, y hervir. Reducir el fuego a medio bajo y cocer, revolviendo de vez en cuando, hasta que los sabores se combinen y la salsa se espese ligeramente, aproximadamente 10 minutos. Retirar del fuego; agregar las uvas y el yogur.

5 Cortar el cerdo en 12 tajadas y servir con la salsa.

SELECCIONES/INTERCAMBIOS
1½ frutas, 1 vegetal sin almidón, 4 proteínas magras

VALORES NUTRICIONALES BÁSICOS
Calorías **290** | Calorías de grasa **80** | Total de grasa **9.0 g** | Grasa saturada **2.0 g** | Grasa trans **0.0 g**
Colesterol **75 mg** | Sodio **210 mg** | Potasio **730 mg** | Total de carbohidratos **25 g**
Fibra alimentaria **3 g** | Azúcares **19 g** | Proteína **30 g** | Fósforo **300 mg**

beef quinoa chaufa

Peru is home to the largest Chinese community in Latin America. Chinese immigrants first came to Peru in the 1850s as indentured servants and laborers, influencing the local flavors with their cuisine. What happened when they mixed Chinese fried rice with Peruvian ingredients? The delicious Peruvian *chaufa* was created! Originally made with rice, it has now become popular to make it with quinoa. And, being a quinoa lover, I could not help but jump on the bandwagon.

1 cup water

½ cup uncooked quinoa, rinsed

1 large egg

1 egg white

⅛ tsp salt

2 tsp plus 1 Tbsp olive oil, divided

Nonstick olive oil spray

½ lb skirt steak, trimmed

2 scallions, sliced

2 tsp peeled, grated, fresh ginger

2 cloves garlic, minced

1 (8-oz) package mushrooms, sliced

1 red bell pepper, chopped

2 Tbsp reduced-sodium soy sauce

1 Bring the water to a boil in a medium saucepan. Add the quinoa and boil until the liquid has almost evaporated. Reduce the heat to medium low and cook, loosely covered, until the quinoa is tender, about 20 minutes. Remove from the heat and fluff with a fork.

2 Meanwhile, whisk together the egg, egg white, and salt in a small bowl. Heat 2 tsp of oil in a small nonstick skillet over medium heat. Add the egg mixture to the skillet and cook, gently moving the eggs from the edge of the skillet towards the center, allowing the uncooked eggs to flow underneath, about 2 minutes. Cover and cook until the eggs are just set, about 1 minute longer. Transfer to a cutting board; let cool, then cut into 1-inch pieces.

3 Spray a large nonstick skillet with nonstick spray and set over medium-high heat. Add the steak and cook until browned, about 4 minutes per side. Transfer to a plate; let rest 10 minutes, then thinly slice across the grain.

4 Wipe the skillet clean. Add the remaining 1 Tbsp oil to the skillet and heat over medium-high heat. Add the scallions, ginger, and garlic and cook until fragrant, 1 minute. Add the mushrooms and bell pepper and cook, stirring occasionally, until the vegetables are tender-crisp, about 7 minutes. Stir in the quinoa, egg, steak, and soy sauce, tossing to mix well.

CHICA TIP

! A seafood *chaufa* is truly a dish to remember. Just switch out the beef for 1 lb of your favorite seafood.

CHOICES/EXCHANGES
1 Starch, 1 Nonstarchy Vegetable, 2 Lean Protein, 2 Fat

BASIC NUTRITIONAL VALUES
Calories **280** | Calories from Fat **120** | Total Fat **13.0 g** | Saturated Fat **3.1 g** | Trans Fat **0.0 g**
Cholesterol **85 mg** | Sodium **420 mg** | Potassium **590 mg** | Total Carbohydrate **21 g**
Dietary Fiber **3 g** | Sugars **5 g** | Protein **21 g** | Phosphorus **300 mg**

chaufa de quinua y carne

En Perú vive la más numerosa comunidad china en Latinoamérica. Los inmigrantes chinos llegaron a Perú alrededor de 1850 como trabajadores, algunos no remunerados, y su cocina influyó en el sabor local. ¿Qué sucedió cuando mezclaron el arroz frito chino con ingredientes peruanos? ¡Se creó el delicioso chaufa peruano! Se hace con arroz, pero ahora es popular prepararlo con quinua. Y ya que me encanta la quinua, no pude evitar subirme al tren.

1 taza de agua

½ taza de quinua enjuagada sin cocer

1 huevo grande

1 clara de huevo

⅛ cdta. de sal

2 cdtas. más 1 cda. de aceite de oliva, en partes

Aceite de oliva antiadherente en aerosol

½ lb de bistec de falda, desgrasado

2 cebolletas en rodajas

2 cdtas. de jengibre fresco, pelado y rallado

2 dientes de ajo, finamente picados

1 paquete (de 8 oz) de hongos en rodajas

1 pimiento rojo picado

2 cdas. de salsa de soya o sillau con poco sodio

1 Hervir agua en una olla mediana. Agregar la quinua y hervir hasta que el líquido casi se evapore. Cocer a fuego medio bajo, con la olla un poco destapada, hasta que la quinua se ablande, aproximadamente 20 minutos. Retirar del fuego y granear con un tenedor.

2 Mientras tanto, mezclar el huevo, la clara de huevo y la sal en una vasija pequeña. Calentar 2 cdtas. de aceite en una sartén antiadherente pequeña a fuego medio. Agregar el huevo a la sartén y freír, separando el huevo del borde de la sartén hacia el centro y permitiendo que el huevo no cocido circule debajo, aproximadamente 2 minutos. Tapar y cocer hasta que el huevo se cueza, aproximadamente 1 minuto más. Pasar a una tabla de cortar; dejar enfriar y luego cortarlo en tiras de 1 pulgada.

3 Echar aceite en aerosol a una sartén antiadherente grande y prender el fuego a medio alto. Agregar el bistec y cocer hasta que se dore, aproximadamente 4 minutos por lado. Pasar a un plato; dejar reposar 10 minutos, luego cortar contra el grano en tajadas delgadas.

4 Limpiar la sartén con un paño. Agregar la cda. restante de aceite a la sartén y calentar a fuego medio alto. Agregar la cebolleta, el jengibre y el ajo, y cocer hasta que suelte su aroma, 1 minuto. Agregar los hongos y el pimiento rojo, y saltear, revolviendo de vez en cuando, hasta que los vegetales estén crocantes, aproximadamente 7 minutos. Agregar la quinua, el huevo, el bistec y la salsa de soya, y mezclar bien.

CHICA TIP

! El chaufa de mariscos realmente es un platillo memorable. Simplemente remplaza la carne con 1 lb de tus mariscos preferidos.

SELECCIONES/INTERCAMBIOS
1 almidón, 1 vegetal sin almidón, 2 proteínas magras, 2 grasas

VALORES NUTRICIONALES BÁSICOS
Calorías **280** | Calorías de grasa **120** | Total de grasa **13.0 g** | Grasa saturada **3.1 g** | Grasa trans **0.0 g**
Colesterol **85 mg** | Sodio **420 mg** | Potasio **590 mg** | Total de carbohidratos **21 g**
Fibra alimentaria **3 g** | Azúcares **5 g** | Proteína **21 g** | Fósforo **300 mg**

chapter 7
capítulo 7

170 quinoa seafood paella | **171** *paella de quinua con mariscos*

ciao pescao

ciao pescao

quinoa seafood paella

My apologies to Spain, but I love this version of paella more than the original; the quinoa seems to soak up the flavor more than the rice or *arroz bomba* that is used in the classic Spanish dish. I find paella to be such an easy and beautiful dish to present when serving multiple people. One key ingredient is saffron. I use Persian (Iranian) saffron, which I buy online, because I prefer it to the commercial versions you find at the supermarket. It has so much flavor, so a little goes a long way. I store it powdered in my fridge and use it in stews, soups, rice, veggies, etc.

1 Tbsp extra-virgin olive oil

1 onion, finely chopped

1 red bell pepper, thinly sliced

1 green bell pepper, thinly sliced

4 cloves garlic, minced

1 Tbsp tomato paste

1 tsp Spanish saffron threads

1 cup uncooked quinoa, rinsed

2 cups unsalted chicken broth

1 (10-oz) can diced tomatoes

¼ tsp coarse salt

1 lb wild, never frozen, large shrimp, peeled and deveined (about 30 shrimp)

1 lb calamari rings

3 Tbsp chopped fresh flat-leaf parsley

1 lemon, cut into 8 wedges

1 Heat the oil in a large nonstick skillet or paella pan over medium-high heat. Add the onion, bell peppers, and garlic, and cook, stirring occasionally, until the vegetables are tender, about 8 minutes.

2 Add the tomato paste and saffron to the skillet, stirring until well mixed. Add the quinoa, broth, tomatoes, and salt; bring to a boil. Reduce the heat to medium low. Cover and simmer until the liquid is absorbed and the quinoa is tender, about 20 minutes.

3 Tuck the shrimp and calamari into the quinoa mixture. Cover and cook until the shrimp and calamari are cooked through, about 5 minutes. Remove from the heat; sprinkle with parsley and garnish with lemon wedges.

CHICA TIP

! Washing your quinoa thoroughly before cooking is a very important step. The quinoa grain is covered with saponin, which gives it a bitter taste.

CHOICES/EXCHANGES
1 Starch, 1 Nonstarchy Vegetable, 2 Lean Protein

BASIC NUTRITIONAL VALUES
Calories **210** | Calories from Fat **35** | Total Fat **4.0 g** | Saturated Fat **0.6 g** | Trans Fat **0.0 g** | Cholesterol **195 mg** | Sodium **260 mg** | Potassium **590 mg** | Total Carbohydrate **23 g** | Dietary Fiber **3 g** | Sugars **5 g** | Protein **21 g** | Phosphorus **335 mg**

paella de quinua con mariscos

Mil disculpas, España, pero prefiero esta versión de paella a la original. La quinua parece absorber mejor el sabor que el arroz bomba que se usa en este platillo muy español. La paella es un plato fácil y de excelente presentación, perfecta para cuando se invita a un grupo grande de gente. Un ingrediente esencial es el azafrán. Uso el azafrán persa o iraní, que compro por internet, pues lo prefiero a las versiones comerciales que se encuentran en el supermercado. Tiene mucho sabor, o sea que un poquito rinde muchísimo. Lo guardo en polvo en el refrigerador y lo uso en guisados, sopas, arroces, vegetales, etc.

1 cda. de aceite de oliva extra virgen

1 cebolla finamente picada

1 pimiento rojo en tiras delgadas

1 pimiento verde en tiras delgadas

4 dientes de ajo, finamente picados

1 cda. de pasta de tomate

1 cdta. de filamentos de azafrán español

1 taza de quinua enjuagada sin cocer

2 tazas de caldo de pollo sin sal

1 lata (de 10 oz) de tomates en cuadritos

¼ cdta. de sal gruesa

1 lb de camarones silvestres grandes y frescos, pelados y desvenados (aproximadamente 30 camarones)

1 lb de calamar cortado en aros

3 cdas. de perejil fresco de hoja plana, picado

1 limón cortado en 8 gajos

1 Calentar el aceite en una sartén antiadherente grande o paellera a fuego medio alto. Agregar la cebolla, el pimiento rojo y el ajo, y saltear, revolviendo de vez en cuando, hasta que se ablanden, aproximadamente 8 minutos.

2 Agregar la pasta de tomate y el azafrán a la sartén, revolviendo hasta que se mezclen bien. Echar la quinua, el caldo, los tomates y la sal, y hervir. Reducir el fuego a medio bajo. Tapar y cocer a fuego lento hasta que se absorba el líquido y la quinua esté blanda, aproximadamente 20 minutos.

3 Echar los camarones y calamares a la quinua. Tapar y cocer hasta que estén bien cocidos, aproximadamente 5 minutos. Retirar del fuego; echar encima el perejil y adornar con gajos de limón.

CHICA TIP

! Es muy importante lavar bien la quinua antes de cocerla. El grano de quinua está recubierto de saponina, que le da un sabor amargo.

SELECCIONES/INTERCAMBIOS
1 almidón, 1 vegetal sin almidón, 2 proteínas magras

VALORES NUTRICIONALES BÁSICOS
Calorías **210** | Calorías de grasa **35** | Total de grasa **4.0 g** | Grasa saturada **0.6 g** | Grasa trans **0.0 g**
Colesterol **195 mg** | Sodio **260 mg** | Potasio **590 mg** | Total de carbohidratos **23 g**
Fibra alimentaria **3 g** | Azúcares **5 g** | Proteína **21 g** | Fósforo **335 mg**

spanish-style hake

I am a big fan of what I call "one-dish wonder meals." These are recipes that call for protein, starch, and vegetables that are all cooked in one pot. Ideally, these dishes require almost no manning, which is what I love about cooking in the oven. Call me lazy or practical, but dishes like these really work for busy people.

1 large (about ¾ lb) russet potato, cut into ½-inch-thick slices (1½ cups)

1 onion, thinly sliced (1 cup)

1 chayote squash, peeled and thinly sliced (2 cups)

2 Tbsp olive oil, divided

½ tsp salt, divided

5 cloves garlic, sliced

1 cup loosely packed fresh flat-leaf parsley, coarsely chopped

½ lb asparagus, cut into thirds (2 cups)

½ cup frozen green peas

1 Tbsp white wine vinegar

1 cup unsalted seafood broth or unsalted chicken broth

½ tsp pepper, divided

4 (5-oz) hake or cod fillets, cut into 3-inch pieces

Nonstick olive oil spray

1 Place the potato in a small saucepan with enough water to cover and bring to a boil. Reduce the heat to medium low and simmer until the potato is almost tender, about 10 minutes; drain.

2 Preheat the oven to 400°F. Spray an 8 × 8-inch baking dish with nonstick spray.

3 Scatter the onion evenly on the bottom of the baking dish. Top with the chayote squash, and the potato. Drizzle with 1 Tbsp oil and sprinkle with ¼ tsp salt. Cover with foil and bake until the vegetables are tender, about 30 minutes.

4 Meanwhile, heat the remaining 1 Tbsp oil in a large nonstick skillet over medium heat. Add the garlic and cook until fragrant, about 1 minute. Add the parsley, asparagus, peas, vinegar, broth, and ¼ tsp pepper; bring to a boil. Reduce the heat to medium low and simmer until the asparagus pieces are tender, about 3 minutes.

5 Pat the fish fillets dry with paper towels. Sprinkle both sides with the remaining ¼ tsp salt and ¼ tsp pepper.

6 Remove the baking dish from the oven and place the fish on top of the potatoes. Spoon the parsley mixture over the top. Cover and bake until the fish flakes easily with a fork, about 12–15 minutes.

CHOICES/EXCHANGES
1 Starch, 2 Nonstarchy Vegetable, 3 Lean Protein, ½ Fat

BASIC NUTRITIONAL VALUES
Calories **300** | Calories from Fat **70** | Total Fat **8.0 g** | Saturated Fat **1.2 g** | Trans Fat **0.0 g** | Cholesterol **60 mg** | Sodium **410 mg** | Potassium **900 mg** | Total Carbohydrate **27 g** | Dietary Fiber **5 g** | Sugars **4 g** | Protein **30 g** | Phosphorus **260 mg**

merluza a la española

Soy muy aficionada a lo que llamo "recetas mágicas en una olla". Estas recetas tienen proteína, almidones y vegetales que se preparan en una sola olla. Lo ideal es que estos platillos no requieran atención, por eso me encantan los que se meten al horno. Seamos flojos o prácticos, estos platos realmente son ideales para la gente muy ocupada.

1 papa roja grande (de aproximadamente ¾ lb), cortada en tajadas de ½ pulgada de espesor (1½ tazas)

1 cebolla en rodajas delgadas (1 taza)

1 chayote, pelado y cortado en rodajas delgadas (2 tazas)

2 cdas. de aceite de oliva, en partes

½ cdta. de sal, en partes

5 dientes de ajo, en rodajas

1 taza sin apretar de perejil fresco de hoja plana, en trozos grandes

½ lb de espárragos cortados en tres partes (2 tazas)

½ taza de arvejas o chícharos congelados

1 cda. de vinagre de vino blanco

1 taza de caldo de mariscos o pollo sin sal

½ cdta. de pimienta, en partes

4 filetes (de 5 oz) de merluza o bacalao, cortados en trozos de 3 pulgadas

Aceite de oliva antiadherente en aerosol

1 Colocar las papas en una olla pequeña con suficiente agua para que las cubra y hervir. Reducir el fuego a medio bajo y cocer hasta que estén casi blandas, aproximadamente 10 minutos; escurrir.

2 Calentar el horno a 400ºF. Echar aceite en aerosol a una fuente de hornear de 8 × 8 pulgadas.

3 Echar la cebolla de manera uniforme en el fondo de la fuente de hornear. Encima poner el chayote y la papa. Rociar con 1 cda. de aceite y ¼ cdta. de sal. Tapar con papel aluminio y hornear hasta que los vegetales estén blandos, aproximadamente 30 minutos.

4 Mientras tanto, calentar la cda. restante de aceite en una sartén antiadherente grande a fuego medio. Agregar el ajo y dorar hasta que suelte su aroma, aproximadamente 1 minuto. Agregar el perejil, los espárragos, las arvejas, el vinagre, el caldo y ¼ cdta. de pimienta; hervir. Reducir el fuego a medio bajo y cocer hasta que los trozos de espárragos se ablanden, aproximadamente 3 minutos.

5 Secar los filetes de pescado con toallas de papel. Echarles el ¼ cdta. restante de sal y ¼ cdta. de pimienta.

6 Retirar la fuente de hornear del horno y colocar el pescado encima de las papas. Echar encima la mezcla de perejil. Tapar y hornear hasta que el pescado se desprenda fácilmente con un tenedor, aproximadamente 12–15 minutos.

SELECCIONES/INTERCAMBIOS
1 almidón, 2 vegetales sin almidón, 3 proteínas magras, ½ grasa

VALORES NUTRICIONALES BÁSICOS
Calorías **300** | Calorías de grasa **70** | Total de grasa **8.0 g** | Grasa saturada **1.2 g** | Grasa trans **0.0 g**
Colesterol **60 mg** | Sodio **410 mg** | Potasio **900 mg** | Total de carbohidratos **27 g**
Fibra alimentaria **5 g** | Azúcares **4 g** | Proteína **30 g** | Fósforo **260 mg**

smoky shrimp tostadas with chipotle mango slaw

I don't know anyone who does not love Mexican food. It has gone mainstream! Nowadays, you can really find all sorts of Mexican ingredients all over the U.S. One thing I have noticed is that the flour tortilla has truly taken over and many people have forgotten about the corn tortilla. Corn tortillas have a great flavor and are much healthier than flour tortillas. One flour tortilla has 110 calories whereas one corn tortilla has just 50 calories! And of course, who can go wrong with shrimp, mango, and chipotle!

4 (6-inch) corn tortillas

3 Tbsp reduced-fat mayonnaise

Grated zest and juice of 1 lime

1 tsp chopped chipotle chilies in adobo

1 tsp adobo sauce from the chipotles

1 tsp honey

½ tsp salt

1 (10-oz) bag coleslaw mix

1 ripe medium mango, cut into ½-inch chunks

½ cup cilantro leaves

½ lb wild, never frozen, medium shrimp, peeled and deveined (about 20 shrimp)

1 tsp chipotle chili powder

1 tsp olive oil

1 Heat a small nonstick skillet over medium heat. Add the tortillas, one at a time, and cook until lightly toasted and crisp, about 3 minutes on each side. Remove from the skillet and set aside.

2 Whisk together the mayonnaise, lime zest, lime juice, chipotle chilies, adobo sauce, honey, and salt in a large bowl. Add the coleslaw, mango, and cilantro; toss to coat well.

3 Sprinkle the shrimp with the chili powder. Heat the oil in a medium nonstick skillet over medium-high heat. Add the shrimp, in batches, and cook, turning occasionally, until just opaque in center, 2–3 minutes.

4 Place the tortillas on each of 4 plates. Top each with one-fourth of the coleslaw mixture and one-fourth of the shrimp. Serve at once.

CHOICES/EXCHANGES
1 Starch, ½ Fruit, 1 Nonstarchy Vegetable, 1 Lean Protein, ½ Fat

BASIC NUTRITIONAL VALUES
Calories **190** | Calories from Fat **45** | Total Fat **5.0 g** | Saturated Fat **0.6 g** | Trans Fat **0.0 g** | Cholesterol **60 mg** | Sodium **460 mg** | Potassium **450 mg** | Total Carbohydrate **29 g** | Dietary Fiber **5 g** | Sugars **12 g** | Protein **10 g** | Phosphorus **190 mg**

tostadas de camarones ahumados con ensalada de chipotle y mango

No conozco a nadie que no disfrute la comida mexicana. ¡Ahora todos la conocen! Es posible encontrar ingredientes mexicanos de todo tipo a lo largo y ancho de Estados Unidos. Algo que he notado es que las tortillas de harina realmente predominan, y mucha gente se ha olvidado de las tortillas de maíz. Estas son muy sabrosas y mucho más saludables que las de harina. Una tortilla de harina tiene 110 calorías mientras que ¡una de maíz solo tiene 50 calorías! Y por supuesto, ¡no hay forma de equivocarse con camarones, mango y chipotle!

4 tortillas de maíz de 6 pulgadas

3 cdas. de mayonesa baja en grasa

Ralladura y jugo de 1 limón verde

1 cdta. de chipotles picados en adobo

1 cdta. de adobo de los chipotles

1 cdta. de miel

½ cdta. de sal

1 bolsa (de 10 oz) de col y zanahoria picada (coleslaw)

1 mango mediano maduro, cortado en trozos de ½ pulgada

½ taza de hojas de cilantro

½ lb de camarones silvestres medianos y frescos, pelados y desvenados (aproximadamente 20 camarones)

1 cdta. de chipotle en polvo

1 cdta. de aceite de oliva

1 Calentar una sartén antiadherente pequeña a fuego medio. Echar una tortilla a la vez y tostar ligeramente hasta que esté crocante, aproximadamente 3 minutos por lado. Retirar de la sartén y poner de lado.

2 Mezclar la mayonesa, la ralladura de limón verde, el jugo de limón verde, el chipotle, el adobo, la miel y la sal en una vasija grande. Agregar la ensalada de col, el mango y el cilantro; revolver para cubrirlos bien.

3 Echar chili en polvo a los camarones. Calentar el aceite en una sartén antiadherente mediana a fuego medio alto. Agregar los camarones por partes y freír, volteando de vez en cuando, hasta que se empiecen a poner opacos en el centro, 2–3 minutos.

4 Colocar cada tortilla en un plato. Echar encima un cuarto de la ensalada y un cuarto de los camarones. Servir de inmediato.

SELECCIONES/INTERCAMBIOS
1 almidón, ½ fruta, 1 vegetal sin almidón, 1 proteína magra, ½ grasa

VALORES NUTRICIONALES BÁSICOS
Calorías **190** | Calorías de grasa **45** | Total de grasa **5.0 g** | Grasa saturada **0.6 g** | Grasa trans **0.0 g**
Colesterol **60 mg** | Sodio **460 mg** | Potasio **450 mg** | Total de carbohidratos **29 g**
Fibra alimentaria **5 g** | Azúcares **12 g** | Proteína **10 g** | Fósforo **190 mg**

shrimp rocoto ceviche

The rocoto pepper dates back thousands of years to the Incan Empire and grows around Peru and Bolivia. It has a very crisp and fruity flavor with a big spice kick somewhere below that of a habanero pepper. In Peru, they use rocoto peppers to spicy up their traditional ceviche that they sometimes serve with a rocoto cream. I opted for a cleaner version of that dish, leaving out the cream and adding the rocoto to the ceviche itself. Ceviche is traditionally made with raw seafood that is only cooked by the acidity of the lime. Due to the complications that can arise from eating raw seafood, I made this recipe using cooked shrimp.

½ cup lime juice (4 limes)

¼ cup unsalted seafood broth or unsalted chicken broth

2 Tbsp rocoto pepper paste

1 celery rib, coarsely chopped

1 scallion, coarsely chopped

1 (1-inch) piece peeled fresh ginger, chopped

4 cilantro stems

1 clove garlic, halved

¼ tsp salt

1 lb wild, never frozen, cooked, large shrimp, peeled and deveined (about 30 shrimp)

¼ small red onion, minced

2 mini sweet peppers, finely chopped (about 2 Tbsp/ 1 oz total)

1 Tbsp chopped fresh cilantro

1 Pulse the lime juice, broth, rocoto paste, celery, scallion, ginger, cilantro stems, garlic, and salt in a blender or food processor until smooth. Transfer to a large bowl.

2 Add the cooked shrimp, red onion, sweet peppers, and chopped cilantro; toss until well mixed. Cover and refrigerate to blend flavors, about 20 minutes. Serve chilled.

CHOICES/EXCHANGES
1 Nonstarchy Vegetable, 1 Lean Protein

BASIC NUTRITIONAL VALUES
Calories **60** | Calories from Fat **0** | Total Fat **0.0 g** | Saturated Fat **0.0 g** | Trans Fat **0.0 g** | Cholesterol **80 mg** | Sodium **250 mg** | Potassium **210 mg** | Total Carbohydrate **5 g** | Dietary Fiber **2 g** | Sugars **1 g** | Protein **11 g** | Phosphorus **115 mg**

ceviche de camarones al rocoto

El rocoto se remonta varios siglos al Imperio Inca y se cultiva en Perú y Bolivia. Tiene un sabor fresco a fruta, y pica mucho pero un poco menos que el habanero. En Perú, usan el rocoto para darle sabor al ceviche tradicional que a veces se sirve con crema de rocoto. Opté por una versión más liviana del plato, sin crema, y le agregué rocoto al ceviche mismo. El ceviche típicamente se prepara con pescado o mariscos crudos que se cuecen solamente con la acidez del limón verde. Debido a las complicaciones que pueden surgir de comer frutos de mar crudos, esta receta utiliza camarones cocidos.

½ taza de jugo de limón verde (4 limones verdes)

¼ taza de caldo de mariscos o pollo sin sal

2 cdas. de pasta de rocoto

1 base de tallo de apio, picada en trozos grandes

1 cebolleta, picada en trozos grandes

1 trozo (de 1 pulgada) de jengibre fresco, picado

4 tallos de cilantro

1 diente de ajo cortado por la mitad

¼ cdta. de sal

1 lb de camarones silvestres, frescos, grandes, pelados, desvenados y cocidos (aproximadamente 30 camarones)

¼ cebolla roja pequeña, finamente picada

2 mini pimientos dulces, finamente picados (aproximadamente 2 cdas. de 1 oz en total)

1 cda. de cilantro fresco, picado

1 Licuar el jugo de limón verde, el caldo, la pasta de rocoto, el apio, la cebolleta, el jengibre, los tallos de cilantro, el ajo y la sal en una licuadora o procesador de alimentos hasta que la salsa tenga consistencia uniforme. Pasar a una vasija grande.

2 Agregar los camarones cocidos, la cebolla roja, los pimientos dulces y el cilantro picado; mezclar bien. Tapar y refrigerar para que se combinen los sabores, aproximadamente 20 minutos. Servir frío.

SELECCIONES/INTERCAMBIOS
1 vegetal sin almidón, 1 proteína magra

VALORES NUTRICIONALES BÁSICOS
Calorías **60** | Calorías de grasa **0** | Total de grasa **0.0 g** | Grasa saturada **0.0 g** | Grasa trans **0.0 g**
Colesterol **80 mg** | Sodio **250 mg** | Potasio **210 mg** | Total de carbohidratos **5 g**
Fibra alimentaria **2 g** | Azúcares **1 g** | Proteína **11 g** | Fósforo **115 mg**

garlic shrimp

I am so happy with how this recipe turned out, even after reducing most of the traditional amounts of oil and butter. In my mind, *camarones al ajillo* needed to taste buttery. Luckily, after playing around with it and trying several different options to reduce the fat, I concluded that I was wrong. The combination of annatto and lemon in this recipe works wonders, making this so tasty and satisfying without the extra fat. It just goes to show that we add so much unnecessary fat to all of our food.

1 lb wild, never frozen, large shrimp, peeled and deveined (about 30 shrimp)

2 Tbsp chopped fresh flat-leaf parsley

1 tsp dried oregano

¼ tsp salt

¼ tsp red pepper flakes

¼ tsp annato powder

1 Tbsp olive oil

6 cloves garlic, thinly sliced

1 Tbsp lemon juice

1 Toss the shrimp, parsley, oregano, salt, red pepper flakes, and annatto in a large bowl until the shrimp is well coated.

2 Heat the oil in a large nonstick skillet over medium-high heat. Add the garlic and cook until fragrant, about 1 minute. Add the shrimp mixture and lemon juice and cook, turning frequently, until the shrimp is cooked through, 2–3 minutes. Serve at once.

CHOICES/EXCHANGES
2 Lean Protein

BASIC NUTRITIONAL VALUES
Calories **100** | Calories from Fat **30** | Total Fat **3.5 g** | Saturated Fat **0.5 g** | Trans Fat **0.0 g**
Cholesterol **120 mg** | Sodium **220 mg** | Potassium **200 mg** | Total Carbohydrate **2 g**
Dietary Fiber **0 g** | Sugars **0 g** | Protein **16 g** | Phosphorus **160 mg**

camarones al ajillo

Me encantó cómo salió esta receta, incluso tras eliminar gran parte del aceite y mantequilla que lleva la receta tradicional. Yo pensaba que los camarones al ajillo debían saber a mantequilla. Afortunadamente, tras experimentar y probar varias opciones para reducir la grasa, llegué a la conclusión de que estaba equivocada. La combinación de achiote y limón en esta receta resulta maravillosa, y la hace sabrosa y rica sin la grasa adicional. Esto prueba que agregamos demasiada grasa innecesaria a nuestra comida.

1 lb de camarones grandes silvestres, frescos, pelados y desvenados (aproximadamente 30 camarones)

2 cdas. de perejil fresco de hoja plana, picado

1 cdta. de orégano seco

¼ cdta. de sal

¼ cdta. de pimentón en hojuelas

¼ cdta. de achiote o anato en polvo

1 cda. de aceite de oliva

6 dientes de ajo en rodajas delgadas

1 cda. de jugo de limón

1 Revolver los camarones, el perejil, el orégano, la sal, el pimentón en hojuelas y el achiote en una vasija grande hasta que los camarones estén bien recubiertos.

2 Calentar el aceite en una sartén antiadherente grande a fuego medio alto. Agregar el ajo y dorar hasta que suelte su aroma, aproximadamente 1 minuto. Agregar la mezcla de camarones y jugo de limón y cocer, volteando con frecuencia, hasta que los camarones estén cocidos por dentro, 2–3 minutos. Servir de inmediato.

SELECCIONES/INTERCAMBIOS
2 proteínas magras

VALORES NUTRICIONALES BÁSICOS
Calorías **100** | Calorías de grasa **30** | Total de grasa **3.5 g** | Grasa saturada **0.5 g** | Grasa trans **0.0 g**
Colesterol **120 mg** | Sodio **220 mg** | Potasio **200 mg** | Total de carbohidratos **2 g**
Fibra alimentaria **0 g** | Azúcares **0 g** | Proteína **16 g** | Fósforo **160 mg**

chipotle fish tacos

I dream of fish tacos—and more so of the unfried fish version. And here it is! Pan cooking these fillets instead of frying them is less work and the results are great. Topped with this Greek yogurt-based chipotle crema, this dish will make you feel like you are in Baja California, under the sun! Greek yogurt has become my new mayonnaise and my wonder ingredient. I use it for savory recipes as well as sweet ones.

CHIPOTLE CREMA

½ cup plain fat-free Greek yogurt

2 Tbsp finely chopped fresh cilantro

1 Tbsp lime juice

1 chipotle chile in adobo, finely chopped

¼ tsp salt

TACOS

1 Tbsp lime juice

1 Tbsp olive oil

1 tsp ground cumin

1 tsp chili powder

½ tsp garlic powder

¼ tsp salt

1 lb corvina or red snapper fillets, cut into 4 pieces

Nonstick olive oil spray

8 (6-inch) corn tortillas

2 cups coleslaw mix (from a 14-oz pakcage; 5 oz total)

1 To make the crema, whisk together the yogurt, cilantro, lime juice, chipotle chile, and salt in a small bowl. Set aside.

2 To make the tacos, combine the lime juice, oil, cumin, chili powder, garlic powder, and salt in a medium bowl. Brush both sides of the fillets with the lime mixture.

3 Spray a medium nonstick skillet with nonstick spray and set over medium-high heat. Add the fillets and cook until the center is opaque, about 3 minutes per side. Transfer to a bowl and break into chunks with a fork.

4 Meanwhile, heat tortillas according to package directions.

5 Divide fish evenly among tortillas; top each with ¼ cup coleslaw, 1 Tbsp crema, and optional toppings such as avocado slices, sliced radishes, lime wedges, and cilantro leaves, if desired.

CHICA TIP

! This chipotle crema is great on sandwiches, crudités, or lettuce rolls. Roll a romaine lettuce leaf with a slice of turkey and a dollop of this crema for snack time.

CHOICES/EXCHANGES
1½ Starch, 1 Nonstarchy Vegetable, 3 Lean Protein

BASIC NUTRITIONAL VALUES
Calories **290** | Calories from Fat **60** | Total Fat **7.0 g** | Saturated Fat **1.0 g** | Trans Fat **0.0 g** | Cholesterol **45 mg** | Sodium **390 mg** | Potassium **710 mg** | Total Carbohydrate **29 g** | Dietary Fiber **4 g** | Sugars **2 g** | Protein **29 g** | Phosphorus **395 mg**

tacos de pescado y chipotle

Sueño con los tacos de pescado e incluso más con la versión que no requiere freírlo. ¡Y aquí esta! Dorar los filetes en vez de freírlos es menos trabajo, y los resultados son fabulosos. Con la crema de yogur griego y chipotle, este platillo hace que uno se sienta que está en Baja, California, ¡en un día de sol! El yogur griego ha pasado a ser mi mayonesa e ingrediente mágico. Lo uso en recetas saladas y dulces.

CREMA DE CHIPOTLE

½ taza de yogur griego descremado de sabor natural

2 cdas. de cilantro fresco, finamente picado

1 cda. de jugo de limón verde

1 chipotle en adobo, finamente picado

¼ cdta. de sal

TACOS

1 cda. de jugo de limón verde

1 cda. de aceite de oliva

1 cdta. de comino molido

1 cdta. de chile en polvo

½ cdta. de ajo en polvo

¼ cdta. de sal

1 lb de filetes de corvina o pargo rojo, cortados en 4 pedazos

Aceite de oliva antiadherente en aerosol

8 tortillas de maíz (de 6 pulgadas)

2 tazas de col y zanahoria rallada (coleslaw) (de un paquete de 14 oz; 5 oz en total)

1 Para preparar la crema, mezclar el yogur, el cilantro, el jugo de limón verde, el chipotle y sal en una vasija pequeña. Poner de lado.

2 Para preparar los tacos, mezclar el jugo de limón verde, el aceite, el comino, el chile en polvo, el ajo en polvo y la sal en una vasija mediana. Untar ambos lados de los filetes con la mezcla de limón verde.

3 Echar aceite en aerosol a una sartén antiadherente mediana y calentar a fuego medio alto. Agregar los filetes y dorar hasta que el centro esté opaco, aproximadamente 3 minutos por lado. Pasar a una vasija y cortar en trozos con un tenedor.

4 Mientras tanto, calentar las tortillas según las instrucciones del paquete.

5 Dividir el pescado entre las tortillas; echar en cada una ¼ taza de ensalada de col, 1 cda. de crema y, como opción, tajadas de aguacate, rodajas de rábanos, gajos de limón verde y hojas de cilantro.

CHICA TIP

! Esta crema de chipotle es fabulosa con sándwiches, verduras crudas o enrollados de lechuga. Enrolla una hoja de lechuga romana con una tajada de pavo y una cucharada de esta crema para la hora de la merienda.

SELECCIONES/INTERCAMBIOS
1½ almidones, 1 vegetal sin almidón, 3 proteínas magras

VALORES NUTRICIONALES BÁSICOS
Calorías **290** | Calorías de grasa **60** | Total de grasa **7.0 g** | Grasa saturada **1.0 g** | Grasa trans **0.0 g**
Colesterol **45 mg** | Sodio **390 mg** | Potasio **710 mg** | Total de carbohidratos **29 g**
Fibra alimentaria **4 g** | Azúcares **2 g** | Proteína **29 g** | Fósforo **395 mg**

squid ink zoodle paella

My vegetable spiralizer and zucchini have become my best friends whenever I crave pasta. That is how I make "zoodles" or zucchini noodles. Go online and you will get hit by the latest kitchen trend, spiral everything. A spiralizer is a must-have, inexpensive gadget! I was very glad to have one on hand when I wanted to create a low-carb version of a Spanish *fideua negra*. I simply replaced the noodles with zoodles!

Juice of 1 lemon

1 lb fresh calamari rings

2 medium zucchini (about 1 lb total)

2 Tbsp olive oil

2 shallots, minced (½ cup)

3 cloves garlic, minced

3 (4-g) envelopes calamari ink

½ cup unsalted seafood broth or unsalted chicken broth

1 (14.5-oz) can petite diced tomatoes, drained

¼ tsp paprika

2 Tbsp chopped fresh flat-leaf parsley

1 lemon, cut into wedges

1 Pour the lemon juice over the calamari rings and let stand 5 minutes.

2 Using a spiral vegetable slicer (spiralizer) or a mandolin, cut the zucchini into long, thin noodles; set aside.

3 Heat the oil in a large nonstick skillet over medium-high heat. Add the shallots and garlic and cook until fragrant, about 2 minutes. Dissolve the calamari ink in the broth and add it to the pan. Add the zucchini, tomatoes, and paprika. Cook for 3 minutes.

4 Add the calamari. Cover and cook until the calamari is cooked through, about 2 minutes. Sprinkle with the parsley and serve garnished with lemon wedges.

CHICA TIP

! Spiralizers are great to use with beets, carrots, and cucumber to make a fun colorful salad. For baked sweet potato fries, spiralize sweet potato noodles and bake them in the oven until crispy.

CHOICES/EXCHANGES
½ Carbohydrate, 2 Nonstarchy Vegetable, 2 Lean Protein, 1 Fat

BASIC NUTRITIONAL VALUES
Calories **220** | Calories from Fat **80** | Total Fat **9.0 g** | Saturated Fat **1.5 g** | Trans Fat **0.0 g** | Cholesterol **265 mg** | Sodium **280 mg** | Potassium **780 mg** | Total Carbohydrate **15 g** | Dietary Fiber **2 g** | Sugars **5 g** | Protein **21 g** | Phosphorus **320 mg**

fideua negra

Mi espiralizador de vegetales y el calabacín se han convertido en mis mejores amigos para cuando me provoca comer pasta. Así hago tallarines de calabacín. En internet encontrarán todo sobre la última moda en la cocina, que es cortar todo en espirales. El espiralizador es un aparato ibarato y absolutamente necesario! Fue un placer tener uno a la mano para preparar una versión con pocos carbohidratos de la *fideua* negra española. iSimplemente usé tallarines de calabacín en vez de fideos!

Jugo de 1 limón

1 lb de calamares frescos, cortados en aros

2 calabacines medianos o *zucchini* (aproximadamente 1 lb en total)

2 cdas. de aceite de oliva

2 chalotas finamente picadas (½ taza)

3 dientes de ajo, finamente picados

3 sobres (de 4 g) de tinta de calamar

½ taza de caldo de mariscos o pollo sin sal

1 lata (de 14.5 oz) de tomates cortados en cuadritos chicos y escurridos

¼ cdta. de pimentón o paprika

2 cdas. de perejil fresco de hoja plana, picado

1 limón cortado en gajos

1 Exprimir el jugo de limón sobre los aros de calamar y dejar reposar 5 minutos.

2 Usar un espiralizador o mandolina para cortar el calabacín en forma de fideos largos y delgados; poner de lado.

3 Calentar el aceite en una sartén antiadherente grande a fuego medio alto. Agregar las chalotas y el ajo, y saltear hasta que suelten su aroma, aproximadamente 2 minutos. Disolver la tinta de calamar en el caldo y agregarla a la sartén. Echar el calabacín, los tomates y el pimentón. Cocer 3 minutos.

4 Agregar los calamares. Tapar y cocer hasta que estén cocidos por dentro, aproximadamente 2 minutos. Echarle perejil y servir adornado con gajos de limón.

CHICA TIP

! Los espiralizadores son fabulosos para cortar betabeles, zanahorias y pepinillo, y preparar una ensalada colorida y divertida. Para hacer papas de batatas bien ricas, corta en el espiralizador y hornéalas hasta que estén crocantes.

SELECCIONES/INTERCAMBIOS
½ carbohidrato, 2 vegetales sin almidón, 2 proteínas magras, 1 grasa

VALORES NUTRICIONALES BÁSICOS
Calorías **220** | Calorías de grasa **80** | Total de grasa **9.0 g** | Grasa saturada **1.5 g** | Grasa trans **0.0 g**
Colesterol **265 mg** | Sodio **280 mg** | Potasio **780 mg** | Total de carbohidratos **15 g**
Fibra alimentaria **2 g** | Azúcares **5 g** | Proteína **21 g** | Fósforo **320 mg**

cod cakes with black bean and papaya salsa

Thank you to the French for introducing the Spaniards to *croquetas*, who in turn brought them to Latin America. These baked cod cakes are basically a *croqueta* inspired by flavors from the Mexican Caribbean coast. The light mayonnaise takes the place of the béchamel sauce in French *croquettes*, making this much lighter fare.

COD CAKES

¾ lb cod fillets

1 cup whole-wheat panko bread crumbs, divided

¼ cup light mayonnaise

¼ cup chopped fresh cilantro

2 scallions, finely chopped

Grated zest and juice of 1 lime

1 chipotle chile in adobo, chopped

1 egg white

⅛ tsp salt

4 tsp canola oil

SALSA

1 cup cubed papaya (about 8 oz)

1 red bell pepper, chopped (about 1 cup)

1 cup canned black beans, rinsed and drained

½ cup chopped fresh cilantro

½ small red onion, finely chopped (¼ cup)

1 jalapeño pepper, minced

2 Tbsp orange juice

1 Tbsp lime juice

1 Fill a high-sided medium skillet with about 1 inch of water. Add the fillets and bring to a simmer over medium heat. Cook, turning occasionally, until the fish is opaque, about 5 minutes.

2 Drain well and transfer the fish with a slotted spoon to a large bowl; flake with a fork. Let cool 10 minutes.

3 Add ¼ cup panko, mayonnaise, cilantro, scallions, lime zest, lime juice, chipotle chile, egg white, and salt until well mixed. Form into 6 (3-inch round) patties.

4 Place the remaining ¾ cup panko on waxed paper. Dredge the patties in the panko, pressing to adhere. Transfer the cod cakes to a plate lined with wax paper, cover, and refrigerate 15 minutes.

5 Meanwhile, to make the salsa, combine the papaya, bell pepper, black beans, cilantro, onion, jalapeño, orange juice, and lime juice in a large bowl; toss gently to mix well.

6 To cook the cod cakes, heat the canola oil in a large nonstick skillet over medium-high heat. Add the patties and cook until crisp and golden, about 3 minutes. Turn over and cook 2–3 minutes longer. Serve with the salsa.

CHOICES/EXCHANGES
1 Starch, ½ Fruit, 1 Nonstarchy Vegetable, 2 Lean Protein

BASIC NUTRITIONAL VALUES
Calories **220** | Calories from Fat **50** | Total Fat **6.0 g** | Saturated Fat **0.6 g** | Trans Fat **0.0 g** Cholesterol **25 mg** | Sodium **240 mg** | Potassium **470 mg** | Total Carbohydrate **26 g** Dietary Fiber **6 g** | Sugars **7 g** | Protein **16 g** | Phosphorus **150 mg**

croquetas de bacalao con frijoles negros y salsa de papaya

Tenemos que agradecerles a los franceses por dar a conocer las croquetas entre los españoles, quienes a su vez las llevaron a Latinoamérica. La inspiración de estas croquetas de bacalao al horno son básicamente los sabores de la costa caribeña de México. La mayonesa *light* remplaza la salsa bechamel de las *croquettes* francesas, lo que las hace mucho más ligeras.

CROQUETAS DE BACALAO

¾ lb de filetes de bacalao

1 taza de pan molido de trigo integral tipo panko, en partes

¼ taza de mayonesa light

¼ taza de cilantro fresco, picado

2 cebolletas finamente picadas

Ralladura y jugo de 1 limón verde

1 chipotle en adobo, picado

1 clara de huevo

⅛ cdta. de sal

4 cdtas. de aceite de canola

SALSA

1 taza de papaya en cubos (aproximadamente 8 oz)

1 pimiento rojo picado (aproximadamente 1 taza)

1 taza de frijoles negros de lata, enjuagados y escurridos

½ taza de cilantro fresco, picado

½ cebolla roja pequeña, finamente picada (¼ taza)

1 jalapeño finamente picado

2 cdas. de jugo de naranja

1 cda. de jugo de limón verde

1 Llenar una sartén mediana de lados altos con aproximadamente 1 pulgada de agua. Agregar los filetes y hervir a fuego medio. Cocer, volteando de vez en cuando, hasta que el pescado esté opaco, aproximadamente 5 minutos.

2 Escurrir bien; con una espumadera pasar el pescado a una vasija grande y desmenuzar con un tenedor. Dejar enfriar 10 minutos.

3 Agregar ¼ taza de panko, la mayonesa, el cilantro, las cebolletas, la ralladura de limón verde, el jugo de limón verde, el chipotle, la clara de huevo y la sal y mezclar bien. Formar 6 croquetas (de 3 pulgadas de grosor).

4 Colocar los ¾ taza restante de panko en papel encerado. Cubrir las croquetas con panko, presionando para que se adhiera. Pasar las croquetas de bacalao a un plato con papel encerado, tapar y refrigerar 15 minutos.

5 Mientras tanto, para preparar la salsa, mezclar la papaya, el pimiento rojo, los frijoles negros, el cilantro, la cebolla, el jalapeño, el jugo de naranja y el jugo de limón verde en una vasija grande; mezclar con movimientos suaves.

6 Para cocer las croquetas de bacalao, calentar el aceite de canola en una sartén antiadherente grande a fuego medio alto. Agregar las croquetas y dorar, aproximadamente 3 minutos. Voltear y cocer 2–3 minutos más. Servir con la salsa.

SELECCIONES/INTERCAMBIOS

1 almidón, ½ fruta, 1 vegetal sin almidón, 2 proteínas magras

VALORES NUTRICIONALES BÁSICOS

Calorías **220** | Calorías de grasa **50** | Total de grasa **6.0 g** | Grasa saturada **0.6 g** | Grasa trans **0.0 g**
Colesterol **25 mg** | Sodio **240 mg** | Potasio **470 mg** | Total de carbohidratos **26 g**
Fibra alimentaria **6 g** | Azúcares **7 g** | Proteína **16 g** | Fósforo **150 mg**

roasted butternut squash and tuna salad

Growing up, I do not recall having access to the varieties of gourds available in the U.S., such as spaghetti squash, acorn squash, and the butternut squash used in this recipe. In Spanish recipes we simply called for calabaza or pumpkin. Since moving to the U.S., I have come to love all gourds and like to use them in a variety of recipes. They are inexpensive and are a great way to bulk up your soups. Personally, I find them beautiful and love to use them as serving vessels stuffed with all sorts of goodness, like this tuna salad.

1 small butternut squash (about 2 lb), seeded and halved lengthwise (see Chica Tip)

Nonstick olive oil spray

¼ tsp salt

1 (5-oz) can water-packed solid white tuna, drained and flaked

1 medium tomato, diced (½ cup)

1 celery rib, finely chopped

1 carrot, finely chopped

1 Tbsp sliced black olives

1 jalapeño pepper, minced

2 Tbsp chopped fresh flat-leaf parsley

2 Tbsp red onion, finely chopped

2 Tbsp lemon juice

1 Tbsp extra-virgin olive oil

½ tsp dried oregano

2 Tbsp grated Parmesan cheese

1 Preheat the oven to 400°F. Line a baking sheet with foil. Lightly spray the squash halves with nonstick spray and sprinkle with the salt. Place the squash, cut-side down, on the baking sheet and bake until tender, about 45 minutes. Place baking sheet on a rack. Turn squash halves cut-side up and let cool 10 minutes. Leave the oven on.

2 Meanwhile, mix together the tuna, tomato, celery, carrot, olives, jalapeño, parsley, onion, lemon juice, olive oil, and oregano in a medium bowl. Spoon the filling onto the squash halves.

3 Sprinkle with the cheese and bake until the filling is hot and the cheese begins to brown slightly, about 15 minutes.

4 To serve, cut each filled squash in half lengthwise into 2 wedges, for a total of 4 wedges.

CHICA TIP

! How to cut a squash the easy way: Place the whole squash in the microwave and cook on high for 3–5 minutes. Remove from the microwave and let stand for 3 minutes to cool off. Slice both ends off the squash then stand it upright and just cut it in half lengthwise. Remove the seeds and proceed to baking.

CHOICES/EXCHANGES
1 Starch, 1 Nonstarchy Vegetable, 1 Lean Protein, ½ Fat

BASIC NUTRITIONAL VALUES
Calories **160** | Calories from Fat **45** | Total Fat **5.0 g** | Saturated Fat **1.2 g** | Trans Fat **0.0 g**
Cholesterol **15 mg** | Sodium **330 mg** | Potassium **690 mg** | Total Carbohydrate **20 g**
Dietary Fiber **6 g** | Sugars **6 g** | Protein **10 g** | Phosphorus **140 mg**

rinde **4 porciones** | tamaño de la porción **1 cuña de calabaza (con ½ taza de relleno)**
tiempo de preparación **25 minutos** | tiempo de cocción **1 hora** | tiempo total **1 hora y 25 minutos**

calabaza de invierno asada con ensalada de atún

No recuerdo haber tenido acceso de niña a las variedades de calabazas disponibles en Estados Unidos, como la calabaza *spaghetti*, *acorn* y *butternut*, y esta última, es la que se usa en esta receta. En español, las recetas simplemente piden calabaza o zapallo. Desde que vivo en Estados Unidos, me encantan todos los tipos de calabaza y me gusta usarlas en una variedad de recetas. Son económicas y una manera maravillosa de hacer que las sopas sean más sustanciosas. Me parecen bellas y me encanta usarlas en la presentación de la comida, rellenas con todo tipo de cosas ricas, como esta ensalada de atún.

1 calabaza de invierno (*butternut*) pequeña (aproximadamente 2 lb), sin semillas y cortada por la mitad a lo largo (ver Chica Tip)

Aceite de oliva antiadherente en aerosol

¼ cdta. de sal

1 lata (de 5 oz) de atún blanco sólido y envasado en agua, escurrido y desmenuzado

1 tomate mediano, picado (½ taza)

1 base de tallo de apio, finamente picada

1 zanahoria finamente picada

1 cda. de rodajas de aceitunas negras

1 jalapeño finamente picado

2 cdas. de perejil fresco de hoja plana, picado

2 cdas. de cebolla roja, finamente picada

2 cdas. de jugo de limón

1 cda. de aceite de oliva extra virgen

½ cdta. de orégano seco

2 cdas. de queso parmesano, rallado

1 Calentar el horno a 400°F. Forrar una lata de hornear con papel aluminio. Rociar un poco de aceite en aerosol en las mitades de calabaza y echarles sal. Colocar la calabaza, con el corte hacia abajo, en la lata y hornear hasta que esté blanda, aproximadamente 45 minutos. Colocar la lata de hornear sobre una rejilla. Voltear la calabaza hacia arriba y dejar enfriar 10 minutos. Dejar el horno prendido.

2 Mientras tanto, mezclar el atún, el tomate, el apio, la zanahoria, las aceitunas, el jalapeño, el perejil, la cebolla, el jugo de limón, el aceite de oliva y el orégano en una vasija mediana. Echar el relleno en las mitades de calabaza.

3 Echarle queso y hornear hasta que se caliente el relleno y el queso empiece a dorarse, aproximadamente 15 minutos.

4 Para servir, cortar cada mitad de calabaza rellena a lo largo, en 2 cuñas, para un total de 4 cuñas.

CHICA TIP

! **Cómo cortar la calabaza fácilmente:** Calienta la calabaza entera en el microondas a alta temperatura, de 3–5 minutos. Sácala del microondas y déjala enfriar 3 minutos. Corta los dos extremos de la calabaza y párala para cortarla por la mitad a lo largo. Quítale las semillas y procede a hornearla.

SELECCIONES/INTERCAMBIOS
1 almidón, 1 vegetal sin almidón, 1 proteína magra, ½ grasa

VALORES NUTRICIONALES BÁSICOS
Calorías **160** | Calorías de grasa **45** | Total de grasa **5.0 g** | Grasa saturada **1.2 g** | Grasa trans **0.0 g**
Colesterol **15 mg** | Sodio **330 mg** | Potasio **690 mg** | Total de carbohidratos **20 g**
Fibra alimentaria **6 g** | Azúcares **6 g** | Proteína **10 g** | Fósforo **140 mg**

shrimp tallarines verdes

This classic Peruvian dish is normally made with pasta. I prepare mine with zucchini noodles instead of pasta because this dish tends to be on the heavier side. This way, I can always enjoy it. I also like how, in Peru, they add spinach to their version of pesto: it adds body, flavor, and extra fiber to the sauce.

3 medium zucchini (1½ lb total)

3 tsp olive oil, divided

1 onion, thinly sliced (1 cup)

3 cloves garlic, minced

3 cups baby spinach (3 oz)

1 cup chopped fresh basil (1 oz)

⅓ cup fat-free evaporated milk

¼ cup crumbled queso fresco

¼ cup grated Parmesan cheese

1 lb wild, never frozen, large shrimp, peeled and deveined (about 30 shrimp)

¼ tsp salt

¼ tsp red pepper flakes (optional)

¼ cup toasted chopped walnuts

1 Using a spiral vegetable slicer (spiralizer) or a mandolin, cut the zucchini into long, thin noodles; set aside.

2 Heat 2 tsp oil in a large nonstick skillet over medium heat. Add the onion and garlic and cook, stirring occasionally, until the onion is softened, about 6 minutes. Add the spinach and basil and cook until the spinach is wilted, about 2 minutes. Remove from the heat.

3 Transfer the onion mixture to a blender or food processor. Add the evaporated milk, queso fresco, and Parmesan and pulse until smooth. Set the sauce aside.

4 Add the remaining 1 tsp oil to the same skillet and set over medium-high heat. Add the shrimp, salt, and red pepper flakes (if using), and cook until the shrimp is browned, about 3 minutes.

5 Add the zucchini and cook, stirring frequently, until the zucchini is tender, about 3 minutes. Stir in the sauce and cook until heated through.

6 Remove from the heat and sprinkle with the walnuts.

CHOICES/EXCHANGES
2 Nonstarchy Vegetable,
3 Lean Protein, 1½ Fat

BASIC NUTRITIONAL VALUES
Calories **250** | Calories from Fat **110** | Total Fat **12.0 g** | Saturated Fat **2.9 g** | Trans Fat **0.1 g**
Cholesterol **130 mg** | Sodium **390 mg** | Potassium **920 mg** | Total Carbohydrate **14 g**
Dietary Fiber **4 g** | Sugars **9 g** | Protein **24 g** | Phosphorus **370 mg**

tallarines verdes con camarones

Este típico platillo peruano por lo general se hace con fideos. Yo lo preparo con tallarines de calabacín en vez de pasta para reducir las calorías. De esta manera, siempre lo puedo disfrutar. También me gusta que en Perú, le agregan espinaca a su versión de pesto: le da cuerpo, sabor y fibra adicional a la salsa.

3 calabacines o *zucchini* medianos (1½ lb en total)

3 cdtas. de aceite de oliva, en partes

1 cebolla en rodajas delgadas (1 taza)

3 dientes de ajo, finamente picados

3 tazas de hojas de espinaca tierna (3 oz)

1 taza de albahaca fresca, picada (1 oz)

⅓ taza de leche evaporada, descremada

¼ taza de queso fresco, desmenuzado

¼ taza de queso parmesano, rallado

1 lb de camarones silvestres grandes y frescos, pelados y desvenados (aproximadamente 30 camarones)

¼ cdta. de sal

¼ cdta. de pimentón en hojuelas (opcional)

¼ taza de nueces tostadas y picadas

1 Con un espiralizador o mandolina, cortar el calabacín en fideos largos y delgados; poner de lado.

2 Calentar 2 cdtas. de aceite en una sartén antiadherente grande a fuego medio. Agregar la cebolla y el ajo, y saltear, revolviendo de vez en cuando, hasta que la cebolla se ponga blanda, aproximadamente 6 minutos. Agregar la espinaca y albahaca, y saltear hasta que la espinaca se marchite, aproximadamente 2 minutos. Retirar del fuego.

3 Licuar la mezcla de cebolla con una licuadora o procesador de alimentos. Agregar la leche evaporada, el queso fresco y parmesano, y licuar hasta que la mezcla tenga consistencia uniforme. Poner de lado.

4 Calentar la cdta. restante de aceite en la misma sartén, a fuego medio alto. Agregar los camarones, la sal y el pimentón en hojuelas (si se va a usar) y dorar los camarones, aproximadamente 3 minutos.

5 Agregar el calabacín y cocer, revolviendo con frecuencia, hasta que esté blando, aproximadamente 3 minutos. Echar la salsa y calentar.

6 Retirar del fuego y echar encima las nueces.

SELECCIONES/INTERCAMBIOS
2 vegetales sin almidón,
3 proteínas magras, 1½ grasas

VALORES NUTRICIONALES BÁSICOS
Calorías **250** | Calorías de grasa **110** | Total de grasa **12.0 g** | Grasa saturada **2.9 g** | Grasa trans **0.1 g**
Colesterol **130 mg** | Sodio **390 mg** | Potasio **920 mg** | Total de carbohidratos **14 g**
Fibra alimentaria **4 g** | Azúcares **9 g** | Proteína **24 g** | Fósforo **370 mg**

174 smoky shrimp tostadas with chipotle mango slaw |
175 *tostadas de camarones ahumados con ensalada de chipotle y mango*

chapter 8
capítulo 8

on the side
acompáñame

peruvian green rice

This classic Peruvian rice gets its green color from one of my favorite ingredients: cilantro. It is a simple yet delicious side with so much flavor. Of course, the original version is made with white rice. But when it comes to rice, bread, and flour, brown is now my favorite color.

1 Tbsp olive oil

1 red bell pepper, diced (about 1 cup)

4 scallions, thinly sliced (⅓ cup)

3 cloves garlic, minced (1 Tbsp)

2 cups fresh cilantro leaves

2 cups water, divided

1 cup whole-grain brown rice

1 cup frozen peas and carrots, thawed

1 tsp ground cumin

½ tsp salt

¼ tsp pepper

1 Heat the oil in a medium saucepan over medium heat. Add the bell pepper and scallions and cook, stirring occasionally, until the bell pepper is tender, about 8 minutes. Add the garlic and cook until fragrant, about 1 minute.

2 Meanwhile, purée the cilantro and ½ cup water in a blender or food processor; set aside.

3 Add the rice to the bell pepper mixture, stirring until the grains are coated, about 1 minute. Add the cilantro purée and the remaining 1½ cups of water and bring to a boil. Reduce the heat to low. Cover and simmer until the liquid is almost evaporated, about 15 minutes.

4 Stir in the peas and carrots, cumin, salt, and pepper. Cover and cook until the liquid is evaporated and the rice is tender, about 5 minutes longer.

5 Remove from the heat. Fluff with a fork and serve.

CHICA TIP

! If you feel your brown rice is still too hard after you cook it, try soaking it for a couple of hours before cooking next time. Soak it in a 2-to-1 water-to-rice ratio.

CHOICES/EXCHANGES
1½ Starch

BASIC NUTRITIONAL VALUES
Calories **120** | Calories from Fat **20** | Total Fat **2.5 g** | Saturated Fat **0.4 g** | Trans Fat **0.0 g**
Cholesterol **0 mg** | Sodium **170 mg** | Potassium **200 mg** | Total Carbohydrate **22 g**
Dietary Fiber **2 g** | Sugars **2 g** | Protein **3 g** | Phosphorus **95 mg**

arroz verde a la peruana

El color de este arroz muy peruano proviene de uno de mis ingredientes favoritos: el cilantro. Es un acompañamiento simple pero sabrosísimo. Por supuesto que la versión original se prepara con arroz blanco. Pero prefiero el arroz, el pan y la harina integrales.

1 cda. de aceite de oliva

1 pimiento rojo cortado en cuadritos (aproximadamente 1 taza)

4 cebolletas en rodajas delgadas (⅓ taza)

3 dientes de ajo, finamente picados (1 cda.)

2 tazas de hojas de cilantro fresco

2 tazas de agua, en partes

1 taza de arroz integral

1 taza de zanahorias con arvejas o chícharos, descongelados

1 cdta. de comino molido

½ cdta. de sal

¼ cdta. de pimienta

1 Calentar el aceite en una olla mediana a fuego medio. Agregar el pimiento rojo y las cebolletas, y saltear, revolviendo de vez en cuando, hasta que el pimiento rojo esté blando, aproximadamente 8 minutos. Agregar el ajo y saltear hasta que suelte su aroma, aproximadamente 1 minuto.

2 Mientras tanto, licuar el cilantro con ½ taza de agua en una licuadora o procesador de alimentos; poner de lado.

3 Agregar el arroz a la mezcla de pimiento rojo, revolviendo hasta que los granos se recubran, aproximadamente 1 minuto. Agregar el cilantro y las 1½ tazas restantes de agua y hervir. Tapar y cocer a fuego lento hasta que el líquido prácticamente se evapore, aproximadamente 15 minutos.

4 Agregar las arvejas y zanahorias, el comino, la sal y la pimienta. Tapar y cocer hasta que el líquido se evapore y el arroz esté blando, aproximadamente 5 minutos más.

5 Retirar del fuego. Granear con un tenedor y servir.

CHICA TIP

! Si te parece que el arroz integral sigue demasiado duro tras cocinarlo, la próxima vez, prueba remojarlo un par de horas antes de cocerlo. Remoja cada taza de arroz en 2 tazas de agua.

SELECCIONES/INTERCAMBIOS
1½ almidones

VALORES NUTRICIONALES BÁSICOS
Calorías **120** | Calorías de grasa **20** | Total de grasa **2.5 g** | Grasa saturada **0.4 g** | Grasa trans **0.0 g**
Colesterol **0 mg** | Sodio **170 mg** | Potasio **200 mg** | Total de carbohidratos **22 g**
Fibra alimentaria **2 g** | Azúcares **2 g** | Proteína **3 g** | Fósforo **95 mg**

kidney bean stew

Tell me what color of bean you eat and I will tell you where you're from. Beans are a staple in Latin cuisine. I love them all: the Cuban black beans, the Mexican refried pinto beans, etc. These red kidney beans tell me you're either from Puerto Rico or the Dominican Republic and that you love goodness in a bowl.

1 Tbsp olive oil

1 onion, finely chopped

1 red bell pepper, finely chopped

2 cloves garlic, minced

1 cup peeled, cubed pumpkin or butternut squash (7 oz)

1 (15.5-oz) can no-salt-added red kidney beans, rinsed and drained

1½ cups unsalted chicken broth

¼ cup no-salt-added tomato sauce

¼ tsp salt

¼ tsp pepper

¼ cup chopped cilantro

1 Heat the oil in a large nonstick skillet over medium-high heat. Add the onion, bell pepper, and garlic, and cook, stirring occasionally, until the vegetables are tender, about 8 minutes.

2 Add the pumpkin, beans, broth, tomato sauce, salt, and pepper and bring to a boil. Reduce the heat to medium. Cover and cook until the pumpkin is tender, 10–12 minutes. Toss in the cilantro and stir.

CHICA TIP

! When using canned beans, make sure to rinse out the beans. This will minimize the amount of sodium that ends up in your dish.

CHOICES/EXCHANGES
1 Starch, 1 Nonstarchy Vegetable, ½ Fat

BASIC NUTRITIONAL VALUES
Calories **120** | Calories from Fat **20** | Total Fat **2.5 g** | Saturated Fat **0.4 g** | Trans Fat **0.0 g** | Cholesterol **0 mg** | Sodium **115 mg** | Potassium **490 mg** | Total Carbohydrate **19 g** | Dietary Fiber **5 g** | Sugars **4 g** | Protein **6 g** | Phosphorus **100 mg**

habichuelas guisadas

Díganme el color de frijoles que comen y les diré de dónde son. Los frijoles son básicos en la cocina latina. Me encantan todos: los frijoles negros cubanos, los pintos refritos mexicanos, etc. Si comen estas habichuelas coloradas son de Puerto Rico o la República Dominicana y aprecian las virtudes de este platillo.

1 cda. de aceite de oliva

1 cebolla finamente picada

1 pimiento rojo finamente picado

2 dientes de ajo, finamente picados

1 taza de zapallo o calabaza de invierno (butternut) pelada, en cubos (7 oz)

1 lata (de 15.5 oz) de habichuelas coloradas, enjuagadas y escurridas

1½ tazas de caldo de pollo sin sal

¼ taza de salsa de tomate sin sal agregada

¼ cdta. de sal

¼ cdta. de pimienta

¼ taza de cilantro picado

1 Calentar el aceite en una sartén antiadherente grande a fuego medio alto. Agregar la cebolla, el pimiento rojo y el ajo, y saltear, revolviendo de vez en cuando, hasta que los vegetales estén blandos, aproximadamente 8 minutos.

2 Agregar el zapallo, las habichuelas, el caldo, la salsa de tomate, la sal, la pimienta y hervir. Bajar el fuego a medio. Tapar y cocer hasta que el zapallo esté blando, 10–12 minutos. Echar el cilantro y revolver.

CHICA TIP

! Cuando uses frijoles enlatados, asegúrate de enjuagarlos. Así disminuirás la cantidad de sodio que llega a tu plato.

SELECCIONES/INTERCAMBIOS
1 almidón, 1 vegetal sin almidón, ½ grasa

VALORES NUTRICIONALES BÁSICOS
Calorías **120** | Calorías de grasa **20** | Total de grasa **2.5 g** | Grasa saturada **0.4 g** | Grasa trans **0.0 g**
Colesterol **0 mg** | Sodio **115 mg** | Potasio **490 mg** | Total de carbohidratos **19 g**
Fibra alimentaria **5 g** | Azúcares **4 g** | Proteína **6 g** | Fósforo **100 mg**

stewed chayote squash

I had never been much of a chayote squash user before, but in the last 2 years I have become obsessed with it. It is such a noble ingredient that adapts itself to any flavor you throw it into and adds a velvety consistency to a dish. Being low in calories and high in fiber, it is a great substitute for starchy vegetables.

1 Tbsp olive oil

1 red onion, cut into ½-inch-thick wedges

2 cloves garlic, minced

2 chayote squash, peeled and cut into 1-inch pieces (about 2 lb) (see Chica Tip)

1 (14.5-oz) can no-salt-added diced tomatoes

½ cup water

⅛ tsp salt

¼ tsp pepper

1 Heat the oil in a large nonstick skillet over medium-high heat. Add the onion and garlic and cook, stirring occasionally, until the onion is tender, about 8 minutes.

2 Add the squash, tomatoes, water, salt, and pepper; bring to a boil. Reduce the heat to medium low and simmer, covered, until the squash is tender, about 40 minutes.

CHICA TIP

! Make sure to wear gloves when peeling chayote. Raw chayote exudes a white sap that can cause skin irritation on your hands.

CHOICES/EXCHANGES
3 Nonstarchy Vegetable, 1 Fat

BASIC NUTRITIONAL VALUES
Calories **100** | Calories from Fat **40** | Total Fat **4.5 g** | Saturated Fat **0.5 g** | Trans Fat **0.0 g** | Cholesterol **0 mg** | Sodium **115 mg** | Potassium **520 mg** | Total Carbohydrate **16 g** | Dietary Fiber **6 g** | Sugars **7 g** | Protein **2 g** | Phosphorus **75 mg**

chayote guisado

Antes casi nunca usaba el chayote, pero desde hace 2 años no puedo vivir sin él. Es un ingrediente muy noble que adopta el sabor de cualquier platillo y le da una consistencia de terciopelo. Tiene pocas calorías y mucha fibra, por lo que es un sustituto fabuloso para los vegetales con almidón.

1 cda. de aceite de oliva

1 cebolla roja, cortada en cuñas de ½ pulgada

2 dientes de ajo, finamente picados

2 chayotes, pelados y cortados en trozos de 1 pulgada (aproximadamente 2 lb) (ver Chica Tip)

1 lata (de 14.5 oz) de tomates sin sal agregada, cortados en cuadritos

½ taza de agua

⅛ cdta. de sal

¼ cdta. de pimienta

1 Calentar el aceite en una sartén antiadherente grande a fuego medio alto. Agregar la cebolla y el ajo, y saltear, revolviendo de vez en cuando, hasta que la cebolla esté blanda, aproximadamente 8 minutos.

2 Agregar el chayote, el tomate, el agua, la sal y la pimienta; hervir. Reducir el fuego a medio bajo y cocer tapado, hasta que el chayote esté blando, aproximadamente 40 minutos.

CHICA TIP

! Asegúrate de ponerte guantes para pelar el chayote. El chayote crudo suelta una savia blanca que puede irritar la piel de las manos.

SELECCIONES/INTERCAMBIOS
3 vegetales sin almidón, 1 grasa

VALORES NUTRICIONALES BÁSICOS
Calorías **100** | Calorías de grasa **40** | Total de grasa **4.5 g** | Grasa saturada **0.5 g** | Grasa trans **0.0 g**
Colesterol **0 mg** | Sodio **115 mg** | Potasio **520 mg** | Total de carbohidratos **16 g**
Fibra alimentaria **6 g** | Azúcares **7 g** | Proteína **2 g** | Fósforo **75 mg**

creamy poblano and zucchini rajas

Rajas poblanas con queso is a typical Mexican dish made with poblano peppers, cream, and cheese. I have always loved this dish, so it obviously needed a spot in this book. It went through some recipe rehab to make a healthy version, but I must say, I am loving the result just as much as the original. And I managed to sneak in some zucchini, always a plus!

4 large poblano chilies
   (about ¾ lb)

1 Tbsp olive oil

1 small zucchini (about 6 oz),
   cut into 2-inch strips (1 cup)

1 small onion, thinly sliced
   (½ cup)

¹⁄₁₆ tsp salt

¼ cup plain fat-free Greek
   yogurt

1 tsp low-sodium chicken broth

¼ cup reduced-fat crumbled
   feta cheese

1 Preheat the boiler. Line a baking sheet with foil; place the poblanos on the baking sheet. Broil 5 inches from the heat, turning frequently with tongs, until lightly charred, about 10 minutes.

2 Wrap the poblanos in foil and let steam for 10 minutes. When cool enough to handle, peel and cut off the tops. Gently scoop out and discard the seeds. Cut the peppers into ¼-inch-thick strips.

3 Heat the oil in a large nonstick skillet over medium-high heat. Add the zucchini and onion and cook, stirring occasionally, until the zucchini and onion are tender, about 8 minutes. Add the poblanos and salt; heat through. Remove from the heat.

4 Whisk together the yogurt and broth in a small bowl. Stir into the zucchini mixture. Serve sprinkled with the cheese.

CHOICES/EXCHANGES
2 Nonstarchy Vegetable, 1 Fat

BASIC NUTRITIONAL VALUES
Calories **110** | Calories from Fat **50** | Total Fat **6.0 g** | Saturated Fat **2.1 g** | Trans Fat **0.0 g**
Cholesterol **10 mg** | Sodium **160 mg** | Potassium **380 mg** | Total Carbohydrate **10 g**
Dietary Fiber **2 g** | Sugars **6 g** | Protein **5 g** | Phosphorus **95 mg**

rajas poblanas con calabacín

Las rajas poblanas con queso son un plato mexicano típico que además de chiles poblanos y queso llevan crema. Siempre me han encantado, por lo que tenía que incluirlas en este libro. Hice ciertos cambios a la receta para producir una versión saludable, pero debo decir que el resultado me gusta tanto como la versión original. Además, logré incluir un poco de calabacín en ella, ¡que siempre es buena idea!

4 chiles poblanos grandes (aproximadamente ¾ lb)

1 cda. de aceite de oliva

1 calabacín o *zucchini* pequeño (de aproximadamente 6 oz), cortado en tiras de 2 pulgadas (1 taza)

1 cebolla pequeña, en rodajas delgadas (½ taza)

$^1/_{16}$ cdta. de sal

¼ taza de yogur griego descremado de sabor natural

1 cdta. de caldo de pollo con poco sodio

¼ taza de queso feta bajo en grasa, desmenuzado

1 Calentar el asador. Cubrir una lata de hornear con papel aluminio; colocar los poblanos en ella. Asar a 5 pulgadas de la resistencia, usar pinzas para voltearlos con frecuencia, hasta que estén un poco chamuscados, aproximadamente 10 minutos.

2 Envolver los poblanos en papel aluminio y dejar que sigan cociéndose con el vapor 10 minutos. Dejar enfriar lo suficiente para poder pelarlos y cortar la parte superior. Sacar las semillas con cuidado con una cuchara y descartarlas. Cortar los pimientos en tiras de ¼ pulgada de ancho.

3 Calentar el aceite en una sartén antiadherente grande a fuego medio alto. Agregar el calabacín y la cebolla, y saltear, revolviendo de vez en cuando, hasta que el calabacín y la cebolla estén blandos, aproximadamente 8 minutos. Agregar los poblanos y la sal; calentar bien. Retirar del fuego.

4 Mezclar el yogur y el caldo en una vasija pequeña. Agregarlos al calabacín. Echarles queso y servir.

SELECCIONES/INTERCAMBIOS
2 vegetales sin almidón, 1 grasa

VALORES NUTRICIONALES BÁSICOS
Calorías **110** | Calorías de grasa **50** | Total de grasa **6.0 g** | Grasa saturada **2.1 g** | Grasa trans **0.0 g**
Colesterol **10 mg** | Sodio **160 mg** | Potasio **380 mg** | Total de carbohidratos **10 g**
Fibra alimentaria **2 g** | Azúcares **6 g** | Proteína **5 g** | Fósforo **95 mg**

oven-baked maduros (sweet plantains)

This might not look like much of a recipe, but fried sweet plantains are a staple side dish in most Latin countries. Typically lunch consists of rice, steak, and beans plus a side of *maduros*. I could not imagine going without them. Baking them is much easier than frying and it brings out all their natural sugars. The secret here is to use super-ripe plantains. Plantains are one of the better carbs you can consume, because they're filled with potassium, they can help regulate digestion and boost the immune system, and much more. So go ahead and enjoy them in moderation.

Nonstick olive oil spray

2 very ripe plantains (black skin), peeled and cut diagonally into ½-inch-thick slices (about 1 lb total)

1 Preheat the oven to 400°F. Line a small baking pan with foil. Spray the foil with nonstick spray.

2 Place the plantains slices in one layer on the baking pan and spray the tops with nonstick spray. Bake until softened, about 12 minutes.

3 Turn the slices, spray with nonstick spray, and bake until the plantains are tender, about 6 minutes longer.

CHICA TIP

! For maduros with a twist: Sprinkle the slices with low-fat mozzarella cheese and parsley and bake a few extra minutes.

CHOICES/EXCHANGES
1 Starch

BASIC NUTRITIONAL VALUES
Calories **60** | Calories from Fat **0** | Total Fat **0.0 g** | Saturated Fat **0.1 g** | Trans Fat **0.0 g**
Cholesterol **0 mg** | Sodium **0 mg** | Potassium **230 mg** | Total Carbohydrate **15 g**
Dietary Fiber **1 g** | Sugars **7 g** | Protein **0 g** | Phosphorus **15 mg**

maduros al horno

Quizá esta no parezca ser una receta, pero los maduros fritos son indispensables en la mayoría de los países latinoamericanos. Por lo general, acompañan el arroz, bistec y frijoles. No podría vivir sin ellos. Hornearlos es mucho más fácil que freírlos y hace que suelten todos los azúcares naturales. El secreto es usar plátanos muy maduros. Los plátanos son los mejores carbohidratos que se pueden consumir, porque tienen abundante potasio, pueden ayudar a regular la digestión, son buenos para el sistema inmunitario y mucho más. O sea que disfrútenlos con moderación.

Aceite de oliva antiadherente en aerosol

2 plátanos muy maduros (con la cáscara negra), pelados y cortados en diagonal en tajadas de ½ pulgada (aproximadamente 1 lb en total)

1 Calentar el horno a 400°F. Forrar una asadera pequeña con papel aluminio. Echar aceite en aerosol al papel aluminio.

2 Colocar las tajadas de plátano en una sola capa en la asadera y rociarlas con aceite en aerosol. Hornear hasta que se ablanden, aproximadamente 12 minutos.

3 Voltear las tajadas, echarles aceite en aerosol y hornear hasta que los plátanos estén blandos, aproximadamente 6 minutos más.

CHICA TIP

! Para maduros con un toque especial: Echa queso *mozzarella* bajo en grasa y perejil sobre las tajadas, y hornéalas unos minutos más.

SELECCIONES/INTERCAMBIOS
1 almidón

VALORES NUTRICIONALES BÁSICOS
Calorías **60** | Calorías de grasa **0** | Total de grasa **0.0 g** | Grasa saturada **0.1 g** | Grasa trans **0.0 g**
Colesterol **0 mg** | Sodio **0 mg** | Potasio **230 mg** | Total de carbohidratos **15 g**
Fibra alimentaria **1 g** | Azúcares **7 g** | Proteína **0 g** | Fósforo **15 mg**

mexican brown rice

I confess to never being a brown rice lover, and as a good Latina, it's hard to take my comforting white rice away from me. I think most of us feel the same way. But brown rice with all these delicious flavors is a different story! If you ever doubted brown rice, I urge you to give it a second chance and try it this way. It is better for you than white rice, and, at least for me, going without rice at all…well, that really isn't an option!

1 Tbsp olive oil

1 small onion, finely chopped (½ cup)

1 cup whole-grain brown rice

1 (14.5-oz) can no-salt-added diced tomatoes

1 cup unsalted chicken broth

¾ tsp ground cumin

½ tsp salt

¼ tsp pepper

1 cup frozen carrots and peas, thawed

2 Tbsp chopped fresh cilantro

1 Heat the oil in a medium saucepan over medium-high heat. Add the onion and cook, stirring occasionally, until tender, about 5 minutes. Stir in the rice and cook until the rice is opaque and the grains are coated in oil, about 1 minute.

2 Stir in the tomatoes, broth, cumin, salt, and pepper; bring to a boil. Reduce the heat to low. Cover and simmer until the liquid is evaporated, about 25 minutes. Stir in the peas and carrots; heat through.

3 Remove from the heat and stir in the cilantro.

CHOICES/EXCHANGES
1 Starch, 1 Nonstarchy Vegetable, ½ Fat

BASIC NUTRITIONAL VALUES
Calories **130** | Calories from Fat **20** | Total Fat **2.5 g** | Saturated Fat **0.4 g** | Trans Fat **0.0 g** | Cholesterol **0 mg** | Sodium **190 mg** | Potassium **240 mg** | Total Carbohydrate **23 g** | Dietary Fiber **2 g** | Sugars **3 g** | Protein **3 g** | Phosphorus **100 mg**

arroz integral a la mexicana

Confieso que no me gustaba el arroz integral y, como buena latina, se me hacía difícil dejar de comer el reconfortante arroz blanco. Creo que muchos tenemos el mismo problema. Pero el arroz integral con todos estos deliciosos sabores ¡es otra cosa! Si alguna vez cuestionaron las virtudes del arroz integral, anímense a darle otra oportunidad y pruébenlo preparado así. Es más saludable que el arroz y, por lo menos para mí, evitar el arroz del todo…pues, ¡realmente no es una opción!

1 cda. de aceite de oliva

1 cebolla pequeña, finamente picada (½ taza)

1 taza de arroz integral

1 lata (de 14.5 oz) de tomates sin sal agregada, cortados en cuadritos

1 taza de caldo de pollo sin sal

¾ cdta. de comino molido

½ cdta. de sal

¼ cdta. de pimienta

1 taza de zanahorias y arvejas o chícharos descongelados

2 cdas. de cilantro fresco, picado

1 Calentar el aceite en una olla mediana a fuego medio alto. Saltear la cebolla, revolviendo de vez en cuando, hasta que esté blanda, aproximadamente 5 minutos. Agregar el arroz y cocer hasta que esté opaco y los granos estén cubiertos en aceite, aproximadamente 1 minuto.

2 Añadir el tomate, el caldo, el comino, la sal y la pimienta; hervir. Bajar el fuego. Tapar y cocer hasta que el líquido se evapore, aproximadamente 25 minutos. Echar las arvejas y zanahorias, revolver y calentar bien.

3 Retirar del fuego y echarle cilantro.

SELECCIONES/INTERCAMBIOS
1 almidón, 1 vegetal sin almidón, ½ grasa

VALORES NUTRICIONALES BÁSICOS
Calorías **130** | Calorías de grasa **20** | Total de grasa **2.5 g** | Grasa saturada **0.4 g** | Grasa trans **0.0 g**
Colesterol **0 mg** | Sodio **190 mg** | Potasio **240 mg** | Total de carbohidratos **23 g**
Fibra alimentaria **2 g** | Azúcares **3 g** | Proteína **3 g** | Fósforo **100 mg**

mushroom leek quinoa

I love the versatility of quinoa: you can use it in a salad, stew, side dish, dessert, or even a breakfast dish. It has also become a comfort food for me. I am glad that it is a good-for-you grain and there is no guilt attached. Pair it with a sauté of leeks and mushrooms and you have comfort in a bowl!

1½ cups water

1 cup uncooked quinoa, rinsed

1 Tbsp olive oil

1 small leek (6 oz), white and pale green parts only, trimmed and thinly sliced (about ¾ cup)

8 oz mushrooms, thinly sliced (2½ cups)

2 cloves garlic, minced

2 Tbsp grated Parmesan cheese

2 Tbsp chopped fresh flat-leaf parsley

¼ tsp salt

¼ tsp pepper

1 Bring the water to a boil in a medium saucepan. Add the quinoa and boil until the liquid has almost evaporated. Reduce the heat to medium low and cook, loosely covered, until the quinoa is tender, about 20 minutes. Remove from the heat and fluff with a fork.

2 Meanwhile, heat the oil in a large nonstick skillet over medium-high heat. Add the leek and cook until softened, about 2 minutes. Add the mushrooms and garlic and cook, stirring occasionally, until the mushrooms are tender and lightly browned, about 8 minutes.

3 Stir in the quinoa, cheese, parsley, salt, and pepper; heat through.

CHICA TIP

! Leeks tend to collect a lot of dirt in their inner layers. Make sure to give them a good bath during prep. Cut the leek lengthwise, open like a fan, and soak in a bowl of water. Swish it around and change the water a few times until it comes out clean. Cut off the dark green parts and discard. Now your leeks are fresh and clean!

CHOICES/EXCHANGES
1 Starch, ½ Fat

BASIC NUTRITIONAL VALUES
Calories **110** | Calories from Fat **30** | Total Fat **3.5 g** | Saturated Fat **0.6 g** | Trans Fat **0.0 g**
Cholesterol **0 mg** | Sodium **95 mg** | Potassium **240 mg** | Total Carbohydrate **17 g**
Dietary Fiber **2 g** | Sugars **2 g** | Protein **5 g** | Phosphorus **135 mg**

rinde **8 porciones** | tamaño de la porción **½ taza**
tiempo de preparación **10 minutos** | tiempo de cocción **40 minutos** | tiempo total **50 minutos**

quinua con hongos y puerros

Me fascina la versatilidad de la quinua: se puede usar en ensaladas, guisados, acompañamientos, postres o incluso en el desayuno. También es una comida muy reconfortante para mí. Me alegra que sea un grano saludable que no genera sentimiento de culpa. Sírvanla con puerros y hongos saltados ¡y disfruten un tazón que los dejará muy satisfechos!

1½ tazas de agua

1 taza de quinua enjuagada, sin cocer

1 cda. de aceite de oliva

1 puerro pequeño (de 6 oz), (solo la parte blanca y verde pálido), en rodajas delgadas (aproximadamente ¾ taza)

8 oz de hongos en rodajas delgadas (2½ tazas)

2 dientes de ajo, finamente picados

2 cdas. de queso parmesano, rallado

2 cdas. de perejil fresco de hoja plana, picado

¼ cdta. de sal

¼ cdta. de pimienta

1 Hervir el agua en una olla mediana. Echar la quinua y hervir hasta que el líquido prácticamente se evapore. Reducir el fuego a medio bajo y cocer, un poco destapada, hasta que esté blanda, aproximadamente 20 minutos. Retirar del fuego y granear con un tenedor.

2 Mientras tanto, calentar el aceite en una sartén antiadherente grande a fuego medio alto. Saltear el puerro hasta que se ablande, aproximadamente 2 minutos. Agregar los hongos y el ajo, y dorar, revolviendo de vez en cuando, hasta que los hongos estén blandos, aproximadamente 8 minutos.

3 Echar la quinua, el queso, el perejil, la sal y la pimienta, revolver y calentar bien.

CHICA TIP

! Los puerros tienden a acumular mucha tierra en las capas internas. Asegúrate de darles una buena lavada al preparar los ingredientes. Corte el puerro a lo largo, ábrelo como un abanico y remójalo en una vasija de agua. Sacúdelos en el agua y cámbiala unas cuantas veces hasta que salga limpia. Corta y descarta las partes de color verde oscuro. ¡Ahora el puerro está limpio y fresco!

SELECCIONES/INTERCAMBIOS
1 almidón, ½ grasa

VALORES NUTRICIONALES BÁSICOS
Calorías **110** | Calorías de grasa **30** | Total de grasa **3.5 g** | Grasa saturada **0.6 g** | Grasa trans **0.0 g**
Colesterol **0 mg** | Sodio **95 mg** | Potasio **240 mg** | Total de carbohidratos **17 g**
Fibra alimentaria **2 g** | Azúcares **2 g** | Proteína **5 g** | Fósforo **135 mg**

healthy refried beans

Many traditional Latin recipes have been deemed unhealthy because of their use of pork lard (*manteca*). But in this day and age, the amount of good-for-you fats available is endless. Many of these recipes just need some modernizing so that we can continue enjoying them. Take these healthy refried beans as an example. No *manteca* here!

1 Tbsp oil

½ onion, chopped (½ cup)

2 cloves garlic, minced

1 (15-oz) can pinto beans, rinsed and drained

½ cup low-sodium chicken broth or low-sodium vegetable broth

½ tsp chopped chipotle chilies in adobo

¼ tsp ground cumin

⅛ tsp salt

¼ tsp pepper

1 Heat the oil in a large nonstick skillet over medium-high heat. Add the onion and garlic and cook until the onion is tender, about 6 minutes.

2 Add the beans, broth, chipotle chilies, cumin, salt, and pepper. Cook until the beans are heated through, about 5 minutes.

3 Mash the bean mixture with a fork or potato masher until coarsely mashed.

CHOICES/EXCHANGES
1½ Starch, ½ Fat

BASIC NUTRITIONAL VALUES
Calories **140** | Calories from Fat **35** | Total Fat **4.0 g** | Saturated Fat **0.4 g** | Trans Fat **0.0 g**
Cholesterol **0 mg** | Sodium **200 mg** | Potassium **340 mg** | Total Carbohydrate **19 g**
Dietary Fiber **6 g** | Sugars **1 g** | Protein **6 g** | Phosphorus **110 mg**

frijoles refritos saludables

Muchas recetas latinas tradicionales se consideran poco saludables porque usan manteca de cerdo. Pero hoy en día, existe una gran diversidad de grasas buenas para uno. Muchas de estas recetas simplemente necesitan ser modernizadas un poco para que podamos seguir disfrutándolas, como por ejemplo, estos saludables frijoles refritos. ¡No tienen manteca!

1 cda. de aceite

½ cebolla picada (½ taza)

2 dientes de ajo, finamente picados

1 lata (de 15 oz) de frijoles pintos, enjuagados y escurridos

½ taza de caldo de pollo o vegetal con poco sodio

½ cdta. de chipotles picados en adobo

¼ cdta. de comino molido

⅛ cdta. de sal

¼ cdta. de pimienta

1 Calentar el aceite en una sartén antiadherente grande a fuego medio alto. Agregar la cebolla y el ajo, y saltear hasta que la cebolla esté blanda, aproximadamente 6 minutos.

2 Agregar los frijoles, el caldo, los chipotles, el comino, la sal y la pimienta. Cocer hasta que los frijoles se calienten por dentro, aproximadamente 5 minutos.

3 Aplastar la mezcla con un tenedor o prensapapas dejando trocitos, sin llegar a hacer un puré.

SELECCIONES/INTERCAMBIOS
1½ almidones, ½ grasa

VALORES NUTRICIONALES BÁSICOS
Calorías **140** | Calorías de grasa **35** | Total de grasa **4.0 g** | Grasa saturada **0.4 g** | Grasa trans **0.0 g**
Colesterol **0 mg** | Sodio **200 mg** | Potasio **340 mg** | Total de carbohidratos **19 g**
Fibra alimentaria **6 g** | Azúcares **1 g** | Proteína **6 g** | Fósforo **110 mg**

quinoa and beans casamiento

Casamiento is often served as part of a Salvadoran breakfast. It is basically a dish made with leftover rice and beans. Many Latin countries have their versions: some of us use black beans and call it *moros y cristianos*, and others use kidney beans, calling it *gallo pinto* or *mamposteao*. By changing out the rice for quinoa we are adding real value to our meal with this amazing super food that is loaded with nutrition and fiber instead of just empty calories.

2 cups water

1 cup uncooked quinoa, rinsed

1 Tbsp olive oil

1 onion, finely chopped

1 green bell pepper, finely chopped

1 clove garlic, minced

1 (15.5-oz) can kidney beans, rinsed and drained

¼ cup unsalted vegetable broth or unsalted chicken broth

¼ cup no-salt-added tomato sauce

½ tsp salt

½ tsp pepper

1   Bring the water to a boil in a medium saucepan. Add the quinoa and boil until the liquid has almost evaporated. Reduce the heat to medium low and cook, loosely covered, until the quinoa is tender, about 20 minutes. Remove from the heat and fluff with a fork.

2   Meanwhile, heat the oil in a large nonstick skillet over medium heat. Add the onion, bell pepper, and garlic and cook, stirring occasionally, until the vegetables are tender, about 8 minutes. Add the beans, broth, tomato sauce, salt, and pepper and cook 5 minutes.

3   Stir in the quinoa and heat through.

CHOICES/EXCHANGES
1½ Starch, 1 Lean Protein

BASIC NUTRITIONAL VALUES
Calories **160** | Calories from Fat **25** | Total Fat **3.0 g** | Saturated Fat **0.4 g** | Trans Fat **0.0 g** | Cholesterol **0 mg** | Sodium **210 mg** | Potassium **360 mg** | Total Carbohydrate **26 g** | Dietary Fiber **5 g** | Sugars **3 g** | Protein **7 g** | Phosphorus **160 mg**

casamiento de quinua y frijoles

El casamiento con frecuencia se sirve como parte del desayuno salvadoreño. Básicamente es un plato hecho con las sobras de arroz y frijoles. Existen diferentes versiones en muchos países latinos: algunos de nosotros usamos frijoles negros y lo llamamos moros y cristianos, y otros usamos habichuelas coloradas o porotos, y lo llamamos gallo pinto o mamposteao. Al remplazar el arroz por quinua agregamos verdadero valor a nuestra comida gracias a este maravilloso súper alimento repleto de nutrientes y fibra, en vez de calorías que no son nutritivas.

2 tazas de agua

1 taza de quinua enjuagada, sin cocer

1 cda. de aceite de oliva

1 cebolla finamente picada

1 pimiento verde finamente picado

1 diente de ajo, finamente picado

1 lata (de 15.5 oz) de habichuelas coloradas o porotos, enjuagados y escurridos

¼ taza de caldo vegetal o de pollo sin sal

¼ taza de salsa de tomate sin sal

½ cdta. de sal

½ cdta. de pimienta

1 Hervir el agua en una olla mediana. Echar la quinua y hervir hasta que el líquido prácticamente se evapore. Luego cocer a fuego lento, un poco destapada, hasta que la quinua esté blanda, aproximadamente 20 minutos. Retirar del fuego y granear con un tenedor.

2 Mientras tanto, calentar el aceite en una sartén antiadherente grande a fuego medio. Agregar la cebolla, el pimiento rojo y el ajo, y saltear, revolviendo de vez en cuando, hasta que los vegetales estén blandos, aproximadamente 8 minutos. Echar las habichuelas, el caldo, la salsa de tomate, la sal y la pimienta y cocer 5 minutos.

3 Echar la quinua, revolver y calentar bien.

SELECCIONES/INTERCAMBIOS
1½ almidones, 1 proteína magra

VALORES NUTRICIONALES BÁSICOS
Calorías **160** | Calorías de grasa **25** | Total de grasa **3.0 g** | Grasa saturada **0.4 g** | Grasa trans **0.0 g** | Colesterol **0 mg** | Sodio **210 mg** | Potasio **360 mg** | Total de carbohidratos **26 g** | Fibra alimentaria **5 g** | Azúcares **3 g** | Proteína **7 g** | Fósforo **160 mg**

balsamic brussels sprouts with a kick

There is nothing Latin about Brussels sprouts. They are here because they are great for us and we should all be eating them. Brussels sprouts, along with broccoli, kale, and others, are part of the cruciferous vegetable family. These vegetables have properties that help protect us against cancer and heart disease. So basically, they are the superheroes of vegetables. If you have always found them to be too bitter, that is because you are overcooking them; give them another chance. Remember that food is medicine, so use these as weapons for your health.

1 lb Brussels sprouts, each
   cut in half

1 Tbsp olive oil

1 red onion, thinly sliced

3 cloves garlic, thinly sliced

2 Tbsp white balsamic vinegar

¼ tsp red pepper flakes

⅛ tsp salt

1 Bring a large pot of water to a boil. Add the Brussels sprouts and cook until bright green and just tender, about 5 minutes. Drain.

2 Meanwhile, heat the oil in a large nonstick skillet over medium heat. Add the onion and garlic and cook, stirring occasionally, until the onion is softened, about 5 minutes.

3 Add the Brussels sprouts, vinegar, crushed red pepper, and salt; toss to combine.

CHICA TIP

! Cut some Brussels sprouts in half, place on a roasting pan, spray with nonstick olive oil spray, and roast at 400°F for 20 minutes. Sprinkle with Parmesan cheese and you have another way of enjoying these amazing veggies.

CHOICES/EXCHANGES
3 Nonstarchy Vegetable, ½ Fat

BASIC NUTRITIONAL VALUES
Calories **100** | Calories from Fat **35** | Total Fat **4.0 g** | Saturated Fat **0.6 g** | Trans Fat **0.0 g**
Cholesterol **0 mg** | Sodium **100 mg** | Potassium **430 mg** | Total Carbohydrate **15 g**
Dietary Fiber **4 g** | Sugars **5 g** | Protein **3 g** | Phosphorus **80 mg**

coles de bruselas al vinagre balsámico

Las coles de Bruselas no tienen nada de latinas. Las incluyo porque son excelentes para nosotros y todos debemos comerlas. Las coles de Bruselas, junto con el brócoli, la col rizada y otros, son parte de la familia de crucíferos. Estos vegetales tienen propiedades que ayudan a protegernos del cáncer y las enfermedades del corazón. O sea que básicamente son los superhéroes entre las hortalizas. Si las coles les parecen un poco amargas, es porque están demasiado cocidas; denles otra oportunidad. Recuerden que los alimentos son medicina, o sea que úsenlos como armas para defender su salud.

1 lb de coles de Bruselas, cortadas por la mitad

1 cda. de aceite de oliva

1 cebolla roja en rodajas delgadas

3 dientes de ajo, en rodajas delgadas

2 cdas. de vinagre balsámico blanco

¼ cdta. de pimentón en hojuelas

⅛ cdta. de sal

1 Hervir agua en una olla grande. Echar las coles de Bruselas y cocer hasta que estén de color verde vivo y empiecen a ablandarse, aproximadamente 5 minutos. Escurrir.

2 Mientras tanto, calentar el aceite en una sartén antiadherente grande a fuego medio. Saltear la cebolla y el ajo, revolviendo de vez en cuando, hasta que la cebolla esté blanda, aproximadamente 5 minutos.

3 Agregar las coles de Bruselas, el vinagre, el pimentón en hojuelas y la sal; revolver bien.

CHICA TIP

! Corta coles de Bruselas por la mitad, colócalas en una asadera, échales aceite de oliva en aerosol y ásalas a 400°F durante 20 minutos. Con un poco de queso parmesano, podrás disfrutar estos fabulosos vegetales de otra manera.

SELECCIONES/INTERCAMBIOS
3 vegetales sin almidón, ½ grasa

VALORES NUTRICIONALES BÁSICOS
Calorías **100** | Calorías de grasa **35** | Total de grasa **4.0 g** | Grasa saturada **0.6 g** | Grasa trans **0.0 g**
Colesterol **0 mg** | Sodio **100 mg** | Potasio **430 mg** | Total de carbohidratos **15 g**
Fibra alimentaria **4 g** | Azúcares **5 g** | Proteína **3 g** | Fósforo **80 mg**

tarragon green beans

I have come to love my veggies and can't go without them anymore. My body asks me for them. I like to find creative ways to give them flavor while also keeping them healthy. What is the point of eating your veggies covered in cheese sauce? Give these green beans a try and you might convert a non-green bean lover into one.

1 lb green beans, trimmed

1 Tbsp white wine vinegar

1 Tbsp Dijon mustard

1 Tbsp extra-virgin olive oil

1 Tbsp capers, rinsed and drained

1 Tbsp chopped fresh tarragon or ½ tsp dried tarragon

1 clove garlic, minced

½ cup thinly sliced radishes (about 7 radishes)

1 Bring a large pot of water to a boil. Add the beans and cook until tender, about 6 minutes. Drain, run under cold running water, and drain again.

2 Meanwhile, to make the dressing, whisk together the vinegar, mustard, oil, capers, tarragon, and garlic in a large bowl. Add the beans and radishes and toss until well coated.

CHICA TIP

! Use the easy dressing in this recipe over chicken cutlets, fish fillets, broccoli, cauliflower... the sky is the limit!

CHOICES/EXCHANGES
2 Nonstarchy Vegetable, ½ Fat

BASIC NUTRITIONAL VALUES
Calories **70** | Calories from Fat **35** | Total Fat **4.0 g** | Saturated Fat **0.5 g** | Trans Fat **0.0 g**
Cholesterol **0 mg** | Sodium **160 mg** | Potassium **190 mg** | Total Carbohydrate **9 g**
Dietary Fiber **4 g** | Sugars **2 g** | Protein **2 g** | Phosphorus **35 mg**

habichuelas verdes al estragón

A través de los años he aprendido a amar los vegetales y ahora me encantan y ya no puedo prescindir de ellos. El cuerpo me los pide. Me gusta encontrar maneras creativas de darles sabor sin que dejen de ser saludables. ¡No tiene sentido comer vegetales sumergidos en salsa de queso! Prueben estas habichuelas verdes o ejotes y tal vez se vuelvan sus admiradores, como me pasó a mí.

1 lb de habichuelas verdes o ejotes, con las puntas recortadas

1 cda. de vinagre de vino blanco

1 cda. de mostaza de Dijon

1 cda. de aceite de oliva extra virgen

1 cda. de alcaparras enjuagadas y escurridas

1 cda. de estragón fresco, picado o ½ cdta. de estragón seco

1 diente de ajo, finamente picado

½ taza de rábanos en rodajas delgadas (aproximadamente 7 rábanos)

1 Hervir agua en una olla grande. Agregar las habichuelas y cocer hasta que estén blandas, aproximadamente 6 minutos. Escurrir, pasarlas por agua fría y volver a escurrir.

2 Mientras tanto, para preparar el aderezo, mezclar el vinagre, la mostaza, el aceite, las alcaparras, el estragón y el ajo en una vasija grande. Agregar las habichuelas y los rábanos, y revolver hasta que estén bien cubiertos.

CHICA TIP

! Usa el aderezo de esta receta para milanesas de pollo, filetes de pescado, brócoli, coliflor... ¡El cielo es el límite!

SELECCIONES/INTERCAMBIOS
2 vegetales sin almidón, ½ grasa

VALORES NUTRICIONALES BÁSICOS
Calorías **70** | Calorías de grasa **35** | Total de grasa **4.0 g** | Grasa saturada **0.5 g** | Grasa trans **0.0 g**
Colesterol **0 mg** | Sodio **160 mg** | Potasio **190 mg** | Total de carbohidratos **9 g**
Fibra alimentaria **4 g** | Azúcares **2 g** | Proteína **2 g** | Fósforo **35 mg**

veggie-stuffed poblanos

Poblano peppers are mostly used in Mexican cuisine. They are packed with flavor and are great to stuff with just about everything but the kitchen sink. I encourage you to give them a try if you are not familiar with them. They do have a hint of spice, just enough of a kick to enhance the flavor.

Nonstick olive oil spray

4 poblano peppers (about 1 lb total)

1 Tbsp olive oil

1 (8-oz) package mushrooms, coarsely chopped

1 cup shredded carrots

4 scallions, thinly sliced

4 cloves garlic, minced

⅛ tsp salt

2 Tbsp chopped fresh basil

4 Tbsp crumbled queso fresco

1 Preheat the broiler. Line a broiler pan with foil. Lightly spray the foil with nonstick spray. Place the poblanos on the pan and broil, 4 inches from the heat, turning occasionally, until the poblanos are tender and slightly charred in spots, about 8 minutes.

2 Place the poblanos in a zip-close plastic bag; squeeze out the air and seal the bag. Let stand 15 minutes. Leave the broiler on.

3 Heat the oil in a large nonstick skillet over medium-high heat. Add the mushrooms, carrots, scallions, garlic, and salt and cook, stirring occasionally, until the vegetables are tender, about 8 minutes. Remove from the heat. Stir in the basil until well mixed.

4 Meanwhile, peel the poblanos. Make one slit to create a pocket and remove the seeds. Stuff each pepper with one-quarter of the mushroom mixture and top with 1 Tbsp of cheese.

5 Broil the stuffed peppers, 4 inches from the heat, until the filling is hot and the cheese begins to melt, about 4 minutes.

CHOICES/EXCHANGES
3 Nonstarchy Vegetable, 1 Fat

BASIC NUTRITIONAL VALUES
Calories **110** | Calories from Fat **50** | Total Fat **6.0 g** | Saturated Fat **1.5 g** | Trans Fat **0.1 g**
Cholesterol **5 mg** | Sodium **160 mg** | Potassium **550 mg** | Total Carbohydrate **13 g**
Dietary Fiber **3 g** | Sugars **6 g** | Protein **5 g** | Phosphorus **125 mg**

rinde **4 porciones** | tamaño de la porción **1 poblano relleno**
tiempo de preparación **10 minutos** | tiempo de cocción **20 minutos** | tiempo total **30 minutos más 15 minutos en reposo**

poblanos rellenos de vegetales

Los chiles poblanos mayormente se usan en la cocina mexicana. Tienen mucho sabor y son riquísimos con prácticamente cualquier cosa. Anímense a probarlos si todavía no lo han hecho. Son un poco picantes, pero solo lo suficiente como para realzar el sabor.

Aceite de oliva antiadherente en aerosol

4 chiles poblanos (aproximadamente 1 lb en total)

1 cda. de aceite de oliva

1 paquete (de 8 oz) de hongos, picados en trozos grandes

1 taza de zanahoria rallada

4 cebolletas en rodajas delgadas

4 dientes de ajo, finamente picados

⅛ cdta. de sal

2 cdas. de albahaca fresca, picada

4 cdas. de queso fresco desmenuzado

1 Calentar la resistencia de arriba del horno (broiler). Forrar una asadera con papel aluminio. Rociar un poco de aceite en aerosol en el papel aluminio. Poner encima los poblanos y asar a 4 pulgadas de la resistencia, volteándolos de vez en cuando, hasta que estén blandos y ligeramente chamuscados, aproximadamente 8 minutos.

2 Colocar los poblanos en una bolsa de plástico con cierre; sacar el aire y cerrar la bolsa. Dejar reposar 15 minutos. Dejar el horno prendido.

3 Calentar el aceite en una sartén antiadherente grande a fuego medio alto. Echar los hongos, la zanahoria, las cebolletas, el ajo, la sal, y saltear, revolviendo de vez en cuando, hasta que los vegetales estén blandos, aproximadamente 8 minutos. Retirar del fuego. Añadir la albahaca y revolver.

4 Mientras tanto, pelar los poblanos. Hacerles un corte para crear un bolsillo y sacarle las semillas. Rellenar cada pimiento con un cuarto de la mezcla de hongos y echar encima 1 cda. de queso.

5 Asar los poblanos rellenos, a 4 pulgadas de la resistencia, hasta que el relleno se caliente y el queso empiece a derretirse, aproximadamente 4 minutos.

SELECCIONES/INTERCAMBIOS
3 vegetales sin almidón, 1 grasa

VALORES NUTRICIONALES BÁSICOS
Calorías **110** | Calorías de grasa **50** | Total de grasa **6.0 g** | Grasa saturada **1.5 g** | Grasa trans **0.1 g**
Colesterol **5 mg** | Sodio **160 mg** | Potasio **550 mg** | Total de carbohidratos **13 g**
Fibra alimentaria **3 g** | Azúcares **6 g** | Proteína **5 g** | Fósforo **125 mg**

quinoa sopa seca

You will never again have the excuse to say that cooking and eating healthy is too hard. This *sopa seca* (dry soup) proves that you can serve a quick and deliciously healthy side option at every meal. Eating healthy is not about eating bland; this recipe was made to prove it to you!

1 Tbsp olive oil

6 scallions, thinly sliced
(about ⅓ cup)

2 cloves garlic, minced

1 jalapeño pepper, minced

1 chayote squash, peeled
and diced (10 oz)

1 tomato, chopped (about 6 oz)

1 cup red or regular uncooked
quinoa, rinsed

2 cups unsalted vegetable broth

½ tsp salt

1 cup frozen peas, thawed

12 cherry tomatoes, halved
(½ cup/about 4 oz)

1 Heat the oil in a large saucepan over medium-high heat. Add the scallions, garlic, and jalapeño and cook, stirring constantly, until fragrant, 2 minutes. Add the chayote squash and tomato and cook until the tomato just begins to soften, 2–3 minutes.

2 Add the quinoa, broth, and salt; bring to a boil. Reduce the heat to low and simmer, covered, until the liquid is absorbed and the quinoa is tender, about 20 minutes.

3 Add the peas and cherry tomatoes; heat through.

CHOICES/EXCHANGES
1½ Starch, 1 Nonstarchy
Vegetable, ½ Fat

BASIC NUTRITIONAL VALUES
Calories **170** | Calories from Fat **40** | Total Fat **4.5 g** | Saturated Fat **0.5 g** | Trans Fat **0.0 g** | Cholesterol **0 mg** | Sodium **230 mg** | Potassium **460 mg** | Total Carbohydrate **27 g** | Dietary Fiber **5 g** | Sugars **5 g** | Protein **7 g** | Phosphorus **185 mg**

rinde **6 porciones** | tamaño de la porción **aproximadamente ¾ taza**
tiempo de preparación **10 minutos** | tiempo de cocción **25 minutos** | tiempo total **35 minutos**

sopa seca con quinua

Nunca más tendrán excusa para decir que es demasiado difícil cocinar y comer saludablemente. Esta sopa seca es la prueba de que pueden servir un acompañamiento rápido y delicioso con cada comida. Los alimentos saludables no tienen que ser aburridos; ¡esta receta se creó para demostrarlo!

1 cda. de aceite de oliva

6 cebolletas en rodajas delgadas (aproximadamente ⅓ taza)

2 dientes de ajo, finamente picados

1 jalapeño finamente picado

1 chayote pelado y cortado en cuadritos (10 oz)

1 tomate picado (aproximadamente 6 oz)

1 taza de quinua regular o roja enjuagada, sin cocer

2 tazas de caldo vegetal sin sal

½ cdta. de sal

1 taza de arvejas o chícharos descongelados

12 tomates cerezos, cortados por la mitad (½ taza, aproximadamente 4 oz)

1 Calentar el aceite en una olla grande a fuego medio alto. Saltear las cebolletas, el ajo y el jalapeño, revolviendo constantemente, hasta que suelten su aroma, 2 minutos. Agregar el chayote y el tomate, y saltear hasta que el tomate empiece a ponerse blando, 2–3 minutos.

2 Echar la quinua, el caldo y la sal; hervir. Bajar el fuego y cocer tapada, hasta que el líquido se absorba y la quinua se ponga blanda, aproximadamente 20 minutos.

3 Agregar las arvejas y tomates; calentar bien.

SELECCIONES/INTERCAMBIOS
1½ almidones, 1 vegetal sin almidón, ½ grasa

VALORES NUTRICIONALES BÁSICOS
Calorías **170** | Calorías de grasa **40** | Total de grasa **4.5 g** | Grasa saturada **0.5 g** | Grasa trans **0.0 g**
Colesterol **0 mg** | Sodio **230 mg** | Potasio **460 mg** | Total de carbohidratos **27 g**
Fibra alimentaria **5 g** | Azúcares **5 g** | Proteína **7 g** | Fósforo **185 mg**

196 kidney bean stew | **197** *habichuelas guisadas*

chapter 9
capítulo 9

the proof is in the sauces and condiments

la prueba está en las salsas y los condimentos

todo adobo

1 Tbsp salt-free lemon pepper

1 Tbsp garlic powder

1 Tbsp onion powder or flakes

1 Tbsp dried oregano

1 Tbsp dried parsley flakes

1 Tbsp achiote powder

½ Tbsp ground cumin

1 Combine all of the ingredients in a small glass jar with an airtight lid and shake to blend. Store in a cool, dry place for up to 2 weeks.

CHOICES/EXCHANGES
Free food

BASIC NUTRITIONAL VALUES
Calories **20** | Calories from Fat **0** | Total Fat **0.0 g** | Saturated Fat **0.0 g** | Trans Fat **0.0 g**
Cholesterol **0 mg** | Sodium **0 mg** | Potassium **80 mg** | Total Carbohydrate **4 g**
Dietary Fiber **1 g** | Sugars **0 g** | Protein **1 g** | Phosphorus **15 mg**

---

todo adobo

1 cda. de especias de pimienta con limón sin sal

1 cda. de ajo en polvo

1 cda. de cebolla en polvo u hojuelas

1 cda. de orégano seco

1 cda. de hojuelas de perejil seco

1 cda. de achiote en polvo

½ cda. de comino molido

1 Mezclar todos los ingredientes en un frasco pequeño de vidrio con tapa hermética y sacudir para mezclar. Guardar en un lugar fresco y seco hasta 2 semanas.

SELECCIONES/INTERCAMBIOS
No cuenta

BASIC NUTRITIONAL VALUES
Calorías **20** | Calorías de grasa **0** | Total de grasa **0.0 g** | Grasa saturada **0.0 g** | Grasa trans **0.0 g**
Colesterol **0 mg** | Sodio **0 mg** | Potasio **80 mg** | Total de carbohidratos **4 g**
Fibra alimentaria **1 g** | Azúcares **0 g** | Proteína **1 g** | Fósforo **15 mg**

pico de gallo

3 plum tomatoes, finely diced
(¾ lb)

1 small white onion, finely diced
(¼ cup)

1 jalapeño pepper, minced

3 Tbsp chopped fresh cilantro

Grated zest and juice of 1 lime

¼ tsp salt

1 Combine the tomatoes, onion, jalapeño, cilantro, lime zest and juice, and salt in a medium bowl. Let stand at room temperature until flavors are blended, about 2 hours.

2 For future use, keep in a sealed container in the fridge. Can last up to 1 week.

CHOICES/EXCHANGES
Free food

BASIC NUTRITIONAL VALUES
Calories **15** | Calories from Fat **0** | Total Fat **0.0 g** | Saturated Fat **0.0 g** | Trans Fat **0.0 g**
Cholesterol **0 mg** | Sodium **75 mg** | Potassium **130 mg** | Total Carbohydrate **3 g**
Dietary Fiber **1 g** | Sugars **2 g** | Protein **1 g** | Phosphorus **15 mg**

---

pico de gallo

3 tomates ciruelos, cortados en
cuadritos (¾ lb)

1 cebolla blanca pequeña,
cortada en cuadritos (¼ taza)

1 jalapeño finamente picado

3 cdas. de cilantro fresco, picado

Ralladura y jugo de 1 limón verde

¼ cdta. de sal

1 Mezclar los tomates, la cebolla, el jalapeño, el cilantro, la ralladura y jugo de limón verde y la sal en una vasija mediana. Dejar reposar a temperatura ambiente hasta que los sabores se combinen, aproximadamente 2 horas.

2 Para usarlo en el futuro, guardar en un recipiente hermético en el refrigerador. Dura hasta 1 semana.

SELECCIONES/INTERCAMBIOS
No cuenta

BASIC NUTRITIONAL VALUES
Calorías **15** | Calorías de grasa **0** | Total de grasa **0.0 g** | Grasa saturada **0.0 g** | Grasa trans **0.0 g**
Colesterol **0 mg** | Sodio **75 mg** | Potasio **130 mg** | Total de carbohidratos **3 g**
Fibra alimentaria **1 g** | Azúcares **2 g** | Proteína **1 g** | Fósforo **15 mg**

pickled onions

1 large red onion thinly sliced
(about 1½ cups)

½ cup white vinegar

¼ cup chopped fresh cilantro

2 Tbsp fresh lime juice

½ habanero chile, minced (1 tsp)

¼ tsp pepper

⅛ tsp salt

1 Combine the onion, vinegar, cilantro, lime juice, habanero, pepper, and salt in a large bowl until well combined. Cover and refrigerate at least 6 hours or overnight.

2 For future use, keep in a sealed container in the fridge. Can last up to 2 weeks.

CHOICES/EXCHANGES
Free food

BASIC NUTRITIONAL VALUES
Calories **20** | Calories from Fat **0** | Total Fat **0.0 g** | Saturated Fat **0.0 g** | Trans Fat **0.0 g**
Cholesterol **0 mg** | Sodium **50 mg** | Potassium **65 mg** | Total Carbohydrate **4 g**
Dietary Fiber **1 g** | Sugars **2 g** | Protein **0 g** | Phosphorus **10 mg**

---

cebollas encurtidas

1 cebolla roja grande, en rodajas
delgadas (aproximadamente
1½ tazas)

½ taza de vinagre blanco

¼ taza de cilantro fresco, picado

2 cdas. de jugo fresco de
limón verde

½ chile habanero finamente
picado (1 cdta.)

¼ cdta. de pimienta

⅛ cdta. de sal

1 Mezclar bien la cebolla, el vinagre, el cilantro, el jugo de limón verde, el habanero, la pimienta y la sal en una vasija grande. Tapar y refrigerar por lo menos 6 horas o de un día para otro.

2 Para usarlo en el futuro, guardar en un recipiente hermético en el refrigerador. Dura hasta 2 semanas.

SELECCIONES/INTERCAMBIOS
No cuenta

BASIC NUTRITIONAL VALUES
Calorías **20** | Calorías de grasa **0** | Total de grasa **0.0 g** | Grasa saturada **0.0 g** | Grasa trans **0.0 g**
Colesterol **0 mg** | Sodio **50 mg** | Potasio **65 mg** | Total de carbohidratos **4 g**
Fibra alimentaria **1 g** | Azúcares **2 g** | Proteína **0 g** | Fósforo **10 mg**

colombian ají sauce

1 plum tomato, diced

1 cup chopped fresh cilantro

½ cup thinly sliced scallions
(about 4 large scallions)

1 Tbsp finely chopped white onion

½ small Scotch bonnet or
habanero chile, minced

2 tsp lime juice

¼ tsp salt

1   Combine the tomato, cilantro, scallions, onion, chile, lime juice, and salt in a medium bowl. Cover and refrigerate until ready to serve.

CHOICES/EXCHANGES
Free food

BASIC NUTRITIONAL VALUES
Calories **10** | Calories from Fat **0** | Total Fat **0.0 g** | Saturated Fat **0.0 g** | Trans Fat **0.0 g**
Cholesterol **0 mg** | Sodium **105 mg** | Potassium **115 mg** | Total Carbohydrate **2 g**
Dietary Fiber **1 g** | Sugars **1 g** | Protein **1 g** | Phosphorus **15 mg**

---

rinde **6 porciones** | tamaño de la porción ¼ **taza**
tiempo de preparación **10 minutos** | tiempo de cocción **ninguno** | tiempo total **10 minutos**

ají colombiano

1 tomate ciruelo, cortado en
cuadritos

1 taza de cilantro fresco, picado

½ taza de cebolletas en rodajas
delgadas (aproximadamente
4 cebolletas grandes)

1 cda. de cebolla blanca
finamente picada

½ habanero o chile rojo Caribe
o *Scotch bonnet*, pequeño y
finamente picado

2 cdtas. de jugo de limón verde

¼ cdta. de sal

1   Mezclar el tomate, el cilantro, las cebolletas, la cebolla, el chile, el jugo de limón verde y la sal en una vasija mediana. Tapar y refrigerar hasta el momento de servir.

SELECCIONES/INTERCAMBIOS
No cuenta

BASIC NUTRITIONAL VALUES
Calorías **10** | Calorías de grasa **0** | Total de grasa **0.0 g** | Grasa saturada **0.0 g** | Grasa trans **0.0 g**
Colesterol **0 mg** | Sodio **105 mg** | Potasio **115 mg** | Total de carbohidratos **2 g**
Fibra alimentaria **1 g** | Azúcares **1 g** | Proteína **1 g** | Fósforo **15 mg**

tangy salsa verde

1 Tbsp olive oil

1 lb (about 3 to 4) fresh poblano chiles, seeded, ribs removed, and roughly chopped

4 cloves garlic, minced

1 lb tomatillos, husked, rinsed, and quartered

⅓ tsp salt

1 cup fresh cilantro leaves

1 Heat the olive oil in a large skillet over medium-high heat for 1 minute. Add the chopped chiles and garlic and cook until the peppers start to soften, about 5 minutes.

2 Add the tomatillos and salt, reduce the heat to medium low and cook until the tomatillos begin to break down and release some liquid, about 10 minutes, stirring occasionally.

3 Transfer the tomatillo sauce to your blender, and the cilantro, and purée. Use immediately or freeze in a freezer-safe container for up to 3 months.

CHOICES/EXCHANGES
1 Nonstarchy Vegetable, ½ Fat

BASIC NUTRITIONAL VALUES
Calories **45** | Calories from Fat **20** | Total Fat **2.5 g** | Saturated Fat **0.3 g** | Trans Fat **0.0 g**
Cholesterol **0 mg** | Sodium **100 mg** | Potassium **240 mg** | Total Carbohydrate **6 g**
Dietary Fiber **2 g** | Sugars **3 g** | Protein **1 g** | Phosphorus **35 mg**

---

rinde **8 porciones** | tamaño de la porción **¼ taza**
tiempo de preparación **15 minutos** | tiempo de cocción **16 minutos** | tiempo total **31 minutos**

salsa verde

1 cda. de aceite de oliva

1 lb de chiles poblanos frescos (aproximadamente 3 a 4), sin semillas ni venas, picados en trozos medianos

4 dientes de ajo, finamente picados

1 lb de tomatillos, pelados, enjuagados y cortados en cuatro

⅓ cdta. de sal

1 taza de hojas de cilantro fresco

1 Calentar el aceite de oliva en una sartén grande a fuego medio alto 1 minuto. Agregar los chiles picados y el ajo, y saltear hasta que los chiles empiecen a ponerse blandos, aproximadamente 5 minutos.

2 Agregar los tomatillos y la sal, reducir el fuego a medio bajo y saltear revolviendo de vez en cuando hasta que los tomatillos empiecen a desintegrarse y suelten un poco de líquido, aproximadamente 10 minutos.

3 Licuar la salsa de tomatillo. Usar de inmediato o congelar en un recipiente apropiado hasta 3 meses.

SELECCIONES/INTERCAMBIOS
1 vegetal sin almidón, ½ grasa

BASIC NUTRITIONAL VALUES
Calorías **45** | Calorías de grasa **20** | Total de grasa **2.5 g** | Grasa saturada **0.3 g** | Grasa trans **0.0 g**
Colesterol **0 mg** | Sodio **100 mg** | Potasio **240 mg** | Total de carbohidratos **6 g**
Fibra alimentaria **2 g** | Azúcares **3 g** | Proteína **1 g** | Fósforo **35 mg**

sofrito

1 Tbsp olive oil

1 small yellow onion, finely chopped (about 1 cup)

1 small tomato, cored and chopped (about 1 cup)

1 green bell pepper, seeded, ribbed, and finely chopped (about 1 cup)

¼ cup chopped fresh cilantro

¼ tsp salt

¼ tsp pepper

1 Heat the oil in a medium skillet over medium heat. Add the remaining ingredients and cook until the onions are soft and golden and the tomatoes have broken down and are pasty, about 10 minutes, stirring often.

2 Use immediately or freeze in a freezer-safe container for up to 3 months.

CHOICES/EXCHANGES
1 Nonstarchy Vegetable, ½ Fat

BASIC NUTRITIONAL VALUES
Calories **35** | Calories from Fat **20** | Total Fat **2.0 g** | Saturated Fat **0.3 g** | Trans Fat **0.0 g**
Cholesterol **0 mg** | Sodium **75 mg** | Potassium **130 mg** | Total Carbohydrate **4 g**
Dietary Fiber **1 g** | Sugars **2 g** | Protein **1 g** | Phosphorus **15 mg**

---

rinde **8 porciones** | tamaño de la porción **¼ taza**
tiempo de preparación **15 minutos** | tiempo de cocción **10 minutos** | tiempo total **25 minutos**

sofrito

1 cda. de aceite de oliva

1 cebolla amarilla pequeña, finamente picada (aproximadamente 1 taza)

1 tomate pequeño, sin centro y picado (aproximadamente 1 taza)

1 pimiento verde, sin semillas ni venas, finamente picado (aproximadamente 1 taza)

¼ taza de cilantro fresco, picado

¼ cdta. de sal

¼ cdta. de pimienta

1 Calentar el aceite en una sartén mediana a fuego medio. Agregar los demás ingredientes y saltear hasta que la cebolla esté suave y se dore, y los tomates se desintegren y estén pálidos, aproximadamente 10 minutos.

2 Usar de inmediato o congelar en un recipiente apropiado hasta 3 meses.

SELECCIONES/INTERCAMBIOS
1 vegetal sin almidón, ½ grasa

BASIC NUTRITIONAL VALUES
Calorías **35** | Calorías de grasa **20** | Total de grasa **2.0 g** | Grasa saturada **0.3 g** | Grasa trans **0.0 g**
Colesterol **0 mg** | Sodio **75 mg** | Potasio **130 mg** | Total de carbohidratos **4 g**
Fibra alimentaria **1 g** | Azúcares **2 g** | Proteína **1 g** | Fósforo **15 mg**

chapter 10
capítulo 10

happy endings
un final feliz

piña colada sorbet

Here is an opportunity to have homemade sorbet without an ice cream machine and without the guilt. It is delicious. The coconut milk makes it creamy and it makes you feel like you are sitting out under a palm tree somewhere in the Caribbean. Once you have mastered this sorbet, feel free to experiment with any of your favorite fruits!

3 cups fresh pineapple chunks

½ cup canned lite, unsweetened coconut milk

½ cup ice

¼ tsp granulated zero-calorie sweetener (such as stevia)

Mint sprigs for garnish

1 Freeze the pineapple chunks in an airtight container for 6 hours.

2 Add the frozen pineapple, coconut milk, ice, and sugar substitute to a food processor. Purée until the ice has broken down and the mixture is smooth. (You might have to turn the processor off and give it a mix with a spatula here and there to get it to smooth out.)

3 Transfer the sorbet to an airtight container, cover, and freeze until hard enough to hold its shape, about 1 hour.

4 For the perfect scoop, serve with an old-fashioned ice scream scoop and garnish each serving with a mint sprig.

CHICA TIP

! Do not freeze the fruit more than the 6 hours, as the texture will change. For another fun dessert, follow the same directions using frozen mango and a couple of mint leaves.

CHOICES/EXCHANGES
1 Fruit

BASIC NUTRITIONAL VALUES
Calories **60** | Calories from Fat **15** | Total Fat **1.5 g** | Saturated Fat **1.0 g** | Trans Fat **0.0 g** | Cholesterol **0 mg** | Sodium **0 mg** | Potassium **135 mg** | Total Carbohydrate **11 g** | Dietary Fiber **1 g** | Sugars **8 g** | Protein **1 g** | Phosphorus **25 mg**

sorbete de piña colada

Esta es la oportunidad de preparar un sorbete casero sin la máquina de helados ni sentimiento de culpa. Es delicioso. La leche de coco lo hace cremoso y uno se siente como si estuviera bajo una palmera en algún lugar del Caribe. Una vez que dominen este sorbete, ¡se sentirán libres de experimentar con cualquiera de sus frutas favoritas!

3 tazas de piña fresca, en trozos

½ taza de leche de coco de lata, *light* y sin endulzar

½ taza de hielo

¼ cdta. de endulzante granulado sin calorías (como stevia)

Ramitos de menta para adornar

1 Congelar los trozos de piña en un recipiente hermético durante 6 horas.

2 Echar la piña congelada, la leche de coco, el hielo y el sustituto de azúcar a un procesador de alimentos. Licuar hasta que el hielo esté en pedacitos y la mezcla tenga consistencia uniforme. (Es buena idea apagar el procesador y revolver la mezcla con una espátula de vez en cuando para lograr la consistencia uniforme).

3 Pasar el sorbete a un recipiente hermético, tapar y congelar hasta que se endurezca suficiente como para mantener su forma, aproximadamente 1 hora.

4 Para servir, utilizar un dispensador tradicional de helados y adornar cada porción con un ramito de menta.

CHICA TIP

! No congeles la fruta más de 6 horas, pues la textura cambiará. Para otro postre divertido, sigue las mismas instrucciones usando mango congelado y un par de hojas de menta.

SELECCIONES/INTERCAMBIOS
1 fruta

VALORES NUTRICIONALES BÁSICOS
Calorías **60** | Calorías de grasa **15** | Total de grasa **1.5 g** | Grasa saturada **1.0 g** | Grasa trans **0.0 g**
Colesterol **0 mg** | Sodio **0 mg** | Potasio **135 mg** | Total de carbohidratos **11 g**
Fibra alimentaria **1 g** | Azúcares **8 g** | Proteína **1 g** | Fósforo **25 mg**

arroz con leche (rice custard)

If you are Latin, then you have most certainly had this delicious dessert: I believe all of our countries make it. What you probably have not had is a guiltless version that you will love just as much as the traditional dish. So here is my gift to you. Go ahead... enjoy and celebrate!

1 cup uncooked instant brown rice

2 cups fat-free milk

1 cup water

2 Tbsp granulated zero-calorie sweetener (such as stevia)

1 (3-inch) strip orange peel

1 (3-inch) cinnamon stick

1 Tbsp flaxseeds

3 whole cloves

1 tsp vanilla extract

½ tsp ground cinnamon

1 Prepare the rice according to package directions.

2 Combine the cooked rice, milk, water, sugar substitute, orange peel, cinnamon stick, flaxseeds, and cloves in a medium saucepan; bring to a boil. Reduce the heat to medium low and simmer, stirring often, until the rice pudding is thick and creamy, about 20 minutes.

3 Remove from the heat. Remove and discard the orange peel, cinnamon stick, and cloves. Stir in the vanilla and ground cinnamon.

CHICA TIP

! Instant rice, also known as minute rice, has been precooked and dehydrated so that it cooks more rapidly. I do not use it often, as it is more expensive and has less nutritional value than regular rice. But the brown instant rice is a great option for a recipe such as this one, where we need the rice to cook fast and want to end up with a creamy texture.

CHOICES/EXCHANGES
1 Starch, ½ Fat-Free Milk

BASIC NUTRITIONAL VALUES
Calories **140** | Calories from Fat **20** | Total Fat **2.0 g** | Saturated Fat **0.3 g** | Trans Fat **0.0 g** | Cholesterol **2 mg** | Sodium **55 mg** | Potassium **230 mg** | Total Carbohydrate **24 g** | Dietary Fiber **2 g** | Sugars **7 g** | Protein **6 g** | Phosphorus **195 mg**

arroz con leche

Si son latinos, lo más probable es que hayan probado este delicioso postre: creo que lo preparan en todos nuestros países. Lo que quizá no hayan comido es esta versión que les encantará tanto como la tradicional, sin hacer que se sientan culpables. Es un regalo de mi parte. ¡Háganlo… disfruten y celebren!

1 taza de arroz integral instantáneo, sin cocer

2 tazas de leche descremada

1 taza de agua

2 cdas. de endulzante granulado sin calorías (como stevia)

1 cáscara de naranja en una tira (de 3 pulgadas)

1 palito de canela (de 3 pulgadas)

1 cda. de linaza

3 clavos de olor enteros

1 cdta. de extracto de vainilla

½ cdta. de canela molida

1 Preparar el arroz según las instrucciones del paquete.

2 Mezclar el arroz cocido, la leche, el agua, el sustituto de azúcar, la cáscara de naranja, el palito de canela, la linaza y el clavo de olor en una olla mediana; hervir. Reducir el fuego a medio bajo y cocer, revolviendo con frecuencia, hasta que el arroz con leche esté espeso y cremoso, aproximadamente 20 minutos.

3 Retirar del fuego. Descartar la cáscara de naranja, los palitos de canela y el clavo de olor. Agregar la vainilla y canela molida, y revolver.

CHICA TIP

! El arroz instantáneo, conocido en inglés también como *minute rice*, ya está precocido y deshidratado, por lo que está listo en menos tiempo. No lo uso con frecuencia, ya que es más caro y tiene menos valor nutritivo que el arroz regular. Pero el arroz integral instantáneo es una gran opción en una receta como esta, en la que el arroz se debe cocer rápidamente y queremos una textura cremosa.

SELECCIONES/INTERCAMBIOS
1 almidón, ½ leche descremada

VALORES NUTRICIONALES BÁSICOS
Calorías **140** | Calorías de grasa **20** | Total de grasa **2.0 g** | Grasa saturada **0.3 g** | Grasa trans **0.0 g**
Colesterol **2 mg** | Sodio **55 mg** | Potasio **230 mg** | Total de carbohidratos **24 g**
Fibra alimentaria **2 g** | Azúcares **7 g** | Proteína **6 g** | Fósforo **195 mg**

mexican chocolate cookies

These cookies take us way back in time. The mix of bitter chocolate, cinnamon, and spice traces its history back to the Mayans and Aztecs. Traditionally, this mixture was consumed as a hot beverage. But why not turn it into cookies and be able to have them on hand in a cookie jar? Now the only question will be "who put their hands in the cookie jar?"

¼ cup unsweetened cocoa powder

¾ tsp ground cinnamon

½ tsp chili powder

3 egg whites, at room temperature

¼ tsp cream of tartar

¼ cup granulated sugar substitute baking blend (such as Truvia Baking Blend)

½ tsp vanilla extract

6 oz chopped walnuts

2 Tbsp confectioners' sugar

1 Preheat the oven to 300°F. Line a large cookie sheet with parchment paper or foil.

2 Sift together the cocoa powder, cinnamon, and chili powder in a fine mesh sieve set over a small bowl.

3 With an electric mixer on medium speed, beat the egg whites and cream of tartar in a medium bowl until soft peaks form. Increase the speed to medium high. Add the sugar substitute, 1 Tbsp at a time, beating until stiff, glossy peaks form. Beat in the vanilla and the cocoa mixture just until blended. Fold in the chopped walnuts.

4 Drop mounds from a tablespoon onto the cookie sheet, about 1 inch apart, making about 24 cookies. Bake 1 hour.

5 Turn oven off and let the cookies stand in the oven until crisp, about 1 hour longer.

6 Remove from oven and slide the parchment paper onto wire racks. Gently peel the parchment off the cookies. Lightly sprinkle the cooled cookies with confectioners' sugar. Store the cookies in airtight containers for up to 3 days.

CHOICES/EXCHANGES
½ Carbohydrate, 1½ Fat

BASIC NUTRITIONAL VALUES
Calories **110** | Calories from Fat **90** | Total Fat **10.0 g** | Saturated Fat **1.0 g** | Trans Fat **0.0 g** Cholesterol **0 mg** | Sodium **15 mg** | Potassium **115 mg** | Total Carbohydrate **5 g** Dietary Fiber **2 g** | Sugars **2 g** | Protein **3 g** | Phosphorus **65 mg**

galletas de chocolate mexicano

Estas galletas hacen que nos remontemos en el tiempo. La combinación de chocolate amargo, canela y especias data de la época de los mayas y aztecas. Tradicionalmente, esta combinación se consumía como una bebida caliente. Pero ¿por qué no hacer galletas con ella para poder tenerlas a la mano en un frasco? Ahora su única preocupación será averiguar "¿quién se las comió?"

¼ taza de cacao en polvo sin endulzar

¾ cdta. de canela molida

½ cdta. de chile en polvo

3 claras de huevo, a temperatura ambiente

¼ cdta. de cremor tártaro

¼ taza de sustituto de azúcar granulada para repostería (como Truvia Baking Blend)

½ cdta. de extracto de vainilla

6 oz de nueces picadas

2 cdas. de azúcar molida

1 Calentar el horno a 300°F. Forrar una lata grande para hornear con papel manteca o papel aluminio.

2 Cernir el cacao en polvo, la canela y el chile en polvo con un colador de malla fina sobre una vasija pequeña.

3 Con una batidora eléctrica a velocidad media, batir las claras de huevo y el cremor tártaro en una vasija mediana hasta que se formen picos suaves. Aumentar la velocidad a media alta. Agregar el sustituto de azúcar, 1 cda. a la vez, batiendo hasta que se formen picos firmes y lustrosos. Incorporar la vainilla y la mezcla de cacao batiendo un poco. Agregar las nueces picadas y mezclar con movimientos envolventes.

4 Con una cuchara, dejar caer un poquito de masa a la vez en la lata de hornear, aproximadamente a 1 pulgada de distancia, para aproximadamente 24 galletas. Hornear 1 hora.

5 Apagar el horno y dejar las galletas en reposo en el horno hasta que estén crocantes, aproximadamente 1 hora más.

6 Retirar del horno y deslizar el papel manteca sobre rejillas. Pelarlo con cuidado de las galletas. Dejar enfriar y espolvorear un poquito de azúcar molida. Guardar las galletas en un recipiente hermético hasta 3 días.

SELECCIONES/INTERCAMBIOS
½ carbohidratos, 1½ grasas

VALORES NUTRICIONALES BÁSICOS
Calorías **110** | Calorías de grasa **90** | Total de grasa **10.0 g** | Grasa saturada **1.0 g** | Grasa trans **0.0 g**
Colesterol **0 mg** | Sodio **15 mg** | Potasio **115 mg** | Total de carbohidratos **5 g**
Fibra alimentaria **2 g** | Azúcares **2 g** | Proteína **3 g** | Fósforo **65 mg**

apple and pear crumble

I thrive at being able to create desserts that hit the spot but are good for you, because when it comes to eating healthy and sticking to it, not feeling deprived is key. This crumble has a combination of quinoa and oats as a topping. And as you must know by now, anything with quinoa is my jive!

FILLING

Nonstick olive oil spray

2 Honeycrisp apples, cut into ½-inch pieces (about 1 lb total)

2 ripe pears, cut into ½-inch pieces (about ¾ lb total)

2 Tbsp brown sugar substitute baking blend (such as Truvia Brown Sugar Baking Blend)

1 Tbsp lemon juice

2 tsp cinnamon

¼ tsp grated nutmeg

¼ tsp chili powder

⅛ tsp salt

TOPPING

½ cup cooked quinoa

½ cup old-fashioned rolled oats

¼ cup whole-wheat flour

3 Tbsp brown sugar substitute baking blend (such as Truvia Brown Sugar Baking Blend)

2 Tbsp coconut oil

1 tsp ground cinnamon

1 tsp vanilla extract

1. Preheat the oven to 375°F. Spray an 8 × 8-inch baking dish with nonstick spray.

2. Toss the apples, pears, baking blend, lemon juice, cinnamon, nutmeg, chili powder, and salt in a large bowl. Spoon into the baking dish.

3. To make the topping, stir together the topping ingredients and sprinkle evenly over the fruit. Bake until browned and bubbly, 45–50 minutes.

4. Let cool on a rack about 20 minutes. Serve warm or at room temperature.

CHICA TIP

! For perfect quinoa: The liquid-to-dry ratio should always be 2 to 1. Boil the liquid and add the quinoa. Once the liquid has mostly evaporated, lower the heat to low and cover loosely. Cook for 20 minutes, then fluff with a fork.

CHOICES/EXCHANGES
1 Starch, ½ Fruit, ½ Fat

BASIC NUTRITIONAL VALUES
Calories **130** | Calories from Fat **30** | Total Fat **3.5 g** | Saturated Fat **2.0 g** | Trans Fat **0.1 g**
Cholesterol **10 mg** | Sodium **40 mg** | Potassium **160 mg** | Total Carbohydrate **25 g**
Dietary Fiber **4 g** | Sugars **12 g** | Protein **2 g** | Phosphorus **65 mg**

crumble de manzana y pera

Me fascina hacer postres que satisfacen mis antojos dulceros, pero que también son saludables, porque cuando se trata de comer sano sin pecar, la clave es no sentir que uno se priva de cosas ricas. Este "crumble" lleva una combinación de quinua y avena. Y como ya deben saber a estas alturas, ¡soy aficionada a cualquier cosa con quinua!

RELLENO

Aceite de oliva antiadherente en aerosol

2 manzanas *honeycrisp*, cortadas en trozos de ½ pulgada (aproximadamente 1 lb en total)

2 peras maduras, cortadas en trozos de ½ pulgada (aproximadamente ¾ lb en total)

2 cdas. de sustituto de azúcar morena para repostería (como Truvia Brown Sugar Baking Blend)

1 cda. de jugo de limón

2 cdtas. de canela

¼ cdta. de nuez moscada, rallada

¼ cdta. de chile en polvo

⅛ cdta. de sal

TAPA

½ taza de quinua cocida

½ taza de hojuelas de avena tradicional

¼ taza de harina de trigo integral

3 cdas. de sustituto de azúcar morena para repostería (como Truvia Brown Sugar Baking Blend)

2 cdas. de aceite de coco

1 cdta. de canela molida

1 cdta. de extracto de vainilla

1. Calentar el horno a 375°F. Rociar con aceite en aerosol una fuente de hornear de 8 × 8 pulgadas.

2. Mezclar las manzanas, las peras, el sustituto de azúcar, el jugo de limón, la canela, la nuez moscada, el chile en polvo y la sal en una vasija grande. Echar todo en la fuente de hornear.

3. Mezclar los ingredientes de la tapa y echarlos uniformemente sobre la fruta. Hornear hasta que se dore y burbujee, 45–50 minutos.

4. Dejar enfriar en una rejilla aproximadamente 20 minutos. Servir caliente o a temperatura ambiente.

CHICA TIP

! **Para la quinua perfecta: La proporción entre líquido e ingredientes secos siempre debe ser de 2 a 1. Hierve el líquido y agrega la quinua. Una vez que la mayoría del líquido se haya evaporado, baja el fuego y deja un poco destapado. Cuece 20 minutos y luego granea con un tenedor.**

SELECCIONES/INTERCAMBIOS
1 almidón, ½ fruta, ½ grasa

VALORES NUTRICIONALES BÁSICOS
Calorías **130** | Calorías de grasa **30** | Total de grasa **3.5 g** | Grasa saturada **2.0 g** | Grasa trans **0.1 g** | Colesterol **10 mg** | Sodio **40 mg** | Potasio **160 mg** | Total de carbohidratos **25 g** | Fibra alimentaria **4 g** | Azúcares **12 g** | Proteína **2 g** | Fósforo **65 mg**

morir soñando (orange cream)

The credit goes to Delia, my business and kitchen partner, for creating this delicious interpretation of the classic Dominican *morir soñando* shake, which consists of cane sugar, milk, orange juice, and ice. In essence, it is the Dominican version of an orange cream drink. Delia decided to create a gelatin dessert that is oh-so-lite and ethereal. Even a non-dessert lover will enjoy it!

VANILLA CREAM LAYER

1 (7-g) envelope unflavored gelatin

½ cup cold water

1 (12-oz) can low-fat evaporated milk

1 Tbsp granulated zero-calorie sweetener (such as stevia)

1 tsp vanilla extract

ORANGE LAYER

1 (7-g) envelope unflavored gelatin

½ cup cold water

Grated zest of 1 clementine or orange

1 cup clementine juice (10 clementines or 2 large [8-oz] oranges)

2 tsp granulated zero-calorie sweetener (such as stevia)

1 To make the vanilla cream layer: Sprinkle the gelatin over the water in a small saucepan; let stand 1 minute. Add the evaporated milk, sugar substitute, and vanilla. Stir over low heat until the gelatin is completely dissolved, about 5 minutes. Remove from the heat. Pour, dividing evenly, into 4 (6-oz) dessert glasses. Refrigerate until mixture is set but not firm, about 2 hours.

2 To make the orange layer: Sprinkle the gelatin over the water in a small saucepan; let stand 1 minute. Add the zest, juice, and sugar substitute. Stir over low heat until the gelatin is completely dissolved, about 5 minutes. Remove from the heat; let cool to room temperature. Pour, dividing evenly, over vanilla cream layer in the dessert glasses. Refrigerate until set, about 4 hours. Serve each topped with 2 Tbsp fat-free, sugar-free, non-dairy whipped topping, if desired.

CHOICES/EXCHANGES
½ Fruit, 1 Fat-Free Milk

BASIC NUTRITIONAL VALUES
Calories **130** | Calories from Fat **20** | Total Fat **2.0 g** | Saturated Fat **1.1 g** | Trans Fat **0.0 g** Cholesterol **5 mg** | Sodium **115 mg** | Potassium **430 mg** | Total Carbohydrate **17 g** Dietary Fiber **0 g** | Sugars **16 g** | Protein **10 g** | Phosphorus **200 mg**

rinde **4 porciones** | tamaño de la porción **aproximadamente ¾ taza**
tiempo de preparación **20 minutos** | tiempo de cocción **10 minutos** | tiempo total **30 minutos más 6 horas para enfriar**

morir soñando

Delia, mi socia de negocios y en la cocina, creó esta deliciosa versión del clásico batido dominicano Morir soñando, que consta de azúcar de caña, leche, jugo de naranja y hielo. Básicamente es un cremoso refresco de naranja al estilo dominicano. Delia decidió crear un postre de gelatina que es súper ligero y etéreo. ¡Lo disfrutarán incluso quienes no son amigos de los postres!

CAPA DE CREMA DE VAINILLA

1 sobre (de 7 g) de gelatina sin sabor

½ taza de agua fría

1 lata (de 12 oz) de leche evaporada baja en grasa

1 cda. de endulzante granulado sin calorías (como stevia)

1 cdta. de extracto de vainilla

CAPA DE NARANJA

1 sobre (de 7 g) de gelatina sin sabor

½ taza de agua fría

Ralladura de 1 mandarina o naranja

1 taza de jugo de mandarina (10 mandarinas o 2 naranjas grandes de 8 oz)

2 cdtas. de endulzante granulado sin calorías (como *stevia*)

1 Para preparar la capa de crema de vainilla: Echar la gelatina en el agua en una olla pequeña; dejar reposar 1 minuto. Agregar la leche evaporada, el sustituto de azúcar y la vainilla. Revolver a fuego bajo hasta que la gelatina se disuelva del todo, aproximadamente 5 minutos. Retirar del fuego. Echar en 4 copas de postre (de 6 oz) en cantidades iguales. Refrigerar hasta que la mezcla cuaje pero no esté firme, aproximadamente 2 horas.

2 Para preparar la capa de naranja: Echar la gelatina al agua en una olla pequeña; Dejar reposar 1 minuto. Agregar la ralladura, el jugo y el sustituto de azúcar. Revolver a fuego bajo hasta que la gelatina se disuelva del todo, aproximadamente 5 minutos. Retirar del fuego; dejar enfriar a temperatura ambiente. Echar en las copas de postre sobre la crema de vainilla en cantidades iguales. Refrigerar hasta que cuaje, aproximadamente 4 horas. Opcional: servir cada copa con 2 cdas. de crema batida sin azúcar.

SELECCIONES/INTERCAMBIOS
½ fruta, 1 leche descremada

VALORES NUTRICIONALES BÁSICOS
Calorías **130** | Calorías de grasa **20** | Total de grasa **2.0 g** | Grasa saturada **1.1 g** | Grasa trans **0.0 g**
Colesterol **5 mg** | Sodio **115 mg** | Potasio **430 mg** | Total de carbohidratos **17 g**
Fibra alimentaria **0 g** | Azúcares **16 g** | Proteína **10 g** | Fósforo **200 mg**

cinnamon flan

You might be asking yourself, "How can it be possible to have a flan in a diabetes-friendly cookbook?" I have to tell you that this happens to be one of my favorite desserts in this book. The magic trick was not using condensed milk and using fat-free evaporated milk instead. Of course, a flan is not a flan without caramel. And for caramel you need real sugar. I used just enough caramel to make this dessert delicious but still guilt-free.

⅓ cup sugar

¼ cup water

2 cups fat-free milk

1 (12-oz) can fat-free evaporated milk

3 Tbsp granulated sugar substitute baking blend (such as Truvia Baking Blend)

¼ tsp cinnamon powder

2 (3-inch) cinnamon sticks, broken in half

2 tsp vanilla extract

5 large eggs

2⅔ cups raspberries

1 Preheat the oven to 350°F.

2 Combine the sugar and water in a small heavy-bottomed saucepan. Bring to a boil over medium-high heat and cook, swirling the pan occasionally, until the caramel is lightly browned, about 12 minutes. Immediately pour the caramel into a 2-quart round baking dish, tilting the dish to evenly coat. Set aside until the caramel is cool and hardened, about 10 minutes.

3 Meanwhile, combine the milk, evaporated milk, sugar substitute, cinnamon powder, and cinnamon sticks in a medium saucepan. Bring to a simmer over medium-low heat and cook, stirring occasionally, for 6 minutes. Remove from the heat. Stir in the vanilla and let stand 15 minutes. Remove the cinnamon sticks.

4 Beat the eggs in a medium bowl. Slowly whisk into the milk mixture until well blended. Pour into the baking dish.

5 Place the baking dish with the flan mixture into a 9 × 13-inch roasting pan and fill the roasting pan with enough hot water to come one-third of the way up the sides of the baking dish. Bake until the custard is set but jiggles slightly in the center, 50–55 minutes.

6 Transfer the pan to a rack; let cool 1 hour. Refrigerate until well chilled, about 3 hours or overnight. To unmold, run the tip of a small knife around the edge of the flan. Place a large flat plate on top of the flan and flip it over. Cut the flan into wedges and serve each wedge with ⅓ cup raspberries.

CHOICES/EXCHANGES
½ Fruit, ½ Fat-Free Milk, ½ Carbohydrate, 1 Lean Protein

BASIC NUTRITIONAL VALUES
Calories **160** | Calories from Fat **30** | Total Fat **3.5 g** | Saturated Fat **1.1 g** | Trans Fat **0.0 g**
Cholesterol **120 mg** | Sodium **125 mg** | Potassium **360 mg** | Total Carbohydrate **22 g**
Dietary Fiber **3 g** | Sugars **19 g** | Protein **10 g** | Phosphorus **230 mg**

flan de canela

Si les sorprende tener flan en un libro de recetas apropiadas para la diabetes, debo decirles que es uno de mis postres favoritos en este libro. El truco fue usar leche evaporada descremada en vez de leche condensada. Por supuesto que no es flan si no tiene caramelo, que lleva azúcar de verdad. Pero usé muy poquita azúcar para que podamos disfrutar este delicioso postre libres de culpa.

⅓ taza de azúcar

¼ taza de agua

2 tazas de leche descremada

1 lata (de 12 oz) de leche evaporada descremada

3 cdas. de sustituto de azúcar granulada para repostería (como Truvia Baking Blend)

¼ cdta. de canela en polvo

2 palitos (de 3 pulgadas) de canela, partidos por la mitad

2 cdtas. de extracto de vainilla

5 huevos grandes

2⅔ tazas frambuesas

1 Calentar el horno a 350°F.

2 Mezclar el azúcar y agua en una olla pequeña con fondo grueso. Hacer hervir a fuego medio alto y revolver de vez en cuando, hasta que la miel se dore un poco, aproximadamente 12 minutos. Echar la miel de inmediato a una fuente de hornear de medio galón, inclinándola para que la recubra uniformemente. Dejar reposar hasta que la miel se enfríe y endurezca, aproximadamente 10 minutos.

3 Mientras tanto, mezclar la leche, leche evaporada, el sustituto de azúcar, la canela en polvo y los palitos de canela en una olla mediana. Cocer a fuego medio bajo, revolviendo de vez en cuando, durante 6 minutos. Retirar del fuego. Agregar la vainilla, mezclar y dejar reposar 15 minutos. Retirar los palitos de canela.

4 Batir los huevos en una vasija mediana. Echarlos lentamente a la olla de leche y mezclar bien. Verter en la fuente de hornear acaramelada.

5 Colocar la fuente de hornear con la mezcla del flan en una asadera de 9 × 13 pulgadas y echar agua caliente a la asadera hasta que llegue a un tercio de la fuente. Hornear hasta que cuaje el flan pero se mueva en el centro al sacudir, 50–55 minutos.

6 Pasar la fuente a una rejilla; dejar enfriar 1 hora. Refrigerar hasta que se enfríe bien, aproximadamente 3 horas o de un día para otro. Para desmoldar, pasar la punta de un cuchillo pequeño alrededor del borde del flan. Colocar una fuente plana grande sobre el flan y voltearlo. Cortar el flan en triángulos y servir cada uno con ⅓ taza de frambuesas.

SELECCIONES/INTERCAMBIOS
½ fruta, ½ leche descremada, ½ carbohidrato, 1 proteína magra

VALORES NUTRICIONALES BÁSICOS
Calorías **160** | Calorías de grasa **30** | Total de grasa **3.5 g** | Grasa saturada **1.1 g** | Grasa trans **0.0 g**
Colesterol **120 mg** | Sodio **125 mg** | Potasio **360 mg** | Total de carbohidratos **22 g**
Fibra alimentaria **3 g** | Azúcares **19 g** | Proteína **10 g** | Fósforo **230 mg**

berry coconut meringues

Not only are these meringues super cute, they are yummy as well. When coming up with desserts, I played around with a few of the different sugar substitutes out there. I am glad to see so many brands with great baking options. In this recipe, an erythritol-based sugar substitute works best. It gave the meringues the right amount of sweetness while allowing them to crisp up as well.

3 egg whites, at room temperature

¼ tsp cream of tartar

¼ cup plus 1 Tbsp granulated erythritol sugar substitute (such as Swerve), divided

1 tsp coconut extract

½ tsp vanilla extract

2 cups strawberries, quartered (12 oz)

1 cup blueberries (6 oz)

Mint sprigs for garnish

1 Preheat the oven to 200°F. Line a large baking sheet with parchment paper.

2 To make the meringues, use an electric mixer on medium speed to beat the egg whites and cream of tartar in a large bowl until frothy. Gradually add ¼ cup sugar substitute, 2 Tbsp at a time, beating until the whites stand in stiff, glossy peaks, about 5 minutes. Beat in both extracts. Spoon the meringue mixture onto the baking sheet, making 6 (4-inch) rounds. With the back of a spoon, spread the meringues to make a "nest" with a 1-inch-high edge. Bake until the meringues are crisp to the touch, about 1 hour and 20 minutes.

3 Turn the oven off and leave the meringues in the oven with the oven door slightly ajar, until they are dry to the touch, about 1 hour longer.

4 Remove from the oven and let the baking sheet cool on a rack, about 10 minutes. Carefully peel the meringues off the parchment paper. Transfer to a rack to cool completely.

5 Toss the strawberries, blueberries, and remaining 1 Tbsp sugar substitute together in a medium bowl. Evenly spoon the berry mixture over each meringue. Garnish each with a mint sprig and serve at once.

CHICA TIP

! To change it up, replace the coconut extract with orange blossom water.

CHOICES/EXCHANGES
½ Fruit

BASIC NUTRITIONAL VALUES
Calories **50** | Calories from Fat **0** | Total Fat **0.0 g** | Saturated Fat **0.0 g** | Trans Fat **0.0 g** | Cholesterol **0 mg** | Sodium **30 mg** | Potassium **150 mg** | Total Carbohydrate **9 g** | Dietary Fiber **2 g** | Sugars **6 g** | Protein **2 g** | Phosphorus **20 mg**

merengues de coco con frutos del bosque

Los merengues no solo son lindísimos, sino también riquísimos. Cuando preparaba las recetas de postres, probé los diferentes sustitutos de azúcar que hay. Me da mucho gusto ver tantas marcas con excelentes opciones de repostería. En esta receta, un sustituto de azúcar hecho con eritritol funciona bien. Les da a los merengues la cantidad adecuada de dulzura a la vez que permite que sean crocantes.

3 claras de huevo, a temperatura ambiente

¼ cdta. de cremor tártaro

¼ taza más 1 cda. de sustituto de azúcar a base de eritritol, granulado (como Swerve), en partes

1 cdta. de extracto de coco

½ cdta. de extracto de vainilla

2 tazas de fresas cortadas en cuatro (12 oz)

1 taza de arándanos (6 oz)

Ramitos de menta para adornar

1 Calentar el horno a 200°F. Forrar una lata grande de hornear con papel manteca.

2 Para preparar los merengues, usar una batidora eléctrica a mediana velocidad para batir las claras de huevo y el cremor tártaro en una vasija grande hasta que estén espumosas. Agregar gradualmente ¼ taza de sustituto de azúcar, 2 cdas. a la vez, mientras se baten las claras hasta que formen picos lustrosos y rígidos, aproximadamente 5 minutos. Agregar ambos extractos y batir. Con una cuchara, hacer 6 ruedas (de 4 pulgadas) de la mezcla de merengue en la lata de hornear. Con el revés de la cuchara, hacer "niditos" de merengue con un borde de 1 pulgada de alto. Hornear hasta que los merengues estén crujientes al tacto, aproximadamente 1 hora y 20 minutos.

3 Apagar el horno y dejar los merengues dentro, pero con la puerta del horno ligeramente abierta, hasta que se sientan secos al tacto, aproximadamente 1 hora más.

4 Retirar los merengues del horno y dejar que la lata de hornear se enfríe en una rejilla, aproximadamente 10 minutos. Pelar el papel manteca de los merengues con cuidado. Pasar a una rejilla y dejar enfriar del todo.

5 Mezclar las fresas, los arándanos y la cda. restante del sustituto de azúcar en una vasija mediana. Con una cuchara, echar los frutos del bosque en porciones iguales sobre cada merengue. Adornar cada uno con una ramita de menta y servir de inmediato.

CHICA TIP

! Para otra deliciosa versión, remplaza el extracto de coco por agua de azahar.

SELECCIONES/INTERCAMBIOS
½ fruta

VALORES NUTRICIONALES BÁSICOS
Calorías **50** | Calorías de grasa **0** | Total de grasa **0.0 g** | Grasa saturada **0.0 g** | Grasa trans **0.0 g**
Colesterol **0 mg** | Sodio **30 mg** | Potasio **150 mg** | Total de carbohidratos **9 g**
Fibra alimentaria **2 g** | Azúcares **6 g** | Proteína **2 g** | Fósforo **20 mg**

mojito crema

I have a weak spot for mojito cocktails: their minty-lemony flavor hits the spot for me. I have recreated those same flavors in this mojito-inspired mock crème brûlée. The amount of rum here is just enough to fool us into thinking we are sitting in a bar in Cuba. For a kid-friendly version, just omit the rum.

1 (1.5-oz) package instant sugar-free vanilla pudding

3 cups cold fat-free milk

3 Tbsp light rum

1 tsp grated lime zest

1 Tbsp lime juice

1 Tbsp chopped fresh mint

2 Tbsp turbinado or light brown sugar

1 Whisk together the pudding, milk, rum, lime zest, lime juice, and mint in a medium bowl until the pudding begins to thicken, about 2 minutes. Pour into a 1-quart baking dish or 6 (4-oz) custard cups or ramekins. Cover and refrigerate until set, about 15 minutes.

2 Preheat the broiler.

3 Evenly lay the turbinado over the top of the chilled pudding. Place the baking dish on a rimmed cookie sheet. Broil, 4 inches from the heat, until the top is browned and bubbly, 2–3 minutes.

CHICA TIP

! For a fun presentation (and pretending you're a top chef) when entertaining, make in individual ramekins and melt the sugar with a torch at the table.

CHOICES/EXCHANGES
½ Fat-Free Milk, ½ Carbohydrate

BASIC NUTRITIONAL VALUES
Calories **100** | Calories from Fat **0** | Total Fat **0.0 g** | Saturated Fat **0.1 g** | Trans Fat **0.0 g**
Cholesterol **0 mg** | Sodium **360 mg** | Potassium **200 mg** | Total Carbohydrate **13 g**
Dietary Fiber **0 g** | Sugars **11 g** | Protein **4 g** | Phosphorus **300 mg**

crema de mojito

Tengo una particular debilidad por los mojitos: su sabor a menta y limón me hace feliz. He recreado esos mismos sabores en este *crème brûlée* con sabor a mojito. La cantidad de ron en ellos basta para hacernos pensar que estamos sentados en un bar en Cuba. Si desean una versión apropiada para niños, simplemente omitan el ron.

1 paquete (de 1.5 oz) de pudín instantáneo de vainilla sin azúcar

3 tazas de leche fría descremada

3 cdas. de ron blanco

1 cdta. de ralladura de cáscara de limón verde

1 cda. de jugo de limón verde

1 cda. de menta fresca, picada

2 cdas. de azúcar turbinada o rubia

1 Mezclar el pudín, la leche, el ron, la ralladura, el jugo de limón verde y la menta en una vasija mediana hasta que el pudín empiece a espesarse, aproximadamente 2 minutos. Echar en una fuente de hornear de un cuarto de galón o 6 tazoncitos (de 4 oz) para flan. Tapar y refrigerar hasta que cuaje, aproximadamente 15 minutos.

2 Calentar el asador del horno.

3 Echar el azúcar turbinada de manera pareja sobre el pudín frío. Colocar la fuente de hornear sobre una lata con borde. Asar a 4 pulgadas de la resistencia, hasta que la parte de encima se dore y burbujee, de 2–3 minutos.

CHICA TIP

! **Para una presentación divertida (y parecer un chef profesional) cuando tengas invitados, sirve en tazoncitos individuales y derrite el azúcar con una antorcha en la mesa.**

SELECCIONES/INTERCAMBIOS
½ leche descremada,
½ carbohidrato

VALORES NUTRICIONALES BÁSICOS
Calorías **100** | Calorías de grasa **0** | Total de grasa **0.0 g** | Grasa saturada **0.1 g** | Grasa trans **0.0 g**
Colesterol **0 mg** | Sodio **360 mg** | Potasio **200 mg** | Total de carbohidratos **13 g**
Fibra alimentaria **0 g** | Azúcares **11 g** | Proteína **4 g** | Fósforo **300 mg**

cinnamon pineapple loaf

This sweet bread has some of my favorite flavors. I love it as dessert but it's also great for breakfast with my morning coffee. Baking without all-purpose flour is tricky, but whole-wheat pastry flour is a great option to play with. It is milled to a very fine texture, resulting in baked goods that are airy and lighter and more tender than those made with regular whole-wheat flour.

Nonstick olive oil spray

2 cups whole-wheat pastry flour

½ cup granulated sugar substitute baking blend (such as Truvia Baking Blend)

1½ tsp baking powder

1¼ tsp ground cinnamon

½ tsp baking soda

½ tsp salt

2 large eggs

1 (8-oz) can crushed pineapple (in its own juice), drained

¼ cup unsweetened applesauce

¼ cup canola oil

¼ cup fat-free milk

½ cup chopped walnuts

1 Preheat the oven to 350°F. Spray a 4½ × 8½-inch loaf pan with nonstick spray.

2 Whisk together the flour, sugar substitute, baking powder, cinnamon, baking soda, and salt in a large bowl. Whisk together the eggs, crushed pineapple, applesauce, oil, and milk in a medium bowl.

3 Add the egg mixture to the flour mixture, stirring just until the flour mixture is absorbed. Stir in the walnuts. Scrape the batter into the loaf pan, spreading evenly.

4 Bake until a toothpick inserted into the center comes out clean, 50–55 minutes. Let cool in the pan on a wire rack for 10 minutes. Remove the loaf from the pan and let cool completely on a rack.

CHOICES/EXCHANGES
1 Starch, ½ Carbohydrate, 1½ Fat

BASIC NUTRITIONAL VALUES
Calories **190** | Calories from Fat **80** | Total Fat **9.0 g** | Saturated Fat **1.0 g** | Trans Fat **0.0 g** | Cholesterol **30 mg** | Sodium **210 mg** | Potassium **140 mg** | Total Carbohydrate **23 g** | Dietary Fiber **3 g** | Sugars **6 g** | Protein **4 g** | Phosphorus **165 mg**

pan dulce de piña y canela

Este pan dulce tiene mis sabores predilectos. Me encanta como postre pero también es fabuloso con café a la hora del desayuno. Es difícil hacer postres sin harina de trigo común, pero la harina de trigo integral para repostería es una excelente opción. Se muele hasta que tenga una textura muy fina, lo que resulta en productos horneados que son ligeros y más suaves, y tiene menos calorías que la harina regular de trigo integral.

Aceite de oliva antiadherente en aerosol

2 tazas de harina de trigo integral para repostería

½ taza de sustituto de azúcar granulada para repostería (como Truvia Baking Blend)

1½ cdtas. de polvo de hornear

1¼ cdtas. de canela molida

½ cdta. de bicarbonato de soda

½ cdta. de sal

2 huevos grandes

1 lata (de 8 oz) de piña machacada (en su propio jugo), escurrida

¼ taza de puré de manzana sin endulzar

¼ taza de aceite de canola

¼ taza de leche descremada

½ taza de nueces picadas

1 Calentar el horno a 350°F. Rociar aceite en aerosol en un molde de pan de 4½ × 8½ pulgadas.

2 Mezclar la harina, el sustituto de azúcar, el polvo de hornear, la canela, el bicarbonato de soda y la sal en una vasija grande. Mezclar los huevos, la piña machacada, el puré de manzana, el aceite y la leche en una vasija mediana.

3 Agregar la mezcla de huevo a la mezcla de harina, revolviendo hasta que la mezcla de harina se absorba. Agregar las nueces y revolver. Echar la mezcla de manera pareja en el molde de pan.

4 Hornear hasta que al insertar un palillo de dientes en el centro, salga limpio, de 50-55 minutos. Dejar enfriar en el molde sobre una rejilla durante 10 minutos. Retirar el pan del molde y dejar enfriar del todo en una rejilla.

SELECCIONES/INTERCAMBIOS
1 almidón, ½ carbohidrato, 1½ grasas

VALORES NUTRICIONALES BÁSICOS
Calorías **190** | Calorías de grasa **80** | Total de grasa **9.0 g** | Grasa saturada **1.0 g** | Grasa trans **0.0 g**
Colesterol **30 mg** | Sodio **210 mg** | Potasio **140 mg** | Total de carbohidratos **23 g**
Fibra alimentaria **3 g** | Azúcares **6 g** | Proteína **4 g** | Fósforo **165 mg**

coco-berry pops

Get ready to bring out your inner child for a spin around the childhood memory block. The word *paleta* (popsicles), alone, brings out a smile in me. Great memories of afternoons running after the *paleta* truck flood my head. For me, making popsicles means a bit more than just grabbing some juice and freezing it. They are a great, fun way to use fresh fruit and yogurt to create pretty layers of flavors on a stick.

RASPBERRY LAYER

1 cup fresh raspberries

½ cup water

1 tsp granulated zero-calorie sweetener (such as stevia)

COCONUT LAYER

1 cup canned lite, unsweetened coconut milk

1½ tsp granulated zero-calorie sweetener (such as stevia)

½ tsp vanilla extract

BLUEBERRY LAYER

1 cup fresh blueberries

¼ cup plain fat-free Greek yogurt

1½ tsp granulated zero-calorie sweetener (such as stevia)

1 To make the raspberry layer, combine the raspberries, water, and sugar substitute in a food processor and pulse until smooth. Evenly divide the mixture between 6 (4-oz) ice pop molds. Freeze until almost firm, about 40 minutes.

2 To make the coconut layer, whisk together the coconut milk, sugar substitute, and vanilla in a small bowl. Remove the molds from the freezer and evenly top the raspberry layer with the coconut mixture, filling each another ⅓ of the way. Freeze until set but not firm, about 30 minutes.

3 To make the blueberry layer, combine the blueberries, yogurt, and sugar substitute in a food processor and pulse until smooth. Remove the molds from the freezer. If using ice pop sticks, insert them through the coconut layer then top evenly with the blueberry mixture. If using mold covers, top the coconut mixture evenly with the blueberry mixture, then top with the mold covers. Freeze until frozen, about 6 hours or overnight.

4 To serve, dip the bottom of each mold in hot water to loosen, about 10 seconds. Remove pops from the molds. Serve at once.

CHOICES/EXCHANGES
½ Fruit, ½ Fat

BASIC NUTRITIONAL VALUES
Calories **60** | Calories from Fat **20** | Total Fat **2.5 g** | Saturated Fat **2.1 g** | Trans Fat **0.0 g**
Cholesterol **0 mg** | Sodium **10 mg** | Potassium **150 mg** | Total Carbohydrate **8 g**
Dietary Fiber **2 g** | Sugars **4 g** | Protein **2 g** | Phosphorus **60 mg**

paletas coco y de frutos del bosque

Prepárense para revivir su niñez. La palabra paleta, de por sí, me hace sonreír. Me trae recuerdos de las tardes en que corría detrás del camión que las repartía. Para mí, hacer paletas significa más que congelar un poco de jugo. Son una manera genial y divertida de usar fruta fresca y yogur para crear lindas capas de diversos sabores en un palito de helado.

CAPA DE FRAMBUESAS

1 taza de frambuesas frescas

½ taza de agua

1 cdta. de endulzante granulado sin calorías (como *stevia*)

CAPA DE COCO

1 taza de leche de coco de lata, *light* y sin endulzar

1½ cdtas. de endulzante granulado sin calorías (como stevia)

½ cdta. de extracto de vainilla

CAPA DE ARÁNDANOS

1 taza de arándanos frescos

¼ taza de yogur griego descremado de sabor natural

1½ cdtas. de endulzante granulado sin calorías (como stevia)

1 Para preparar la capa de frambuesas, licuarlas con el agua y el sustituto de azúcar en un procesador de alimentos hasta que tenga consistencia uniforme. Dividir la mezcla en 6 porciones iguales en los moldes de paletas (de 4 oz). Congelar hasta que estén firmes, aproximadamente 40 minutos.

2 Para preparar la capa de coco, mezclar la leche de coco, el sustituto de azúcar y la vainilla en una vasija pequeña. Retirar los moldes del congelador y echar la mezcla en porciones iguales sobre la capa de frambuesa, rellenando otra tercera parte. Congelar hasta que cuajen pero no estén firmes, aproximadamente 30 minutos.

3 Para preparar la capa de arándanos, licuarlos con el yogur y sustituto de azúcar en un procesador de alimentos hasta que tengan consistencia uniforme. Retirar los moldes del congelador. Si se están usando palitos de helados, insertarlos en la capa de coco y luego echar porciones iguales de la mezcla de arándanos en cada uno. Usando las tapas de los moldes, echar la mezcla de arándanos sobre la mezcla de coco en porciones iguales y tapar. Congelar bien, aproximadamente 6 horas o de un día para otro.

4 Para servir, sumergir la parte inferior de cada molde en agua caliente para que se suelten, aproximadamente 10 segundos. Retirar las paletas de los moldes. Servir de inmediato.

SELECCIONES/INTERCAMBIOS
½ fruta, ½ grasa

VALORES NUTRICIONALES BÁSICOS
Calorías **60** | Calorías de grasa **20** | Total de grasa **2.5 g** | Grasa saturada **2.1 g** | Grasa trans **0.0 g**
Colesterol **0 mg** | Sodio **10 mg** | Potasio **150 mg** | Total de carbohidratos **8 g**
Fibra alimentaria **2 g** | Azúcares **4 g** | Proteína **2 g** | Fósforo **60 mg**

234 arroz con leche (rice custard) | 235 *arroz con leche*

index

índice de materias